南京师范大学学前教育学学科 "鹤琴讲坛"

New Vision of Early Childhood Education

学前教育新视野

第一卷

南京师范大学学前教育研究所（系） 编

南京师范大学出版社

图书在版编目(CIP)数据

学前教育新视野. 第一卷 / 南京师范大学学前教育研究所(系)编. --南京:南京师范大学出版社,2016.11
(南京师范大学鹤琴讲坛)
ISBN 978-7-5651-2940-7

Ⅰ.①学… Ⅱ.①南… Ⅲ.①学前教育-文集 Ⅳ.①G61-53

中国版本图书馆 CIP 数据核字(2016)第 259672 号

书 名	学前教育新视野·第一卷
丛 书 名	南京师范大学鹤琴讲坛
编 者	南京师范大学学前教育研究所(系)
责任编辑	王 瑾
出版发行	南京师范大学出版社
地 址	江苏省南京市宁海路 122 号(邮编:210097)
电 话	(025)83598919(总编办) 83598412(营销部) 83598297(邮购部)
网 址	http://www.njnup.com
电子信箱	nspzbb@163.com
照 排	南京理工大学资产经营有限公司
印 刷	南京玉河印刷厂
开 本	787 毫米×960 毫米 1/16
印 张	21.25
字 数	314 千
版 次	2016 年 11 月第 1 版 2016 年 11 月第 1 次印刷
书 号	ISBN 978-7-5651-2940-7
定 价	46.00 元
出 版 人	彭志斌

南京师大版图书若有印装问题请与销售商调换

版权所有 侵犯必究

总序:"鹤琴讲坛"承载了一种学术向往

　　学科建设的核心任务在于聚焦重大学术问题,凝炼学术发展方向,凝聚学术研究团队,坚守基本价值立场,关注多元研究方法,协同进行理论和实践的探索和创新。学科建设的主战场需要各种形式的支前队,如各领域的专家资源、良好的实践基地、国内外的书刊以及国内外合作的专业院校等等。注重吸收学科之外的学术力量来推动学科的建设和发展是我校学前教育学科的历史传统。长期以来,我们一直把邀请国内外相关专家来给师生们做学术报告作为学科建设的内容之一。我们建设了两类专家项目:一类是相对固定的、时间较长的专家项目,如学校出资设立的"陈鹤琴讲座教授"和学科在有关单位资助下设立的"摩尔讲座教授"。另一类是较为灵活的、短时间的,并经常进行的专家学术讲座项目,这类讲座往往是单次的。经常性的学术讲座一直是我们有意识地组织和安排的,我们会根据学科建设和学生发展需要邀请相关专家前来讲学。几年前,几位年轻教师建议给短期的学术讲座起个名称,使其更加组织化和规范化,于是,大家给这个项目起名为"鹤琴讲坛",将本学科组织的国内外专家的学术报告全面纳入这个讲坛,并进一步完善了论坛的运行机制,扩大了论坛的影响力。几年来,"鹤琴讲坛"欣欣向荣,给学科发展带来了动力和活力,给学生带来了学术滋养,承载了学生的学术向往。

　　呈现在大家面前的两卷"鹤琴讲坛"文集收集了论坛建立以来部分专家的

报告内容。这些内容大都是经过学生记录和整理，再交由专家确认和修改。专家们都积极配合和支持这项工作，很多专家的敬业和负责精神给我们留下了深刻的印象。在此，我向各位专家表示衷心的感谢。这两卷"鹤琴讲坛"文集也凝聚着很多老师的辛苦劳动，从邀请国内外专家到主持论坛，开展相关交流和讨论，老师们都付出了很多时间和精力，没有老师们的积极参与和无私奉献，这个论坛将难以持续。最后，本专业的本科生、硕士生、博士生和博士后是"鹤琴讲坛"最积极的享受者，最热情的参与者，一届又一届的学生为论坛的举办做了很多的工作，学生们也是这个论坛得以生存和维持的重要力量。

由于"鹤琴讲坛"文集大部分文稿是整理稿，需要实现从口头语言到书面语言的转化，还需要与作者联系和交流，编辑工作难度很大。感谢南京师范大学出版社的领导和责任编辑王瑾为文稿的出版所做的艰辛努力。

"鹤琴讲坛"不只是一个学术报告的组织形式，它还是我校学前教育学学科在学术上积极开放、努力吸纳和广泛交流的一个精神缩影。我们会继续努力，让更多的优秀专家来到"鹤琴讲坛"，让"鹤琴讲坛"成为有影响的学术品牌，不断为大家呈现更加精彩的"鹤琴讲坛"文集。

虞永平
2016 年 10 月

目 录

总序："鹤琴讲坛"承载了一种学术向往　　　　　　　　　　虞永平　｜　001

瑞吉欧教学模式与幼儿美术教育　　　　　　　　　　　　　蓝美容　｜　001

21世纪评估幼儿之议题——从实务层面论述　　　　　　　简楚瑛　｜　022

行为与社会科学研究伦理原则和教育学研究伦理之议题　　简楚瑛　｜　038

儿童文学本质论的合理性和可能性　　　　　　　　　　　朱自强　｜　045

幼儿早期读写能力发展研究与读写困难的早期预防　　　　赵　微　｜　067

建构幼儿园教育质量监控体系的思考　　　　　　　　　　姚　伟　｜　085

赴美学习高瞻学前课程的收获与启示　　　　　　　　　原晋霞 等　｜　095

让学习看得见：支持早期幼儿教师教育心灵、身体和精神

　　　　　　　　　　　　　　　　　　　Frances Schoonmaker　｜　112

游戏作为儿童的主要学习方式　　　　　　　Debra. L. Lawrence　｜　122

普通话儿童和英语儿童词汇、语义，以及社交性的测量　　盛　橄　｜　137

美国联邦政府影响儿童发展和儿童之福利政策　　　　　　林秀锦　｜　159

美国的幼儿园与儿童学习发展项目评估　　　　　　　　　林秀锦　｜　181

案例研究及在学前教育领域的应用　　　　　　　　　　　黄娟娟　｜　196

语言学习的认知神经机制　　　　　　　　　　　　　　　李　平　｜　212

想象力和创造力对儿童早期学习科学、技术、工程与数学概念的作用
　　　　　　　　　　　　　　　　　　Marilyn Fleer ｜ 243
研究报告的写作　　　　　　　　　　　　　　薛　烨 ｜ 258
基于视频的多重解释民族志和三种文化中的幼儿园研究　　薛　烨 ｜ 276
从婴幼儿看审美的发生　　　　　　　　　　　刘绪源 ｜ 300

瑞吉欧教学模式与幼儿美术教育

蓝美容[*]

今天我跟大家交流的是瑞吉欧教学模式与幼儿美术教育。你们有多少人听过瑞吉欧？有没有人了解瑞吉欧？我相信大家应该都知道的。

一、说出你的感受

下面请大家看一幅画。你们看到这幅画有什么感觉？你们可以随便发言。

听众：很美丽。

蓝美容：你们觉得美丽的地方在哪里？

听众：我觉得这幅画色彩非常丰富，构图均匀，画面很充实。每个图形运用得非常好。

蓝美容：这位同学讲得非常好。从内容、构图等很多方面来分析这幅画美在哪里。

听众：而且这幅画能给人一种很快乐的感觉。

蓝美容：为什么这幅画会给你这样的感觉？

---

[*] 蓝美容，香港教育学院教授。讲座时间：2012年12月17日。

听众：首先，这幅画给人的视觉冲击力很强，充满了活力。

蓝美容：哪些方面体现它充满了活力？

听众：还是通过色彩和构图感觉出来的。

蓝美容：你看到这个孩子好像是在跑、跳一样，整个颜色的运用充满活力。这一点让人感觉得到很开心、很有活力。红色、黄色等色彩的联系体现出这幅画很有活力。那么，你们觉得这幅画是多大的孩子画出来的？认为是中班的孩子的请举手(看来还是比较多)；小班的请举手(没有)；大班的请举手；认为是小学一年级的请举手(人很少)；认为是二年级的请举手(没有)；你们都认为是大班的孩子。其实，这幅画大概是中班到大班期间的孩子的作品。你们觉得这幅画的冲撞力好不好？(好)接下来我们再来看下面一幅画。这幅瓷画给人什么样的感觉？美吗？多大的孩子创作的？认为是小班的孩子请举手；认为是中班的请举手；认为是大班的请举手；认为是小学一年级的请举手；认为是小学二年级的请举手。这幅画中班的孩子就可以创作了，创作的时候绘画的技术相对来说弱一些，很多时候都是在老师的帮助下完成的。但是，瑞吉欧的孩子在小班的时候就已经能做到了。从这两幅画中你们能看出孩子的创作力如何？毋庸置疑是很好的，那么我们可以如何去培养孩子的创造力？

二、如何培养和促进孩子的创造力

（一）培养孩子创造力的方法

在培养孩子的创造力这件事情上，很多人都会说，给孩子机会，让他们有机会去创作；也有人说促进和鼓励孩子的创作等。

1. 培养孩子敏锐的观察能力

很多人说，要培养孩子的创造力首先要培养孩子的观察能力，因为创作开始的第一部分就是观察。如果孩子看不到、想不到，就没办法进行很好的创作；但如果让他们仔细观察，他们能有更多的空间去创作。

2. 提供良好的学习环境

什么是良好的学习环境？一个好的老师应该是懂得支持孩子的学习，给孩子空间，让他们有表达自己的机会，教师要给予他们不同的支持。

3. 提供（主题）物质材料

良好的环境还应当包括人、物，让孩子能够在环境中产生互动，同时给他们提供相应的物质材料让他们选择。

4. 适当的反馈

教师要观看孩子的绘画作品，经常和孩子进行交流。观察、倾听孩子如何解释或描述自己的作品，如何表达自己的观点，以了解孩子的想法，从而帮孩子构建鹰架，一步步引向孩子的最近发展区。

其实关于如何培养孩子的创造力有很多的标准和方法。1979 年在 Art：A Creative Curriculum For Childhood. Washington. D. C：Creative Associates. 中谈到，培养孩子的创造力首先是要培养孩子敏锐的观察力。其次，要提供良好的学习环境，没有良好的学习环境即使具有敏锐的观察力也是不完全的。当然，只是说具有这样的环境会更有利于培养孩子的创造力。其实，一个孩子如果具有良好的观察能力，即使只有一张纸也能创作出很好的作品。再次，要给予孩子更多的视角及其他感官刺激。这一点其实也是和孩子的观察力有关，提供给孩子的材料刺激多了会增强孩子的观察能力。当然，提供给孩子的第一手资料是很重要的。因为当孩子知道花是什么样的、树是什么样的、图案又是如何构成的时候，很多不同的刺激会帮助其建立一些秩序、空间等概念以及培养孩子审美方面的能力。然后是要提供多种多样的材料供孩子选择。材料本身能够激发孩子，让他们想到很多东西。比如说，一根木条可以让孩子想到用木条做一条船，可以做一间房子，或者可以做一张平面的拼图。一张纸如何利用，孩子会想很多的办法。不同的材料给孩子的刺激是多种多样的，而且用不同的材料组合可以创作他们自己的作品。最后，构建有利于创造的氛围。愉快的氛围让孩子们能够很快乐地在其中动手操作、拥抱互动以及跟教师平等、自由、愉快地交谈。在愉快的环境中，孩子们会很愿意投入其中，同时孩子也很快就能够明白老师给予他们的是什么。此外，氛围不单单只是愉快的，还应当是自由的、开放的。教师应当放下自己高高在上的地位，让孩子自由交谈，而不是教师主导。要尊重每一个孩子，因为每个孩子都有自己表达的方式。

有一个案例，十多年前，我问我的学生一个问题："要是你看见孩子画一个黑色的太阳，该怎么做？你们会怎么做？"当时那个学生说："怎么可以？"为什么不可以？孩子会画黑色的太阳可能是因为他以前在哪里看见过这样黑色的太阳。那么，有没有黑色的太阳？你们从哪里看到过黑色的太阳？有可能是孩子闭着眼睛的时候，脑袋里面就有一个黑色的太阳投影，他们只是在表达自己看到的东西。但有老师会说："怎么可能？太阳是红色的。"你们以前有没有遇到过这样的老师？

其实，在创作的过程中，没有对错，只要他觉得是他想表达的就好了。但是在表达的技巧方面，教师可以引导他用不同的材料。刚才说过，适当的回馈也是很重要的。有时候看到小朋友画的画和常规不符合的时候，也不要说出来。换一种语气或方式让他们知道你是很支持他的。也可以问一问他：什么时候见过黑色的太阳？太阳还有什么颜色？让他们自己去想一想，这也是引导。但是在回馈这方面，可以从构图方面让孩子进行丰富。不管是什么样的回馈，都要让小孩子感觉到你很支持他。小孩子画的东西看起来可能是乱七八糟，但是作为教师你要明白，他们的作品里都是有深意的，有他们自己的想法在里面。所以我们要从支持的角度而不是批判的角度去评价孩子的创作。

要懂得有弹性地处理物质材料。木条不一定只有一种使用方法。在不同的创作里面可以是立体的，也可以是平面的；可以是拼接形式的，也可以和其他的材料组合使用；可以用很多不同的方式将它们融合在创作的作品当中。

对老师来说，重要的是要重视他们的创作过程，包括他们创作过程中的想法、材料的使用等，而不是看他们做的美丽的房子或者一丝不苟的船。孩子有自己的想法和能力，他创作出来的作品不一定就是你想象中的，但一定是他想表达的某些东西。

让孩子有机会和你一起讨论他的作品，在孩子们完成作品后可以有一些时间去展示和分享他们的作品。此外，还要给他们提供机会，让他们尝试新的创作、新的活动。也可以让孩子和你一起参与某些活动。在瑞吉欧里面他们最后的展示就是"儿童的一百种语言"。对孩子来说，这是一个重要的、肯定自己创作热情的机会，既受到了成人的尊重，也表达了他们的意见。他们的展览不是很容易出国的。2000年的时候，他们在香港举办了亚太区展览第一期，后来在澳大利亚、韩国举办过展览。他们对展览的要求很严格，这也说明了老师对他们孩子的作品的尊重和保护。

由此，我们知道这些都是创作需要做的事情，除此之外，我们还可以用什么方法帮助他们发展创造力呢？

（二）培养和促进幼儿创造力发展的途径

1. 有系统的幼儿美术课程

对于如何培养和促进幼儿创造力的发展，有人认为课程是一个系统的方法。什么是有系统的？在课堂中玩一玩就是美术课程吗？我认为，可以在课程的系统里面去想。幼儿园美术课程不一定是一个课堂，老师编写的时候是不是有系统的？是不是由这些活动开始的？但我们会问为什么要是有系统的课程？很多人都会说它有自身的价值，有系统就意味着要想如何去编排课程，要考虑孩子的需要、孩子现有的发展水平以及用什么材料可以进一步发展他们的创造力。因此，它一定是有价值的。那么，幼儿园美术课程的价值是什么？一个系统的幼儿园美术课程一定是有教育价值的，其教育价值主要体现在：

第一，帮助孩子了解周围的环境和他自己。幼儿通过玩具了解世界，幼儿的绘画等作品很多时候反映的就是他对世界的了解、对自己的认识。由此，美术创作的价值是让其他人了解孩子眼中的世界，也可以让其他人了解孩子是如何认识自己的。我有学生总是会跟我说："为什么有的孩子的画里面常常都是有眼泪呢？"你们觉得这个孩子开心吗？所以，我们可以从孩子的画里面了解孩子，跟孩子说话、互动，让孩子从画中跳出来，慢慢变得开心起来；孩子也可以通过画画，通过自己的创作了解自己，也可以改变自己表达的方式。

第二，可以促进孩子创造力的发展。

第三，了解孩子的智力和情绪发展。很多时候我们从画中可以知道孩子在想什么。如果你发现很难跟某一个孩子沟通，那么就可以通过他的画来了解这个孩子。在这里我要讲一个故事。有一天，我的一个亲戚告诉我，她儿子画了一幅画。在这幅画里面，有一个男的伸出自己的拳头，一个女的倒在地上。我这个亲戚就问："画里面的人是谁？为什么他们是这样的动作呢？"她儿子说："这个人（画中的男性）很生气，然后就用拳头打她（画中的女性）。""那为什么他那么生气？""因为她不准他做很多事。"其实，小孩子画这幅画是因为他妈妈总是禁止他做很多事，总是命令他要做完什么才能做什么。所以，很容易看出画中的男孩子就是他自己，画里面的女的就是他妈妈，他想一拳打倒她。你们觉得这个妈妈看到这幅画会不会生气？很多妈妈在碰到这种情况的时候都不会耐心地去想背后的原因，可能第一反应就是去骂孩子。但是，这个妈妈没有，她很有耐心，慢慢地引导孩子，并解释为什么妈妈会这样做，孩子如果这样做会有什么样的后果。应该说，妈妈对孩子的引导很重要，因为她了解孩子的情绪，明白孩子很生气，但是没有什么方式可以表达，于是就把自己的情绪用画画出来了。作为老师，可能做不到对孩子了如指掌，但可以透过孩子的画了解他们的智力和心理发展情况。

第四，帮助孩子获得不同的技巧和知识。

第五，帮助孩子发展自信心及适应环境的能力。我的一个学生跟我说："蓝老师，有个孩子我真的不知道要怎么去教。上课的时候不专注，前期的活动他也不参加，每天就只是坐着。怎么办？"我问："这个孩子最喜欢做的是什么？你看到他有机会做的是什么？"她说："画画。"我说："那就每天让他画画吧！每天多多地给他鼓励和表扬，帮助他进行延伸，通过画画帮他发展不同的兴趣。"这个孩子慢慢地开始喜欢上课，也很喜欢老师。大概就是上个月，这个学生又跟我说："蓝老师，我遇到了另外一个难题。这个孩子已经能够正常上课了。""为什么还会有难题呢？"她说："他今天不画画了。"我说："为什么？这个孩子的自信心不是已经建立起来了吗？"她说："我今天问这个孩子说今天有没有画画，结果他说'画什么画,有什么用。我妈妈说画画没有用的'。"她妈妈说画画没有用,因为有一天他很高兴地拿着他的画说:"妈妈,我画了很美丽的画。"这个妈妈说:"你画画有什么用?赶紧去念书。"这个孩子的自信心就这样被自己的妈妈打击了。虽然这个例子说的是家长教育的问题,但从中也可以看出我们是可以帮助孩子建立自信心的,以及促进他不同方面的发展。

第六,促进幼儿身体、情绪、知觉、社交及认知的发展。

2. 幼儿美术课程的目标

幼儿美术课程具有多重价值,主要体现在:第一,学习阅读视觉语言。第二,懂得阅读、演绎或制作视觉语言或符号。包括表达、发展及评价自己的思想感情,演绎、欣赏和包容别人的思想感情;培养智力、思维表达能力、解决问题的能力、判断力和创意;增进美术知识和制作技巧。第三,明白美术与生活的密切联系。第四,增进对生活和艺术文化的了解,能更懂得欣赏自然及人造环境之美,养成更好的生活习惯。而有系统的幼儿园美术课程需要教师考虑的就是有目的地实施教学和活动,以及内容性的东西。

上述内容只是提供给大家一个视角去关注幼儿美术课程,我真正要讲的就是瑞吉欧的美术教育。

三、瑞吉欧模式

刚才我们说了有系统的幼儿美术课程,即是有目的性的,内容是适应和满足孩子需要的。很多人都会问瑞吉欧是不是美术课程?瑞吉欧有美术课程的元素,但它是不是完整的美术课程值得认真思考一番。很多人都认为瑞吉欧是教学方法,但瑞吉欧自身认为他们的不是教学法,而是 Reggio Emilia Experience。

瑞吉欧位于意大利一个小镇里面,这是一个很特别的小镇。因为小镇里面的孩子很小的时候就会在课堂接触到很多东西。在孩子小的时候,课程主要是由家庭、老师和官方人员参与制定和发展的,整个瑞吉欧都是从其文化中孕育出来的。由此,在国外瑞吉欧模式不能复制,只能借鉴部分经验。十年前,当瑞吉欧在香港很热的时候,我跟瑞吉欧的人讨论了这个问题。

(一)瑞吉欧系统的基本概念

"二战"期间,很多孩子因为得不到照料而死亡。马拉古奇在瑞吉欧发起创办幼儿园。他们让孩子在幼儿园学习、生活。很多人说瑞吉欧的理念受到经验主义、建构主义、多元智能理论的影响,但实际上,瑞吉欧本身并没有理论的参照,他们只是单纯地本着对孩子好的原则在做。只是后来因为瑞吉欧教育的影响力逐渐扩大,很多人便将各种各样的理论加入其中。可以说,瑞吉欧是先有实践后有理论。他们原来没有所谓的理论支撑,只是有一颗爱心和关于孩子应该怎样学习的想法,从而营造了瑞吉欧的文化氛围,产生了瑞吉欧的教学模式。后来,很多学者去瑞吉欧研究考察,将相应的理论填充进去。需要说明的是,整个瑞吉欧都是一种团体式的发展模式。在瑞吉欧的课程中有老师的参与、家长的参与及官方人员的参与督学,同时也会有一些专家提供教育方面的建议。在瑞吉欧,每个星期、每个月都有定期的会议,让家长和学校商讨关于孩子学习内容的问题,多方面的参与对瑞吉欧来说是相当重要的。在香港,不会有家长经常去学校和老师商量课程发展的问题。而在瑞吉欧,这已经成为一种文化,参与瑞吉欧的课程发展被认为是他们自己的责任,是他们应该做的事情。所以,瑞吉欧是在二十多年的实践积累之后才出现相应的理论。

(二)团体形式发展形成

1. 强调互动关系和合作参与的价值

瑞吉欧很重视互动关系,因而才会有老师和家长等的参与,学生与其生存环境为一个整体。孩子也是一个很重要的元素,他们可以告诉老师他们想做什么。本来瑞吉欧就是一种方案教学的模式——孩子自己发现和创作,因此很多时候都是孩子处于中心,在家里可以与家长互动,在学校可以和老师及同伴互动。同时,瑞吉欧特别重视环境的创设。在瑞吉欧学校,光很重要,大堂是必不可少的，每间教室里面都设置了小小美术室。每一个瑞吉欧学校都有一个大的美术室，并配有美术专家。美术专家、美术室和美术课程一定是有联系的，但他们不会标榜实施的是美术课程。

2. 强调以儿童为中心的综合课程

瑞吉欧以方案教学的模式引导学生学习，儿童所获得的知识并不是老师所教的自然结果，大部分是儿童自身活动或运用资源的结果。所有的学习都是孩子自己发现的，老师只是一个鹰架的建构者、引导者、观察者。当学生有问题的时候他们也是会给予回应的，只是老师在回应的过程中会运用比较开放的提问技巧，教师也有可能会教，但不是急切地教，而是让孩子自己去发现，老师只是一个引渡人。大部分时候的学习都是孩子自发地运用材料的活动，是以儿童为中心的。

3. 强调同伴互动和方案课程

瑞吉欧强调孩子与孩子之间的互动，在互动的过程中发现问题、研究问题。孩子们在互动过程中找到自己感兴趣的主题，并进行探讨。而在探讨问题的过程中，幼儿会进行大量的、不同类型的美术创作。比如他们在参观了城市中的建筑如一座桥以后，想表达出来，他们可能就会用陶泥或者木条等进行创作，让别人了解他们去了哪些地方、印象最深刻的东西是什么。这是他们表达的方式，语言不仅有说出来的，还包括操作出来的行为语言。一百种语言就是这样形成的。

4. 儿童明白及运用图像符号的概念

瑞吉欧的教师给予幼儿很大的空间让他们有表达自己的方法，在不会运用文字进行表达的时候他们就会使用很多其他的方式，比如美术创作、立体表达。尽管他们不会很流畅地运用语言或者文字，但他们可以用这些方式将自己看见的东西表达出来。因此，他们每天有足够的空间和机会表达自己的想法，久而久之便懂得如何用图像及更多方式去表达所思所想。

(三) 对儿童学习能力的看法

第一，儿童是主动学习的，能做很多事情，以许多方式来表达他们的概念与情感。他们会有很多想法与老师进行沟通，可能连老师也表达不出来。主动学习提高了他们对学习的兴趣，增强了他们的学习动机，丰富了他们的经验。因此，重要的是教师要给他们提供主动学习的空间，尊重他们的表达方式。

第二，鼓励、重视幼儿透过多种符号语言表达自己。老师应当明白孩子是可以通过多种多样的语言（一百种语言）去表达他们自己的。

(四) 对儿童创造力的看法

1. 日常经验所萌发的

儿童创作的作品都是从日常经验中萌发出来的，生活经验是儿童创作的源头，为此教师要引进丰富的生活经验，激发孩子的创作潜力。有时候教师会带着孩子们去广场，他们看见广场上的大狮子，回去后就画狮子；看见街上卖的东西，回去也会创作与此相关的作品。

2. 儿童是最佳的评论者

孩子懂得去评价，是最好的评价者。在分享的时候，孩子们敢于表达他们对创作的看法、对创作的热情。在小组创作中孩子们会相互提供建议，因而在瑞吉欧，孩子们的创作大多是整体的，当然也会有个体的。

3. 马拉古奇对儿童创造力之信念

第一，创造力具有思考、认识与选择方式的特征。马拉古奇在创建瑞吉欧的时候本身就有一个关于创造力的信念。他认为创造力就是一个思考的过程，是认识表达的过程。

第二，来自于多重的经验。如果不相信这一点，孩子就没有那么多的经验了。作为一个老师，自身的经验什么，教学的内容便是什么。

第三，通过认知、情意与想象的过程表达想法。马拉古奇认为，在这个过程中孩子可以将自己的想法表达出来，从而萌发并促进创造力的发展。

第四，创造力最能表现在人际关系的交流中。在创造力发展的过程中，人和人的互动是很重要的元素。一个人的认识是有限的，但是两个人、三个人的想法加起来就很多了，而整合多人想法的过程就是一个立体创作的过程。一个人影响另外一个人，慢慢地，其创造力就能够得到很好的萌发。

第五，较少成人命令式的教学：自行观察解释问题情境。

今天我放了一段录像，录像里面记录的是孩子们在想怎么解除门锁。当时有些小孩子在做更衣室，他们想更衣室一定要有锁，没有锁人家就可以随便进来。但是他们在学校里面没有想到怎样可以把一个地方锁起来，他们没有办法。老师让他们回家想，也让其他的小伙伴一起想，但还是没有想出来。从家里回学校后，他们想到用一个可以转动的吸水管固定在门锁上，就好像是锁一样，然后拴上门栓。在这个问题上，我们都没有想到，由此可见孩子想象力之丰富，创造力之高超和无限，很多时候会超乎我们的想象。

第六，创造力是否受到多方重视及儿童对此的看法。

第七，注重认知过程而非结果。

第八，老师相信智力活动和表征性活动所具有的力量。其实创作的过程也是回忆的过程，在这个过程中孩子们会想怎样在空间里摆放东西从而获得空间的概念；表现不同的颜色并进行对比从而加深对颜色的认识。

第九，需将认知与表现结合起来，才能发展不同的表达方式。

这就是马拉古奇对创造力的看法，因此在瑞吉欧里面，老师会有这方面的训练，有了这些训练才能更好地培养孩子的创造力。

（五）对学习的看法

1. 儿童自身的参与才是学习的关键点

孩子如果没有参与其中就失去了学习的机会。无论孩子参与多少，参与的过程一定会有建构的过程以及和人互动交往的过程，在互动中就会有学习。

2. 自动创造出事物间的意义性

孩子在建构的过程中会发现不同的事物有不同的意义，可以借计划、观念的统合及日常生活经验的体会等给予事物新的、其他的意义。

3. 成人的角色

整个瑞吉欧都是紧跟着方案教学的,在方案教学里教师是很关键的人物。其关键不是体现在如何教孩子,而是体现在扮演不同的角色去延伸、观察孩子,并帮助他们鹰架学习,帮助他们监管主题的发展。在瑞吉欧,教师们也扮演着不同的角色。

第一,倾听多于发言。教师应当是一个好的倾听者,聆听孩子的声音,聆听孩子在作品里面想要表达的东西。教师的任务主要是观察和延伸。

第二,在孩子旁边激励其主动创造的能力,使之成为儿童一切学习的基础。成人应该在旁边站一会儿,为儿童的学习留些空间,小心观察儿童在做些什么。如果你清楚了解了,你或许会发现你所谓的教学不同于以往。

第三,为儿童提供学习机会,以学习如何去学习。这是一种基本的技能,这一基本技能可以影响孩子的一生。

(六) 学校环境的设计

瑞吉欧特别重视环境的设计,在瑞吉欧的学校里面,每一个幼儿园、每一间教室都是光亮的。他们相信,在光里面孩子可以看到不同的变化。影子等都可以通过光进行学习。比如,在瑞吉欧里面有一个三角的立体空间,孩子可以坐在里面思考。他们可以带一些东西,或者想象出来的东西进去创作,也可以在里面静静地思考。

又如美术室。瑞吉欧的美术室有很多的材料,也有很多区域。孩子们平常可以在每一个教室旁边的小美术室里,大的美术室大概一个星期去一次。在大美术室有一个专业的美术老师,他的主要职责是帮助孩子们掌握和运用不同的技巧,给孩子们视角上的启示,与孩子们进行互动。但是他们不会认为这就是美术,他们通过和孩子们交谈,做一些折纸,并进行材料的转化等。总之,瑞吉欧学校环境设计有以下特点:

第一,丰富,明亮,充满艺术气息。这种艺术气息能刺激孩子创作的欲望和表达自己的欲望。

第二，每间教室都十分精致和美丽。老师在环境创设时花费了大量的精力，他知道孩子在每一个角落中可以做些什么。如果教师考虑得不仔细，环境对孩子的教育作用便降低了。老师在环境设计中具有很重要的作用。

第三，教室内有植物、镜子、动感的艺术品（这些艺术品都是儿童的作品），大的窗户让光线透进来。

第四，仔细规划，具有安全性和启发性，以保证孩子们可以自由地探索。

1. 环境是第三位教师

第一，传达讯息。在瑞吉欧里面有一个亲子栏（通知栏），让家长了解孩子的状况。还有公告栏、作品展示、照片、行事历（日程安排）、镜子等，方便家长表达意见。

第二，空间设计能让儿童感受到整个学校对他们与别人之间互动与沟通的重视和维护。

2. 规划的空间和周边的扩展

由教学协调人员、教师、家长和建筑师一起计划。不单单只有环境，还包括一些容器和内容。

3. 反映了文化特质

第一，漂亮而有用的摆设，墙壁的颜色，投阳光的大窗户、健康翠绿的植物、广场上的石狮等。

第二，学校本身的文化，有关儿童在每次活动中收藏物的展览，对他们本身有意义的东西获得尊重或成为空间中的一部分。

4. 社交、个人和边缘环境

第一，每个学校都会有一个中心广场，能够让孩子、家长之间充分互动。教室、饭厅、工作室也是规划之一。

第二，工作室是课程之动力的中心。

第三，建立美术材料图书馆。

第四，几乎没有空间是边缘地带。

第五,玻璃墙,迷你工作室。

(七) 视觉艺术在课程与教学上的角色

视觉艺术在瑞吉欧的教学中扮演了重要的角色,是一个有系统的艺术课程。

1. 每校一定有一位驻校艺术教师

驻校的艺术老师首先必须阅读许多关于儿童图画的文献,开发各种方案,思考主题视觉表达的可行性,帮助儿童选择合适的工具、媒介进行活动,进行儿童技术指导甚至直接参与工作。驻校的教师一定是艺术本科毕业的老师,是艺术专业的,而不是幼儿园教育方面的。同时要经常与其他教师、家长及教学协调人员沟通,一起讨论和协助他们熟知艺术的概念,进而让教师和儿童运用这些概念,促进沟通。此外,连接视觉语言和其他语言,以获取更完整的概念。

2. 儿童通过艺术活动进行学习(工作室)

儿童自行选择美术活动,学校或教师提供地方让儿童发挥种种艺术的技能,如绘画、素描、粘土或语言符号等。工作室是课程的核心动力,也是材料的图书馆。这为成人提供了一个可做记录的工作场所,既可以帮助成人了解儿童学习的过程,也可以让公众了解学校的教育内容。记录是瑞吉欧很重要的一个方法,是将孩子工作的过程、学习的过程进行记录,让不同的人了解。孩子有很多不同的方式发展,适当的工具可以促进他们的发展。如从外面的餐馆回来后,孩子们有充足的机会将自己观察到的东西以艺术的形式表现出来。这种收获的经验本身很重要,对发展他们的创造力也很重要。

3. 传统语言外的附加语言

4. 美术并非以学科形式教授,或称为指望的重心

5. 成人借艺术活动了解儿童世界

由此,瑞吉欧镇强调以艺术为帮助儿童反映及增进其思想的媒介。在整个瑞吉欧,他们的想法都是一致的,凸显了强大的文化氛围。

四、瑞吉欧经验对幼儿美术教育有何启示?

从广义来说,瑞吉欧是艺术课程,他们从很广泛的视角看待艺术,但他们并不认为自己的是艺术课程。瑞吉欧经验对幼儿园中的美术教育有什么启示?

一是符号语言对学习的重要性。符号语言表明孩子不单单只能用口头语言、文字表达自己,也可能用符号进行学习,进行表达,这是学习的一个重要形式。

二是从瑞吉欧的环境设计来看,要发展幼儿的创造力,需要资源丰富、精心设计的环境。包括学校内外的环境布置、文化背景、工作室、资源、工具、材料、空间。提供丰富的资源让孩子自由创作,自由里面包含自主,也就是说教师在设计环境的时候要多多考虑系统性,不单单只是内容。环境创设要尽量配合孩子,促进其创造力的发展。

三是人物之间的配合在幼儿园中具有重要的作用。在瑞吉欧里面,专家、家长、教师、小朋友在整个课程的发展中都体现着自身的价值。所以,瑞吉欧的课程有时候是孩子发展出来的,有时候是教师发展出来的。教师需要给孩子提供意见或者与家长进行讨论。

四是透过美术活动(如自选媒介、工具),增进儿童对视觉艺术的认识。

互动环节

问题一:

听众:刚刚听了蓝老师的报告,感觉到蓝老师对整个瑞吉欧的教育和美术教育特色非常了解,也非常赞赏。其实,在大陆的幼儿美术教育发展过程中,从21世纪初一直到后几年掀起了学习瑞吉欧的热潮。

在学习的过程中尤其是发展到现在,很多大陆的幼儿园在教育实践中对瑞吉欧模式的消化更多的是把幼儿园自身的课程模式、理念、特色尤其是有关艺术方面的特色和瑞吉欧结合起来。比如在某一点上可能吸收了瑞吉欧方案教学的经验,这是一种学习方式。另外一种可能在尝试将方案教学进行本土化,开发自己的方案。我最想问的是:蓝老师能不能介绍一下香港在幼儿园教学实践中,瑞吉欧的影子体现在哪些方面?或者瑞吉欧的影响体现在哪些方面?

蓝美容:第一个影响力就是广告。香港的幼儿园全都是民办的,他们只是在招生宣传时利用了瑞吉欧的名字,但实际上并没有推行,也没有一个幼儿园做得很好。我可以很肯定地这样讲,因为瑞吉欧本身不单单只是课程,还是文化的传承,这种文化的传承和文化的氛围没有一个国家或地区可以做到。所以在香港将来会有,但没有一个幼儿园可以真正做到。瑞吉欧镇里的每一个人都在支持孩子的发展,也在支持着瑞吉欧整个课程的发展。他们具有浓厚的艺术气氛,你们所在的城市能够做到吗?文化是学不来的,当然瑞吉欧的硬件是可以学习的。可以建立一个小美术室,也可以建一个很大的美术室,至于老师怎样推动教学又是另外一个问题。方案教学中,老师是一个很关键的因素。在香港,我是第一个做方案教学研究的人,我也在提倡我的学术。我到不同的幼儿园去看,有些运用方案教学也运用得不好。有的运用得很好,有方案教学的精神体现出来了,原因在于教师。每一个实施方案教学的教师首先要懂得怎么"放权",小孩子的主动性很高。在香港我没有看到完完全全"放权"的老师,就算是"放权",幼儿园资源等其他方面的东西也配合得不好,所以没有办法办得很好。瑞吉欧运用的是方案教学,所以老师本身的培训非常重要。如果在课程中,教师是主导的,那么教师需要花费好几年的时间才能将重心由教师转到儿童身上。当老师开始注意到孩子,并不是儿童中心,儿童中心仍然可以是教师主导的。这个转化对教师本身的专业素质有一定的要求,对学校的支持也有一定的要求。所以,在香港没有可以真正做到瑞吉欧模式的学校,但是他们会采用其中的一些形式和理念,比如他们有的会建立美术室,请专业的美术教师,但是他们不能做到像瑞吉欧那样运行整个课程。因为是民办幼儿园,家长们有他们的期望,很多家长希望他们的孩子上完课回去念英文或者会写几个中文字或者能够知道怎样记数。不知道我的答案有没有解决你的问题?谢谢!

问题二:

听众: 老师您好,因为文化的差异,我们可能不大容易实施这样的教学模式,那么您为什么要选择这样一个主题跟我们进行分享呢?

蓝美容: 这个问题问得好。我不是说瑞吉欧不可以用,我是认为不可以完全照抄瑞吉欧模式。瑞吉欧的精神是值得学习的,而将这种精神渗透到美术教学当中就是一个很好的运用瑞吉欧的例子。怎么去包装课堂中的美术,活动的精神是可以借鉴的。所以,我选择这个主题是为了让你们看到整体式的瑞吉欧美术教育和切割式的美术教育的差异。

听众: 切割式的瑞吉欧还叫瑞吉欧吗?瑞吉欧的最大的特点就是将社区学校与文化融合起来的教育。

蓝美容: 你不应该把瑞吉欧的整个模式照抄过来,一个国家有自己的文化,我们应该利用它的精神发展中国式的美术教育。在幼儿园中培养这种精神,发展孩子的创造力。瑞吉欧就是瑞吉欧,没有一个国家有另外一个瑞吉欧。

问题三:

听众: 维果茨基在《思维与语言》中将思维分为混合概念、复合概念及假概念和真概念,也就是说儿童的思维和成人的思维本来就是不一样的。我想知道成人如何界定儿童的创造力?这个创造力是基于儿童的思维标准还是基于成人的思维标准？

蓝美容：创造力是每一个人都有的，每一个孩子也都有，因此要看怎么去看创造力。创造力要看它原来的定义，如果有一些新的东西发展出来就是创造力。如果一个孩子什么都没有，但是他能做出一些东西，那么他就有他自己本身发展出来的创造力。问题在于，作为成人的我们是从什么角度看待创造力。我们不应该从我们成人的角度去看待，孩子的发展和成人不一样。就像刚刚那幅画有没有创造力？有没有创造的元素在？

听众：我觉得是有的。因为画中他联系一个事物的方式和我看到的平常的小孩是不一样的。我在很多幼儿园看到小孩画画，包括给图画涂色的时候他们也很难做到那么精致，色彩能够搭配得那么好。

蓝美容：所以你就觉得他有创造力。其实联系是一个概念，构图是一个概念，但是看待创作也需要考虑孩子本身是从哪里开始的。因为不同的孩子他们创造的过程不同，他们的快慢也不同。所以看孩子创作力的发展，首先要看孩子现有的创造力的水平，看有没有创造力的元素。如果一个孩子本来就是一个不懂得画画的人，能画出这样一幅画出来我会觉得很厉害了。在原有的东西里面，有新的东西发展出来。在创造力的定义里面还有原创，即是通过经验的改造和重组发展出来的，不一定画一个杯子就是创造力，能够把杯子转过来画也是一种创造力。评价孩子的创造力不是从成人的角度进行评判，而是从孩子本身的角度和水平出发。

问题四：

听众：之前听过您的报告，在介绍香港学习瑞吉欧学前教育背景的时候您说首先是教师主导，其次是儿童中心，最后是儿童主导。而在介绍瑞吉欧课程的时候，您说瑞吉欧鼓吹以儿童为中心的综合课程。那么我是不是可以理解为您不太认可瑞吉欧的理念,而是更倾向于儿童主导?第二个问题是,您刚才在介绍有系统的美术教育课程的时候我就有一个疑惑:有系统的学前美术教育到底指的是什么?主要是因为之前有一次去幼儿园,园长很自豪地跟我们说他们请来了专业的老师指导大班幼儿进行写生。而关于写生,有理论指出是在孩子12岁之后才能开始掌握的技能,对那个园长的话我们都觉得是匪夷所思的。而在跟老师交流之后并没有得到很确定的回答,所以想请教一下老师,谢谢!

蓝美容:先让我理清一下你所提出的问题。首先就是关于儿童中心的问题,我说过瑞吉欧是以儿童为中心的课程,而儿童中心和儿童主导是不同的。一般情况下,要有儿童主导的课程就必须要有儿童主导,没有儿童主导就没有儿童为中心的课程。所以,这两者之间是没有冲突的。因此,在瑞吉欧有以儿童为中心的课程,就会有儿童主导的活动。我刚才讲述过,很多以儿童为中心的课程不一定有儿童主导的课程,但在瑞吉欧里面是儿童为主导的课程。至于第二个问题,我之前也有解释过什么是系统化的。系统化不一定是一堂课,作为教师在系统化的课程里面需要思考有什么东西可以让小孩子去学习,每一个活动必定是有目标的,而不单单只是让学生玩。此外,还包括这个活动本身的内容,以及所提供的材料和选择的方法。你刚才说,孩子要到12岁以后才能掌握写生的技巧,所以你没有办法想象孩子这么小怎么会写生呢。我认为,当孩子可以拿笔的时候就可以写生,至于写生的内容是什么又是另外一个问题。当你去瑞吉欧的时候,你就会觉得很惊讶。因为你会看到一个三岁的孩子画出来的花就是摆在他面前的一盆花,只不过他画得不好,但是他真的是在写生。写生是一个氛围,不一定说要画的和实物有多像。

听众:我赞成孩子可以写生,我的问题是写生是不是一定需要老师教?因为对孩子来说,他画出来的可能不仅是他看到的,还有他想表达的。

蓝美容：不一定需要老师教，我刚才说到瑞吉欧的一个事例就没有老师教。

问题五：

听众：我是想根据她（上一个提问者）讲的问题，进行一下分享。她刚才所说的有系统的课程也是我的疑问。因为一说到系统的美术教育，我们想到的是学科的逻辑，就是在学科当中讲到系统。比如，学中国画，我们会先学习画线条，墨色清淡的线条。如果是画西洋画，可能就需要先注意构图和光影，也是线条，这是美术的学科逻辑。而在幼儿园教育当中，是不能以学科逻辑为主线，要以儿童发展的逻辑为主线，那么在这个过程当中需不需要加入学科逻辑？因为在您的分享中，我看不到瑞吉欧美术教育中的学科逻辑，您认为是将这两条逻辑主线融合起来比较好还是只关注儿童本身的逻辑主线而不用关注美术学科的逻辑主线？

蓝美容：你刚才说的两条逻辑主线的融合是最好的，至于怎么去融合这是教师需要思考的问题。老师需要清楚自己想让孩子学习什么。当然，老师不一定要教才能实现这个目的。让孩子自己去学，材料的供应其实就已经将学科逻辑的主线置于系统的课程当中了。比如，给他毛笔和宣纸，孩子画的可能就是水墨画。

听众：也就是说您是比较赞同将学科逻辑通过材料供应和活动设计比较好地融入系统中去。而这个系统指的是美学的大系统，而不是美术教育的小系统。

蓝美容：是的。

问题六：

听众：蓝老师您好，非常荣幸能够听到您的讲座。瑞吉欧的教育模式就是我们理想中的模式，但同时我也在想一个问题：国内在几年前就已经开始学习瑞吉欧，也在努力地探索将国外比较好的东西本土化。实际上在幼儿教育这方面，我觉得大陆已经做出了很好的探索，也取得了一些大家所期望的进展。但是，国内教育不容乐观的就是文化背景的问题。幼儿园教育做得再好，到了小学，到了中学，前面很多的努力归零。我很想知道，在有着优秀文化传统的意大利，他们的幼小衔接是怎么做的？

蓝美容：这个问题我们也问过瑞吉欧的人，他们会说他们小学的学生都发展得很好的，但也就只有这样了。当他们奉行一个理念的时候，他们会将这个理念带入小学。在一些有瑞吉欧理念的学校里面，他们是可以自己学的。但是关于一些学科内容的学习，他们会到其他地方学习，不过瑞吉欧的精神一直都在。他们依据的是孩子发展的水平，而不是根据文化传承到小学、中学进行的。

21世纪评估幼儿之议题
——从实务层面论述

简楚瑛[*]

请大家看看这六张连续的照片,请你从评估的角度去思考你看到了什么,你是从什么角度看到了什么东西。

一、评估的主题是什么、对象是谁、角度是什么

简楚瑛:你的角度是什么,在教学场域里头从评估的角度,你是从哪一个角度看的?

听众:我是从观察教师的指导策略、儿童的学习特点出发,然后我看到了教师是如何跟随儿童,指导他学习,同时也看到儿童学习和关注的特点,那么这位教师给儿童提供了一个自由翻阅书的机会,而不是让孩子跟着她学习一些内容。

简楚瑛:嗯,你看得很细心,看到了是谁在翻书,看到了翻书这个过程,这个自由度在哪里? 有没有可能在家里或学校里,是父母、老师在翻阅的?

---

[*] 简楚瑛,前台湾政治大学幼儿教育研究所教授。讲座时间:2012年12月18日。

简楚瑛：幼儿翻阅的动作会影响什么？

听众：它会影响孩子自己的动作的发展。

简楚瑛：看小说、看书时会想是不是该翻页了，如果是你在翻页，你心里会想他到底读完了没有，她看到了老师让这个孩子自由翻页，然后？

听众：然后包括她的视野都在追随儿童的视野，而且她看到了孩子对手表感兴趣，然后那个孩子就随机指着那张图，然后跟老师发起一个互动。

简楚瑛：可以看得出来是有互动的，这个小孩倾过来，就表示在听老师说什么，从这个动作来看老师是在说话的，师生有互动。

听众：孩子用手指探索、触摸杂志上的手表，老师发现孩子对手表感兴趣，就让他用耳朵听听自己手上戴的手表的声音，滴滴答答的声音。孩子特别天真，想把实物的表和书上的表建立联系，他就把耳朵贴在图上听听看。我们是这样理解的。

简楚瑛：老师是支持者？是一位被动者？还是一个主动介入的角色？

听众：我觉得这里不能谈主动还是被动，因为其实老师一直在支持孩子，她这里表现的对孩子的一种关注，看起来好像是一种被动，但实际上仔细观察会发现是很主动的，所以我认为这里只是给孩子的学习建立起一个桥梁作用。

简楚瑛：有没有人觉得她有主动地介入呢？你可以看到老师在做这种动作，她把一本书给孩子，这本身就是老师的信念。如果是一个不太相信孩子的、不敢放手的、觉得不教是不会翻书的老师，是不会这么做的。所以这过程刚开始时是老师主动安排的。你说她是看到孩子的兴趣吗？我想它是一个杂志，老师只是让他看杂志，老师并没有想到他会翻到手表，并注意到它。那么也不知道这个十个月大的孩子在想什么，表达能力也不够，但是他是看到了孩子非常想告诉老师什么东西。十个月大的孩子你只能通过观察去猜测他的想法。有没有人从另外的角度来评估？

听众：我也是从老师、小朋友的角度来想的。

简楚瑛：刚刚是从老师，没有从小朋友的角度哦。

听众：刚才那位老师讲了小朋友的学习方式。

简楚瑛：从小朋友的角度你看到了什么？

听众：不好意思，我的角度可能和这位老师的不一样，我是给每一幅图一句话，不知道合适不合适？

简楚瑛：好。

听众：因为我看第一幅图以后，我看到的是一个孩子和妈妈在一起，我给这个孩子配了一句话叫"我要看书"，这个时候妈妈给了他一本书看。第二幅图：妈妈就问，"你喜欢看什么呢？"第三幅图：孩子告诉妈妈，"我喜欢看这个手表"，孩子对它产生了新的兴趣。第四幅图：孩子说，"咦，这书上的手表和妈妈手上的手表一样的"。第五幅图："让我来听听手表是会发出声音吗？"第六幅图："是不是书上的手表也能发出声音呢？我来听听看。"我觉得这是一个孩子对于一个事物的认识过程，通过他的感官、视觉、听觉、触觉等。

简楚瑛：好，谢谢。那我们已经看图说字了，但我刚开始的问题是，你从评估的角度，所以在刚刚看图说故事以后，请问从学生的角度，你评估到了什么东西？怎么看一个十个月的孩子是主动的学习者呢？

听众：在温馨的环境下，他更愿去学习，表达更专注，有学习的欲望。

听众：简老师的意思是从这六张图片中，你从评估的角度看到了孩子的什么？

听众：我们从《3—6岁儿童学习与发展指南》知道，孩子是好奇的。请问多大的孩子有推理能力？8个月、10个月？从刚刚放的6张照片来看，10个月大的孩子就有推理能力了。

简楚瑛：好，注意看，老师要求幼儿园的孩子画图接力，一个小朋友画完了就让第二个小朋友画，第一个小朋友是这样画的，第二个小朋友问这是什么，他说这是屋顶，然后第二个小朋友看了之后画了一个墙壁，第三个小朋友出来画了一个太阳，第四个小朋友在屋顶上画了个……他说这是融化的雪，第五个小朋友画了一个门，可不可以？下面一个你判断会画什么？窗户，跟人家的答案都不一样。请问你会画什么？烟囱，只要有两三个人都讲就没有什么创新了，好，融化的雪人，还有栅栏，很多人想的都一样。他画了什么？把头框起来了，这是这样子吗？他说这是我爸爸洗澡的时候弯腰捡肥皂。在教室里头，小朋友画出来了，可后面都没有封面，请问如果你是老师，你会怎样处理？中班的孩子画出来了，后期你会怎样教学？小组讨论下后续情况怎么处理。

听众：我是机关幼儿园的，如果我遇到这样的情况下的话我会肯定孩子的这个创造力。

听众：如果是我的话，可能会说这是爸爸的一个小秘密。

简楚瑛：有没有人有不同的意见？从这个来说，这个是很独创的，他想象的是跟你们刚才说的雪人、栅栏是完全不一样的，你可以看得到这叫作有创造力的想象，就是这样子，但是如果老师说好好画，不要想太多，懂吗，不要胡思乱想，想歪了，那你们想会有什么结果？那当然我这个资料的收集没有收集到这个老师的后续行为。

现在我们回到今天的主题——评估。我上个月也被邀请讲评估有关的议题，这表示"评估"是目前大家关心的主题之一。我认为《3—6岁儿童学习与发展指南》原来的用意应该只是想告诉大家，这个年龄的孩子发展应该是怎样的，但人们会忘记"应该"是"should be"，而不是"must be"。所以现场的老师家长会担心惶恐：我的孩子是不是就应该达到《指南》的标准，如果没有达到，是不是应该恶补来加强，在家里多背书等？所以当我们在讨论评估时，到底在谈评估什么？从刚刚这两个照片、图画系列我们可以思考下，你到底想评估什么东西？评估的是幼儿的学习，还是要评估他的发展？如果你要看幼儿的发展，就像刚刚你可以看到并没有老师教他，但是你们也有人指出来有看到老师的行为，所以刚刚所有的东西里头，可以是一个从学生的学习或发展角度的评价。但是我们还没有涉及课程，就像刚刚那个爸爸弯腰捡肥皂，那后续怎样处理？此时就是老师的教学行为以及你课程设计的时候了。好，你看第一遍、第二遍，应该可以感觉到这个园的园长的管理是怎么样的，想象一下这两个园的园长她们属于哪种管理类型？比较开放的，如果不是比较开放的你会觉得怎样？所以你们在谈到评估的时候，你们要想好评估的主题是什么、对象是谁、角度是什么。

二、为什么要评估

接着要问的是:为什么要评估?评估的目的是什么?

听众:我想评估的目的就是了解孩子的发展情况,然后针对他的发展情况提出针对性的策略。

简楚瑛:好,其实你讲的是两个,一个是我要了解孩子的发展状况,第二个是这个帮助你针对某个孩子,设计出教学的策略。你之所以会讲这句话,表示你想个别化教学,想因材施教,比较有这样子的期待。其实我应该问:你们为什么对今天这个议题感兴趣呀?

听众:从我自己的角度讲,我觉得幼儿园应该从两方面进行评估:一个是从幼儿的发展角度,第二个是从教师的专业发展角度。从幼儿的发展方面,教师是从五大领域来考虑的,比如说有个中期评估,还有最后的学期末评估,为什么这样做呢?这样做的目的有两个:一个是考察幼儿这一个学期或半学期所学的东西是否全部接受了,第二个目的是调整自己。作为一名教师,每天有课前备课和课后的反思,那怎样将幼儿的发展达到这个活动的目标?第二个就是从教师的专业发展角度,幼儿园是从园中管理制度来对教师进行评估的,因为一方面既要管理幼儿园,另一方面是提高教师的专业成长和他们的素质,将幼儿园晋升到另一个高度。

简楚瑛:她刚才讲了两点。她认为评估里头一个是针对小孩子,因为这样子的结果资料可以丰富她的教与学,等等我们就要检讨是不是真的做到这样。第二种针对老师的评估,关系到管理阶层评管问题,这样看起来就是为了提升教学品质。事实上,幼儿园做了很多是应付家长的。在公立幼儿园,老师很有权威,所以家长不会挑战说:"我的孩子到底在幼儿园做了什么,学了什么?"但是在私立幼儿园,老师的挑战就很大了,家长会认为:我花了这么多钱,我的孩子是不是得到我想要的?因此幼儿园需要评估,那都是谁去评估?管理系统的领导去评估?刚刚这位老师讲了,评估是幼儿园的园长与管理层进行评估,这是内部的；外部如区教育局、市教育局、省教育厅也要进行评估，这些也都是评估。我们现在就把范围缩小，单纯地谈在幼儿园里为了教学品质、评管所做的评估。评估到底是评估什么？园长和幼儿园老师需要注意的是，你的评估是属于比较微观性的、有针对性的，你们在现场是希望得到一个可操作性强和科学的评估系统。通常硕士研究生或博士研究生、教授在做研究时就会给到这个东西，但是你要注意，往往这个东西的实施条件等是和你自己所在的幼儿园情境脉络不完全符合的，你若原版照抄，那就会产生很多的问题。要评估什么，与你们幼儿园真正的教育目的是什么有密切关系。要评估什么，就要先确定我们希望培养什么样的孩子，换言之，就是学习的目标与学习的内容，只有学习目标与学习内容确定了，才能设计评估内容。

三、学习评估与幼儿的学习内容

简楚瑛：现代的孩子应该学习的内容是什么？刚才你们讲起来有很多是与过去的社会一样，没有变过的，是很核心的。但不可否认，道德是重要的，礼仪是重要的，传统文化是重要的，价值观和态度是重要的，综合基础知识是重要的，这些都没有变。现在的家长有没有看重这几项？

听众：知道，但对抗不了外界的要求。

听众：我们的确面临这样的问题，现在的年轻家长确实有自己的想法，但是他们把小孩交给了上一代人，也就是爷爷、奶奶、外公、外婆。

简楚瑛：可是有好多好像并没有冲突。

听众：他们就像刚才有位老师说的，和外界的一个对抗。我觉得最明显的一个问题就是排队的问题，我想好好排，旁边突然插进十个人横着进来，那我还要不要继续排？这是个矛盾，就是我要坚持自己的素养和道德然后花一小时买一张票，还是放弃自己的素养和道德花两分钟买一张票？

简楚瑛：这就是我们在教室所教的真理，教师教给学生的。但是这半年我接触到更多的基层事情，就发现我在教室里的一些观点和做法可能需要修正。

以前我会说你们这些都是太没有使命感的人啊，太没有什么之类，但是当自己碰到这样的事情时，我就会想怎么办，可能我也是傻在那边。所以我无法给你们一个答案，而是你们必须自己去思考、自己去决定。如果讨论一下我们课程的优缺点，讨论什么东西是好的，什么东西是值得传递的，大家会是很不一样的思维。

当你了解孩子进入21世纪面临什么困难时，你才知道我们的学习内容是否是适宜的。下面谈一谈社会发展的三个趋势——全球化趋势、资讯化趋势、本土化趋势，以及这三个趋势对幼儿学习内容的影响。这些发展趋势对幼儿的学习内容会有直接的影响力，从而也影响了评估的内容。

什么叫全球化？它的第一个特性是时空压缩，因为交通便利，所以能跨时空，早上来这边开个会，晚上还可以回家吃晚饭。从全球化的角度来问你们，大家在吃饭聊天时，谈论的话题是什么？

简楚瑛：会去看国际新闻的举手？你为什么会去看国际新闻？

听众：看，了解一些国际上的资讯。

简楚瑛：是一般了解吗？跟你们没有关系吗？

听众：有关系的。

简楚瑛：所以我看了一下，10%到15%的人，认为是有关系的。

因为全球变暖这个问题，所以在幼儿园教育里面提倡环保；很多的疾病，像禽流感，也是全球性的问题。全球化的趋势对于我们的教育产生什么样的关系？

全球化的社会趋势有一个特征就是多元化。通过人口大量移动，这个移动不只是国内国外，也有我们自己，从东边到西边，不同的文化差异就变得更大了。像中国有56个民族，每个民族都有自己的文化，过年、大型节日、结婚的风俗，都不一样。有很多东西和我们的文化是不一致的。在这样的情况下，你们在教学的时候，在课程设计的时候，都要有一些异域化思维。以台湾地区为例，我们以前的课程设计和教学是一切以汉文化为主，这就意味着别的文化没有太被重视。近十多年来，我们鼓励去不断接近不同族群的文化。现在在台湾地区,除了普通的幼儿园之外,逐渐出现了从幼儿园到高中的华德福学校,也出现了蒙台梭利的学校。据联合国 2006 年统计,全世界富裕人口占全世界人口的 2%,却拥有全球一半的资产,而贫穷的人占了一半,财富只占 1%。所以在教育里头有很多辅助捐款,以前谈教育公平就不容易,现在谈教育公平就更不容易,从教育输入到教育的输出,教育输入的时候老师水准不一样,家庭背景不一样,譬如,政府提供给上海公立学校跟三线、四线城市的经费就大大不同。怎么做到教育机会均等? 这在全球化的今天是个困难。

　　另外就是自我归属、定位的问题。因为在全球化的时候,我们可能是多元、多重归属。可能有人国籍是中国,但是经济的投资就不是全部放在自己的国度里,会分散或是全部放在欧美国家,那这就是经济上的归属。目前一个人的自我认同已经不仅限于心理、政治层面的归属而已了,整体来看,认同的问题是越来越复杂化了。老师在课程设计与教学的时候必须了解学生的背景。因此,老师的教学与评估真的不容易。

　　全球化会产生的另一个问题就是矛盾的关系和两难情境的面对。什么意思呢? 其实我们现在的社会有很多东西是既普遍又特殊的。各位手上拿着的手机,它的功能大致上是相同的的,但是每一款手机又特别强调个性化,譬如,各位可以自己选择桌面的图片、铃声的种类等,所以普遍性与特殊性,它们居然是可以是并存的。全球化的结果也产生了一个既解放又局限的现象。就是说只要小孩子进入到电脑虚拟世界里面,你会发现没有办法去控制小孩。我们可以正向地来看现代科技,负向来看也有很多不好的结果,所以全球化的社会是非常解放的,但是它又非常局限。譬如,对于偏远、贫困的地区,因为没有办法接触到现代化科技,他进不去虚拟的世界,所以这是很大的局限。那对于我们教育来说呢,一个既普遍又特殊化的现象,老师的责任就是必须传递主流性知识,学生毕业的时候,应该要达到普遍性的教育目标。问题是你今天进来的学生,差异那么大,以学英文为例,小学四年级的学生,有的英文都没有上过,有的可能学英文已学了 7 年了,老师面对三四十个这样的学生怎么处理? 那学生呢? 他面对学校主流文化和他家庭文化间的差异,他如何调节自己呢? 所以就算给得起硬件,对于某些人来说,还是局限。今天在讲全球化的时候我们常常面对矛盾的关系和两难情境,所以今天教师要处理的问题常常是对立的,你常常是在两难情境下去做决定的。

全球化的另一个特性是既同时又多元,跟刚刚讲的差不多。我们要教的内容既要包含人类价值观念,也要因为不同族群、不同个体的需要而多元。那过去讲到,要注意小孩子的个别差异,相比较于现在,过去的个别差异不大,现在的个别差异真的很大。一个孩子的差异不光是学校的问题,还有情感、情绪、技能等各方面的差异。

全球化还有个特性——既远又近、既疏又亲的关系。有次我在家和我儿子背对背工作,我跟我儿子说:"你阿姨发了个文章给你,你看完后跟我分享你的感受,可行?"他说:"是的,妈咪,我正在电脑里回应你。"我很惊讶地说:"我就在这里,为什么不跟我面对面地对话呢?"这是21世纪用惯科技产品年轻人的习惯。所以说现在有更多"很宅"的人,未来会形成"宅男宅女"的"宅经济"。我请问你们:内心里头感觉孤独吗?你有任何事情,会有个可以马上就支持你的需要的人举手。哦,有一部分人,举手的人是幸福的人,因为你们在这科技的社会里,有亲密的关系。大家平时收到很多来自不同人的信息,美国现在平均每人、每天会发出讯息给18个人,但人际关系并没有变得比较亲密。

因为全球化形成在地化的需要,主体性认同和归属感的学习成为越来越重要的内容。为了全球化的发展,外语的学习变得越来越重要。但与此同时,母语的学习也极为重要,语言学习已经不仅仅是认知学习以母语为优先的议题而已,这会涉及幼儿学外语是否合适的问题,其实小孩子有同时学两三种语言的能力,但是要看环境。譬如,爸爸的母语是德语,妈妈是英文,在学校讲中文,这是OK的。因为这三个主体提供的语言学习环境是有一致性的。但是如果说过度刻意地、自幼就去上英语班,在家里也只强调英文的学习,就可惜了,因为你是在中文的环境里面,放弃了学习中文的机会。另外母语是刺激思考一切东西的源泉。认知的发展离不开文化,我们只是要在全球化的过程中,不要失去自己。现在很多人很了解国外,却不了解自己的家园。因此在教育上,要使得学生在追求了解外国的同时不要忘记了解自己的家园。

资讯化的社会有几个特色和好处:资讯化社会里,学习条件是开放的,老师角色、学生角色、教科书选择、教学观点,通通是开放的。学习的方式、学习的时间、学习的内容也都有不同。在资讯化的社会,资讯被大量创造,当下创造的可以瞬间成为过去的,创造的东西可以不需经过任何的筛选,随时放到网上,变成不需要有权威性就可以发布许多的资讯。现在的社会要求不断地创新,但创新且大量的资讯欠缺权威性,此时我们就需要教学生怎么筛选资讯了。要选哪些权威性的资料,才不会浪费太多的时间在网络上。在21世纪,每个人都有发言权、都可以发表,因此,在大量资讯生产出来后,这个时代就更需要权威性的机制帮我们筛选资料。如果要进大专院校,你从现在开始做硕士论文、博士论文就要注意,投稿的时候要找权威的杂志,否则以后各个学校大概就是依靠这个来评定。

我刚刚讲的是社会变迁导致的一些现象,它和课程发展的趋势之间具有密切的关系,刚刚讲到,全球化有三个大趋势,那我们就从不同的角度去看,孩子在这个社会里头的地位是什么?社会、成人对孩子的期待是什么?做老师的应该怎么设计课程以及教学以面对21世纪的社会?你们觉得21世纪的孩子应该具备什么关键的能力?请讨论一下。

(讨论中)

简楚瑛:好,我们来分享一下讨论的结果。

听众:我们有很多的答案,包括解决问题的能力、学习的能力、团队合作能力、领导能力、创新能力、获取和生成信息的能力、共情能力、审美能力。

简楚瑛:别的小组看一下,这上面的答案有没有你觉得不需要的?然后想一想参观的幼儿园,有没有培养孩子的这些能力?

(讨论中)

听众:有两个方面,一个是学过教育的人,理想状态下孩子应该具备的能力,比如说联合国教科文组织的学会关心、学会生活、学会学习三个方面;另外一个方面就是在现实生活中,孩子为了以后进入社会,他应该有的关键的能力是他的生存能力,第二点就是我们在讨论的时候,会发现不知不觉间就像黑板上所写出来的一样,我们觉得好的东西应该全都加给孩子,就好像希望孩子是全能超人一样。

简楚瑛:好,谢谢。布鲁纳曾经说过一句话,就是我可以把任何知识教给任何人。所以,关键是老师有没有教学的能力。我们先看一下什么叫做关键能力。关键能力,也就是说这个能力无论你在哪里,它都是可以移转到另外的国度的、情境脉络、可移转的、多功能的、可以达到不同的目标、解决不同的问题的能力。它包含知、情、意的能力,从1991年后期到2000年之间有很多谈趋势的书与文章,预测2000年之后21世纪的样貌,许多大国都出示教育白皮书,譬如,欧盟提出教育八大关键能力,它强调在全球化的时代里,要有沟通的能力,具备沟通能力就是在有技巧之前要学会语言。提供两种语言教育的国家,其实力就会比较有底气些。因为英语是世界性语言,因此,美国人大多数只学习一种语言,在恐怖主义盛行的时代,只有一种官方语言的国家,像美国,是比较吃亏的。像韩国、日本、新加坡这些经济实力很好的国家,都是强调本国语言外,也强调英文。运用科学、数学的基本能力是八大关键能力之一。我们的教育常常导致这样的现象:啊,我的数学成绩很好,科学成绩很好,但是常常不懂得怎么去运用。应该强调的是运用科学数学的基本能力。因此我们也要思考一下:我们在幼儿园里考核孩子会不会数学、自然科学等等,是否会因为目标设定的不合宜导致我们的评估方向也随之失当?获取资讯、筛选资讯的能力也是重要的。好,另外很重要的是创业家精神,这是台湾教育里面最欠缺的。在我们这一辈多多少少会有一些创业家苦干、坚毅的精神,但是我们的下一代大概都觉得:不用这么辛苦。在全球化的环境下,国家间的竞争是激烈的,印度和中国在竞争的时候,我们的人口不比他们有优势,但是他们也有弱势。所以,每一个国家都有优劣势,就看领导者如何把劣势转化为优势。在幼儿园里有没有可能去培养创业家苦干、坚毅的精神啊?文化素养会是21世纪孩子该有的素养之一。举一个例子，有一个年轻人去面试、找工作，老板带着他从一楼到五楼，结果每一层楼中间都有画，这个年轻人走到四楼的时候，就跟老板说：你们这个公司里头大概非常欣赏某某人的画，后来老板觉得这个年轻人有文化而录用了他，因为老板认为这个年轻人的生活不是只有他的工作，他会关怀许多别的东西。研究生在学校学习写报告，老师给个题目，研究生能很快速地去收集正确、权威性的资料进来，然后分析组织，然后表达想法和分享资讯，这种规划、团队合作，运用数学的能力、解决问题的能力、运用科技的能力，都是自幼开始培养起的。慢慢地，在课程设计时可能不再是以学科内容来组织学习内容，也就是说，我在每一个科目可能都可以去培养学生刚刚说的那些能力。目前是用领域来代替，不用学科。学生一定要学习基本知识和技能，每一个学科都有自己的基本能力和技能，一定要学习。以阅读为例，全球有个研究项目——PIRLS，项目内容是比较全球参与国家四年级到八年级学生的阅读能力。该研究主张阅读有三个层面要学的东西。我们用小熊故事来说明。

虽然我强调学习的基本能力任何学科都应该有，但是学科知识是有自身的脉络的，所以老师除了要对专科知识中的知识结构比较清楚外，还要能截取资讯，解读资讯，然后思考资料的运用方式。我们在教学生阅读的时候，我们的家长、老师都要会识字，这是最基本的事情，而且要大量阅读。那么，截取资讯能否从阅读资料中找到自己所需要的信息？现在我们读一下这个故事，大家自己读，然后我们来个小考试。请问一下，我用这样一个绘本，让家长或者老师来教孩子阅读一本故事书，传递的方式是什么？如果你是小熊，你要大声说什么？如果是我自己的话，就让小朋友先想，再让他们画出来，要让每个小孩都想，然后你就会看到创造力会表现出来，我们怎样去培养孩子的创造性，看一下这个答案有没有启发？

你们拿着一本书开始让小朋友们看，告诉他这是小熊，光靠这些是不能创新的，请问这是什么？（展示图片）怎么办？我们必须跳开自己原有的思绪，重新去解构，这个讲起来容易，但执行起来不是很容易的。很多人看到的只是表象,实际上我们要运用资讯科技,创新、创业的能力。简单地说就是勇于改变,勇于创新,能够自我设定目标,去实现。

简楚瑛:学习与人相处难不难?

听众:难。

简楚瑛:非常难,那先让自己变得很好,学习自我实现表示能够展现天赋,实现自我的责任、目标、方式,热爱生活、社会。你们可以上网去查台湾超级马拉松考试的林义杰,他就是喜欢跑,先从很短的距离开始跑,到后来他慢慢慢慢跑得很长,就去参加马拉松比赛,最后得了第一名。他在跑的过程中带领大家学东西,所以他有一些理念要去实现,他靠跑马拉松去得奖以及这个过程去实现他的理想。因为这个过程很辛苦,什么东西使得他愿意?是他具有乐观、积极向上的品质,所以他很享受这个过程。同样的,我们做任何事情都要更清楚:怎样在自己很辛苦的时候,让自己觉得自己的梦想会得到实现。现在很多强调创新的老师会帮助孩子,教他们落实实现梦想的方法,这些孩子就因此而改变了生命,全部走向人生的盛世。

四、评估的做法

现在很多时候老师们会配合园长、家长的需要,随时随地进行评估,很多幼儿园老师时时刻刻都在拍学生的活动,然后发给家长,但是没有任何的说明。像最前面六张照片放出来的时候,在没有标题也没有写任何解释性文字的情况下,请问家长看得懂吗?应该不完全能理解老师查找图片时的本意。同样的,我们可以看到幼儿园的刊物里面常常有很多照片,若是可以从学生学习的角度去说明这张照片的意义性,其实这就是一个评估的做法了。

互动环节

简楚瑛:好,现在请大家分享一下今天的心得。

听众:我觉得您今天是在启发我们思考:评估的价值到底是为了什么、什么是评估以及我们评估时主要评估的一些内容。

听众:不光是听您的讲座,包括我们以前听的一些讲座,其实我们都能够形成一个概念就是应该注重能力,就是你的评估一定要围绕幼儿的能力来。但是在实际操作的时候,比如我们当地的幼儿园到了期末要进行评估,园长给你的任务就是一些实质性的、结果性的东西。你就从这个结果去评估孩子就可以了。但是我也经常会说我们的评估应该是围绕一些过程性的,通过考量他的一些语文啊这些之类的,但是真正到期末来评估的时候,园长就会给我一些实质性的东西,比如"你给他这首儿歌看他会不会"、"你给他一些图看他会不会画",我觉得这些会不会矛盾?

简楚瑛:让我们来思考一下,管理阶层的难处与你们的难处,我觉得两者之间都有共性,不管说是过程性还是结果性,评估都应该与教育目标有关,因此,你们对教学目标要清楚。从美国布什总统发布那个 no child left behind 政策之后,全球的教育方向也受到影响,尤其是中小学教育,从2000年到现在,教育的钟摆又倾向于基础教育(读、写、算基本能力),就是对学生的学业成绩越来越看重了。所以学校要是有期末的评估,你们就知道我这一个学期一定要达到那个目标,至于说这个过程,怎么样勉励自己在实现的过程中不失去教育的原理原则,比如不要让小孩子在学习过程中因为我们的严厉对学习失去了兴趣,比如说刚刚的那些案例。教学的成果怎么去展现呢?老师要有选择地去收集资料,过程或者总结性的评估都会是需要的。

听众：这个评估还是要以儿童为中心，从孩子的角度出发，最终的目的还是要回到孩子的发展上来。

听众：我觉得从老师刚才说的东西里面听出，现在的评估是一个复杂的系统，评估不局限在小孩在幼儿园怎么样，还要看到社会的发展和变化，在宏观的大背景下有所思考，然后再回到现实幼儿园里应该怎么做。

听众：我最大的启示和思考就是在我们做评估或者教学的过程中，视野和立场特别重要，我们站在一种什么样的立场，是为了完成教学任务，还是从儿童发展的视角出发，对他们以后以及一生的发展有帮助。我们经常在听讲座的时候会获得一个直接对我们有用的东西，其实这种操作性的东西是我们可以直接用的，但是真正能够帮助我们的，我觉得一定是先从我们的观念开始。

简楚瑛：在评估之前，要先定位是从从哪个角度去评估的。政策下来让你做评估，这个政策可能是中央政策、园长的政策或者是学者弄出来的，你很快就可以定位。定位定好后，与对方沟通的时候，你的角度就清晰明确了，就知道怎么进行评估的工作了。评估是一门很大的学问，它牵扯到系统的问题。

听众：我看到您在方案教学里面提到一句，方案不是课程的全部，简老师能不能跟我们介绍一下在台湾地区的教学中方案在课程里到底占了一个怎样的比例以及它的重要性。

简楚瑛：你问的问题涉及两个东西，一个是课程的问题，一个是方案的问题。每一种课程都应该有它背后的意识形态，譬如，方案课程背后的理念是"做中学""解决问题能力的培养"，这些也是它的教育目的之一。方案课程不是课程的全部，它只是运用了方案教学法进行教学后形成的课程内容。教学都会有一个程序（步骤），如果只是按照教学程序去做，我是一个行为学派的我也可以去做那个程序，我做出来的就是传统教育；如果我是一个建构论的，我照他的程序去做就偏向所谓的方案。所以真正的方案教学是一种目标导向的教学方法，它的目标就是解决问题的能力。主题教学不是一个教学方法，譬如，我的教学主题是书或者动物园，它只告诉了我教学范围，它没有告诉我背后牵扯到的意识形态，如果主题是动物园，我用建构论去带跟我用行为学去带一样可以得到同样的主题；但是提到是用方案教学法，很清楚的是用渊源来自克伯屈的方案教学。它所涵盖的意识形态是很清楚的，它不会是行为学派的，所以方案是目标导向的，那这个目标是解决问题能力的培养，它是步骤性的，解决问题有五个步骤，非常有步骤性。第三个，我现在做的东西就是要让学生觉得是有意义的，不是说老师我只看着学生的兴趣就好。我刚刚说手表的那个老师，他是一个非常有经验的老师，如果你放在一般的家长他未必会有这样的动作，那怎么样造成它是一个有意义性的学习，当然这个是要另外用一个专题来解决的问题。教学中怎样让学生思考，这是老师的功力，你说方案这件事情，它不是课程的全部，它只是教学方法之一下所形成的一种课程。通过这种教学课程，可以培养学生解决问题的能力。

行为与社会科学研究伦理原则和教育学研究伦理之议题

简楚瑛*

今天要谈的,是一个研究伦理的问题。现在全球化之后,这个研究伦理的问题就更严重了。全球化的趋势指的是我们学者的研究报告或论文都希望在国际性刊物上刊登,尤其是 SCI 或者类似的杂志上。因此,你就必须遵照国际性的规矩去做。要投稿到国际性刊物,首先它会要求你提供一个由人文社会伦理科学委员会出具的证明说你这个研究在当初开始收集资料之前已经经过他们研究伦理的审查。任何一个国际性刊物有了这个证明之后才开始把你的稿件送出去审查,否则它不接受。现在发表文章,不仅仅是看是否有发表的文章,同时还要看你发表在什么等级的杂志上。这些都是年轻学子应该开始注意的。

研究伦理这个问题产生的背景是什么?在第二次世界大战的时候,德国纳粹的医生和科学家做了很多的实验,尤其是医学的实验,会用集中营里的囚犯做研究。曾有一个研究用低温试验,结果有三分之一的人死了,用低氧的实验有五分之二的人死了,化学的实验有四分之一的人死了。当时,大家并没有注意到人权的问题。到了"二战"结束,战争中部分纳粹党员被公审的时候,大家开始讨论做这些研究的医生和科学家有没有犯罪这个问题。研究人员是不是

---

* 简楚瑛,前台湾政治大学幼儿教育研究所教授。讲座时间:2012 年 12 月 20 日。

说一句"我为了国家",就可以进行违反人权的研究?研究的过程中,群体的利益是不是可以凌驾于个人的利益?你们现在的答案是什么?好,不可以。这是在现在这个时代的想法。每个时代的想法可能不一样。这些战犯是不是应该判刑,这是当时一个有争议的问题。

最后十条法则被制定出来,作为判刑与否的准则,这十条法则里跟我们研究有关的有几个法则,第一个是自主权和知情权。自主权是指,被研究的人要有是否参与研究的自主权,有主张不参与的权利,还有,对于整个研究的内容,包括研究目的、研究方法、研究结果的运用等信息是要知情的。对于研究对象,我们要给予尊重,因为他们在我们的研究中的确付出了,没有他们的付出,我们其实是没有办法完成研究工作的。那对人的尊重有知情权的问题,都要有知情同意书,研究人员要写一封信,告诉他们我们研究什么,内容要写得仔细。如果做核磁共振相关研究,就要事先告诉他:如果你是有封闭恐惧症的人就不要做,或者如果你真的还是想要做,你自己要知道封闭的时间、辐射量是多少。像这种情形要事先告知。还有一种就是他要先问你身上有没有任何金属,比如身上什么断了,还有如果你自己没有去注意,受试者要承担这个责任。研究人员必须很清楚自己用的工具不是对所有人都合适,对某些人是有危险的,一定要筛选。在有些情况下是可以免除知情的,就是教育的训练。

还有匿名的调查、观察以及损害个人名义相关的事,我们也可以申请。知情权是指被研究者在18岁以下都由父母签字,但是7岁以下由父母全权代理,7岁到18岁是除了父母要签名孩子也要签名,因为他已经懂事到可以发表意见。有些针对18岁以下7岁以上青少年的研究,如果研究人员写得很清楚,然后委员会同意,也可不必家长签字。知情同意书里要写清楚研究的目的、研究多长时间,研究的过程和程序。

举一个有关梅毒研究的例子,这个研究从1932年就开始了。研究人员为患有梅毒的病患提供免费体检、免费吃饭、死后的丧葬等条件来交换,让他们做被研究者。有些人被利益吸引,他不清楚自己会投入什么、牺牲什么,但研究人员是清楚的。当时有399人是梅毒性病患者,200多人是做对照组,结果其中有些隐瞒或是欺骗的做法,譬如,告知实验组说为他们提供的是治疗梅毒的药,可以治疗梅毒,但事实上没有给他们真正可以治疗的药而是给的安慰剂。这导致很多病患家人连带被感染。这是没有告知被研究者实情的研究。

在国外,最初有些研究在取样的时候会为了便利,就专门找一些弱势群体做被研究者,比如说专门找罪犯。罪犯属于弱势群体,他在监狱里是没有权利的。你告诉他们说:你可以决定要不要参与此研究,他不太敢说"我不想",因为在监狱里,监狱长或狱警是很有权利的,对罪犯而言,监狱长或狱警有隐性的权威,所以只要有研究上的邀请,他们都要看看监狱长或狱警的态度,如果监狱长或狱警的态度是要他们参加的,他们会说"愿意",但其实心里是很不想的。还有很多早期的研究都找流浪汉,流浪汉无亲无故,没有人会为他伸张正义,没有人会为他的权益去申述,研究做完,他有什么样的后果都没有关系。所以这就是为了利益取样,为了我们的研究方面取样。那我们在审查的时候会注意这些对弱势群体的保护的措施。

影响参与可能的因素都要事先写清楚,譬如说你用核磁共振可能会导致呕吐,呕吐的严重程度要事先说明。有些人会有强烈的不适感导致呕吐,这些都要事先说,有的人害怕,一开始就不接受这些事情。但如果我给你酬金,三十分钟我给你2 000块钱,很多人即使呕吐也会来做。所以我们会看你给受试者的钱,这个我们也要审查,如果你想给2 000块是绝对不可以的,因为对方不是自愿的。在研究中,你给被研究者的钱只是一种补偿,如果给2 000块钱就是诱导他,他这种不叫真的自主,他其实是看在2 000块钱的份上,他心中是不愿意的,"我这样会造成痛苦"。所以你要给被研究者多少钱我们也要去过问。任何研究的潜在利益,比如说你帮我做了研究,研究者肯定会占有我的好处,我们要共同分享这个利益,这些东西我们都可以看得出来或事先问。

第二个就是有利的风险利益分析。因为有时候,我得了癌症,你现在有新的药来医治我,其实,做医生的也不能保证这个药绝对有效,只能说可能有效的概率,那么要不要接受则由我来决定。照过去纳粹党的做法,他不需要问你就用你做研究了。

第三个法则是不惩罚的权利。也就是被研究者如果做到一半,心想:"不行,我要退出"的时候,做研究的人可能会说:"哇!我投资了这么多在你身上,你做了一半就退出的话,我这个研究就不能进行了或是少了这个资料,我需要加注更多的投资,你退出对我的研究损失太大了"。这个法则是说,不管怎么样,只要受试者要求退出,研究人员都得让被研究者无条件地退出研究计划。换言之,研究参与者的利益高于社会利益。

第四个就是善意,benefit,对研究参与者有什么好处。好处有很多种,比如说给一些酬金。或者是我们做很多关于老人的研究,不给钱的话我们就会请人给他们做一些活动,让他们觉得有一些好处。

第五点要公平和正义,即 justice 的问题。公平正义就是每个参与者得到同等对待,不管是实验组还是控制组。即使他是控制组,即使他没有做什么事情,但他成为你的控制组,你要给控制组和实验组一样的好处。还有,如果你的受试群体是老人、孕妇、身心障碍幼儿、军人、学生、病人、少数民族等等,你要证据十足地说明你是如何保护他们的。受试者的招募要说明你是如何找到这些人的。以前我们做研究很方便,我和某位园长的关系好,进幼儿园一下子就可以收几千份资料。现在还是可以这样进行,但要说明是如何保障对方有拒绝的权利,只要说得通就 OK 了。那当然还有更大的研究,比较严肃的研究,可能会派调查员去现场去看,监督研究人员是不是按照计划所写的内容执行。

人文社会科学,特别是教育学,从研究伦理的角度来说,有三大特性:

第一,不容易量化。比如说被研究者做完这个研究之后,变得恐惧、胆子更胆小了,请问好不好评估是否违反了研究伦理?很难。变得更胆小或者变得更开放,开放到人家不能接受的地步,这些都很难量化。

第二,不容易被辨别和筛选。你事先可能并不知道有这样的风险。

第三,可预见性很低。有些情况就算你事先被告知,就像刚刚讲的核磁共振,它可能会有什么东西你事先是不清楚的,而且不容易预知。举个例子,1963年,Barbery study 做了一个与权威有关的研究,主持人对这个研究参与者说:你现在是老师,对方(学生,研究参与者看不到这个学生)如果做出你不满意的反应,你要处罚他,你可以选择15~450伏特的电击给这个你不满意的学生,并且告知,当电击到120伏特的时候,对方(也就是扮演学生的人)会叫,会说痛;当电击到150伏特的时候,对方会求饶;当电击到200伏特的时候,对方会打墙,痛到极点;到330伏特的时候对方会没反应了。研究是要看当学生做得不好的时候,老师的惩罚会到什么程度。精神科医师预测,最多2%的老师会施加最大电流到他的学生身上,但研究结果是有65%的老师会施加最大电流。这个研究结果产生了什么后果呢?就是研究参与者——那位扮演老师的,事后久久无法忘怀那个研究,会有做噩梦、愧疚、懊恼等自责情绪。他说,我怎么会对别人这么残忍?因为他对学生的惩罚会加到300~330伏特,那个痛楚没有办法消灭。刚刚讲了这个老师没有想到会这么痛苦,而这个自责的情绪结果是无法事先预期的,那个难过与痛苦是无法量化的。这个研究让我们了解到,当人拥有权威的时候,可能会放弃坚守的道德原则。其实这个研究也证实,纳粹党当时那么多高级将领,希特勒一声令下,做的都是不合理的事情,像派人去毒死犹太人,这个大家明明都知道是不合道德原则的,难道他们不清楚道德原则吗?但因为他们会认为"我要服从权威"(长官代表了权威),这个研究说明了为什么会有纳粹大屠杀事件的可能原因之一。

另外一个是1971年Ewadow做的研究,参与者是24名情绪稳定、身体健康、遵守法纪的学生,这24个人分两批,一批扮演监狱管理员,给了他们警棍和制服,另外12个人就扮演囚犯,他们要听管理员的一切命令。研究的过程就是模拟监狱的生活,结果呢?没多久,看守管理员就越来越像管理员,他言语粗暴,他会监禁所有反抗的囚犯;囚犯也越来越像囚犯,他们本来彼此都在假扮游戏而已,即角色扮演,结果呢?研究到6天的时候就全部停止,因为囚犯已经内化到情绪崩溃,消极被动;看守员也越来越粗暴。在这个研究中,这两批人都融入自己的角色,走不出来了,所以要提前终止研究,因为它造成了大家的性格变化。事先能够预知这种情形吗?能够了解他们怎么会情绪崩溃吗?这个伤害会持续多久?我们不知道。我们只知道6天已经够了,伤害已经很大了。之后很久,部分扮演囚犯的志愿者,将囚犯人格转换到真实人格,多年后还会觉得很痛苦，他真的觉得他在监狱里。

　　研究领域的风险管理包括隐私的保护，我们有时候以为我们在保护对方，但其实没有。譬如说，老师们都知道某老师在做同性恋、妓女相关的研究，然后每个礼拜都有人进进出出该老师的研究室，大家很容易就会猜这几个人是个同性恋者或是妓女，因此，我们的研究地点必须考虑。类似这种叫作隐私。我们必须保护他们。譬如，关于青少年抽烟，若要研究从小学到初中18岁以下抽烟的学生，若要监护人的同意权，拿去给父母签同意书，父母会签吗？不可能啊；同样的，希望小学到初中18岁以下抽烟学生来帮忙做研究，若他们知道要让他们的父母签同意书，将他们抽烟的秘密让家长知道，这些受试者是不会愿意参与者研究的。在这种状况下，我们就会想办法，使他可以免除监护人的知情同意书，但是这里面还是有细节问题需要保密，不能没有经过授权将资料泄露出去等。在职场上，许多个人资料会对个人的工作权利产生影响，譬如同性恋者的讯息等。所以我们做研究的时候，是用编码方式去处理资料。

　　还有在国外，很多研究是针对非法移民者，研究者不能告诉别人被研究者是非法移民，因为这样就会导致他被遣返。另外有一个很有名的研究，这个研究后来被告了，这个学校赔款赔很多，就是一位研究生写了一封信告诉几百家餐饮业的老板：上个月我去你们餐厅吃饭，我对你们餐厅服务员的态度非常不满。研究目的是要了解这个老板是怎么应对他的危机的。这几百家饭店的老板接到信后都有了动作，有的人把经理人辞退了，有的人被降薪、减薪、扣薪，反正就是采取了措施，结果到后来才知道这是个研究，很多人因此而失业，很多人因为辞退了他最好的经理，结果生意就一落千丈。

　　研究结果的发表也是不容易的，譬如说研究非洲人和白人、亚洲人的智力，结果显示，非洲人比较难被教育，你说这个研究结果会被发表吗？非洲人团体马上就会攻击你，所以我们要检讨这种事情，从一开始，譬如说你怎么解释他的分数比较差，他可能社会资源比较差，所以很多人运用了大量的数据，但数据怎么诠释才是真正的问题。资料是怎么收集、储存和分析的？这些都是做研究时要考虑的研究伦理的问题。

人文社会科学里的研究伦理问题，还有很多模糊的、灰色的地带。譬如有些研究会为了能达到研究目的而有事先隐瞒、欺骗的时候，像我刚才讲的加电流的研究案，是有隐瞒、欺骗的情形，哪里欺骗了呢？其实对方不是真的学生，这个没有告诉这些研究参与者。我们先看哪些事情可以隐瞒，像刚刚那个，结束之后立刻告知我们刚刚用的不是真的人，那这样对他的伤害、他本身的罪恶感就会降低，不管是真的还是假的人，他对自己做出这样残暴的行为都无法理解，所以他会痛苦。所以有些事情必须事先隐瞒，或者我们事先也不知道会这样，那造成的伤害怎么办？我没有答案。

儿童文学本质论的合理性和可能性

朱自强[*]

儿童文学跨了很多学科,不仅跟心理学有关,比如弗洛伊德、荣格等,还跟教育学有很深的渊源。首先,儿童文学是一个自足的学科,有自身的文学史,有自己的文艺学,还有自己的文学作品。第二个属性就是它的应用实践性,比如说我上午参加了儿童写作的论坛,它跟学前教育、小学语文教育的关系也很密切。今天下午我跟同学交流的是:儿童文学本质论的合理性和可能性。

谈这个问题主要基于两点思考。

第一,本质论是儿童文学本体理论,是儿童文学理论建设的重中之重。

我1997年出版过一本《儿童文学的本质》,就是专门思考文学本质这样一个问题,用一本书这样一个规模来探讨。在这本书中这样论述本质论对于儿童文学研究个体的意义:"对儿童文学研究个体来说,儿童文学本质观不是一朝一夕所能建立起来的,而且一旦建立起来的儿童文学本质观也会随着创作的发展、时代和自身的变化而重新建构。但是,不管怎样,一个儿童文学研究者,应该具有探索儿童文学本质的自觉意识,力求尽早和尽可能完善地建立起自己的儿童文学本质观。因为没有一个具有理论性、系统性、科学性的儿童文学观来

---

[*] 朱自强,中国海洋大学文学与新闻传播学院教授。讲座时间:2013年4月13日。

观照,儿童文学的各方面研究,就会因为缺乏统一的价值系统而陷入盲目性、摇摆性和混乱性,从而使研究失去学术品格。事实上,我们的儿童文学研究中曾经存在、正在存在着这种的问题。"我当时写这本书的时候,在当时的儿童文学观方面,以及儿童文学创作领域,对于如何来评价一些作家作品的创作倾向,我和其他研究者出现了一些分歧。所以,我思考这个问题是为自己的,我自己想把儿童文学的本质思考清楚。像最后一句话:儿童文学研究中曾经存在、正在存在着这样的问题。"正在存在"是在1997年,现在到了2013年,在2011年和2012年都发生了,我认为是由于本质论这个问题的研究认识上出现了问题,然后学术上也出现了问题。后面我有一部分要讲,关于反本质论的学者们的学术失据问题,或者说他们的研究出现了不良的学术后果这样的问题。

第二,这个问题对我来说是自觉地进行学术反思,在我有着学术现实的迫切性。

我的儿童文学本质论研究和中国儿童文学史论研究,在一些重大的、根本的问题上,面临着一些学者的质疑和挑战,主要是来自反本质论者的立场,它们是我必须面对的问题,也是我愿意进一步深入思考的问题。我认为中国儿童文学发生于清末民初,是在中国社会从传统社会向现代社会转型这样一个阶段发生的一种新文学,所以我当时明确说儿童文学是现代文学。对中国来说,儿童文学没有古代,古代没有儿童文学,这跟很多学者的观点不同。

其中最为核心的是要回答本质论(不是本质主义)的合理性和可能性这一问题,而与这一问题联系的是中国儿童文学的历史起源,即儿童文学不是"古已有之"这一问题。总的来说就是两个问题:一个是儿童文学本质论的问题,一个是儿童文学发生史的问题。儿童文学发生史的问题是一个原点式的东西,它对中国儿童文学史后来的发展或者说演变起到非常重要的作用。我们认识中国文学史的轨迹、规律甚至它的性质,其实离不开对发生论的研究。发生有时候最能呈现一个事物的特征和属性。

这两个问题,是儿童文学理论基础建设和学科建设上的重大问题,需要研究者们进一步重视,充分地展开思想的碰撞和学术的讨论。

一、对本质论的批判

近年,儿童文学理论研究的一个重要动向是对本质论研究的质疑和批判。其中的学者有:吴其南、谭旭东、杜传坤。

1. 吴其南的观点

吴其南的《二十世纪中国儿童文学的文化阐释》(中国社会科学出版社 2012 年 4 月第 1 版)一书是持反本质论立场的。

吴其南说:"但毋庸置疑,中国儿童文学研究的整体水平还是很低。造成这种局面的原因很多,其中主要原因之一是研究方法的不切实际。……但更重要的,是这些批评所持的多大(疑为大多)都是本质论的文学观,认为现实有某种客观本质,文学就是对这种本质的探知和反应;儿童文学有某种与生俱来的'天性',儿童文学就是这种'天性'的反映和适应,批评于是就成了对这种反映和适应的检验和评价。这种文学观、批评观不仅不能深入地理解文学,还使批评失去其独立的存在价值。"(第 6 页)这个批评就很重了,他批评的有没有道理呢?这个批评对不对呢?下面我们要具体分析。

2. 谭旭东的观点

谭旭东著的《童年再现与儿童文学重构——电子媒介时代的童年与儿童文学》一书是他的博士论文,出版后还得过"鲁迅文学奖"里的"文学批评奖",但是后来也引起了一番轩然大波,有人说他是大篇的抄袭。我读过之后觉得也不算是大篇抄袭,但是我赞成刘绪源写的,就是缺乏原创性。这个缺乏原创性是非常明显的,就是拉来了十来个研究新媒体的西方学者的观点。

谭旭东说:"长期以来,儿童文学本质论是'本质主义'的探讨,理论界反复在围绕着'儿童文学是什么'作定义上的争论,从现代儿童文学史上关于'鸟言兽语'的争论,到当代儿童文学对'童心论'的论争,对儿童文学是否为教育主义文学的论争,以及到最近有人对'规范论'的所谓质疑等等,都反映出儿童文学理论还在基本问题上缺乏明晰的认识,陷入了本质主义的困窘。"①

这个问题也是很严重的,如果正如谭旭东所说。这里面跟我有切身关系的是,他讲到:"以及到最近有人对'规范论'的所谓质疑等等",对规范论提出质疑的就只有我一个人。我曾经质疑吴其南,他说儿童文学就是用成人世界的价值观来规范儿童的文学,北师大的一位教授也说框范儿童的文学,我反对这种规范论和框范论。我提出了儿童文学是教育成人的文学,是解放儿童的文学。所以,我们之间的儿童观是非常不一样的。

3. 杜传坤的观点

杜传坤的《中国现代儿童文学史论》(中国社会科学出版社 2009 年 11 月版)一书具有反思的特点,多具批判意识,这是她的博士论文。

杜传坤论述说:"联系当代儿童文学的现状,走出本质论的樊笼亦属必要。对当代儿童文学的发展而言,五四儿童本位的文学话语是救赎,也是枷锁……'儿童性'与'文学性'抑或'儿童本位'似乎成了儿童文学理论批评与创作的一个难以逾越的迷障。如同启蒙的辩证法,启蒙以理性颠覆深化,最后却使自身成为一种超历史的深化,五四文学的启蒙由于反对'文以载道'最终走向'载新道'。儿童本位的儿童观与儿童文学观同样走入了这样一个本质论的封闭话语空间。"(340—341 页)这里面虽然她没有点名,但她在批评本质论的研究方法时肯定有对我的批评,因为她的参考文献里面有我的书《中国儿童文学与现代化进程》。她对我这本书整体上应该是质疑的。杜传坤说到"儿童性与文学性",我就提出中国儿童文学在 80 年代是"向文学性回归",因为这之前沦为教育甚至政治的工具,所以到了 80 年代人们要回归儿童的自主性,这是那个时代文学界思想解放的一个大的趋势,儿童文学界也走的这个趋势。到了 90 年代,我说是"向儿童性回归的一个时代"。因为 80 年代,作家们追求儿童文学文学性的探索的时候不同程度地出现了忽视儿童性的问题,写出的作品和小孩子的精神

---

① 谭旭东著:《童年再现与儿童文学的重构——电子媒介时代的童年与儿童文学》,黑龙江少年儿童出版社 2009 年 8 月第 1 版,第 149 页。

世界离得很远,同时在阅读方面,儿童阅读起来障碍也比较大。然后到了21世纪以后,作家们越来越重视"儿童性"这个问题。我把进入21世纪这10年以来,归纳为"进入了分化期",就是在儿童文学这个领域里面出现了越来越多的成熟和分化的现象。原来我们把所有的幻想作品都叫作幼儿文学,现在就会把它单列出来。比如图画书是从幼儿文学里分化出来的。过去儿童文学就是放在一起的,什么类型的作品都可以成为儿童文学。但是21世纪以来,随着文化产业的发展,渐渐地分化出通俗儿童文学、艺术的儿童文学等等。我提出分化期这个问题,是因为我对每个事物都做"本质论"的思考,如果不做本质论的思考,那就是大概看一看,"差不多,差不多"。

二、学术失据:反本质论的学术后果

面对研究对象,本质论研究因为要探索事物的特征和属性,如果不把儿童文学的特征和属性搞清楚,何以把它跟成人文学区分开来?所以,特别需要具有凝视、谛视、审视这三重目光,需要实证的精神。凝视就是久久地看、长时间地看。谛视就是不仅要看到现象,还要透过现象看到本质。审视就是要建立自己的本质论的观点的时候,不仅要审视别人的观点还要审视自己的观点,也可以叫作反思。

反本质论者很容易走向本质论研究的反面,所以反本质论者的通病也在于凝视、谛视、审视的目光。

从反本质论者的学术观点来看,已经出现了学术失据这一严重问题。

1. 吴其南的失据

吴其南说:"……但更重要的,是这些批评所持的多大(疑为大多)都是本质论的文学观,认为现实有某种客观本质,文学就是对这种本质的探知和反应;儿童文学有某种与生俱来的'天性',儿童文学就是这种'天性'的反映和适应,批评于是就成了对这种反映和适应的检验和评价。这种文学观、批评观不仅不能深入地理解文学,还使批评失去其独立的存在价值。"(第6页)

在说完上述否定本质论的话之后,吴其南紧接着就说:"文化批评正是在这里成了一种有价值的选择。"那么,吴其南所说的"文化批评"是一种什么研究呢?

他说:"文化研究,从文化角度对文学进行的阐释,很大程度上就是将这种表现或隐含在具体文本、具体文学思潮、具体文学活动中的对人的概念性设计,以及表现在这些概念设计中的权力渗透、权力运作揭示出来。……文学是现实生活的隐喻,一个真实地揭示了现实生活某方面本质的作品必然与现实生活有着某种同构性,包括现实生活中社会、成人与儿童的权力关系也会呈现于文本、通过文本中各要素间的关系曲折地表现出来。"

可见,吴其南所说的"文化批评"的文学观,与他所反对的本质论的文学观是一个东西。

再来看一个例子。

吴其南说:"可以说,在整个20世纪中国儿童文学的发展中,无论是理论、创作还是出版,或明或暗都有儿童本位的影子,这并非偶然,因为它涉及的问题确实关系到儿童文学的一些最本质的方面。"这里面又有问题出来了,你不是反对本质论,反对本质论研究吗?可是你在这里还要讲为什么儿童本位论在历史中影响那么大,因为它关系到儿童文学的一些最本质的方面。也就是说他承认儿童文学存在本质,不仅有本质,而且还有最本质。像我这种写儿童本质论书的人从来都没有用过最本质这样的话。我就怀疑吴其南反对儿童文学本质论的研究,可是他的思维在深层并没有改变本质论的思维。其实本质论的思维我们人人都有,没有就不会有本质论这个词了。但是本质论的思维又有不同,有教条主义的,还有建构主义的。一个研究者在反对某一理论的时候,自己还在操着这种理论的话语,还在说明这种观点,只能说他的思考还不清晰。

因为缺乏本质论研究的那种凝视、谛视、审视的目光和实证的精神,吴其南的"文化批评"在"建构"时,充满了随意性,以致到处是学术、知识的硬伤。

对观念可以建构,对事实却不能建构。

在《20世纪中国儿童文学的文化阐释》一书中,吴其南落下的最大一处硬伤是不加考证、论证，就说：杜威的儿童本位论主要是一种教育——教学理论，在五四时的中国，经过周作人、胡适等鼓吹推演，与文化人类学、复演说相融合，才变成一种儿童文学理论。

这可能是儿童文学领域里，最大一桩学术观点造假案（尽管我相信吴其南不是有意的）。这个观点是中国儿童文学史研究，他在描述中国儿童文学史发展中就呈现出这样的主轴。

吴其南的这一观点由来已久，而且具有普遍性。

最早提出这一看法的恐怕是蒋风先生主编、集体写作的《中国现代儿童文学史》。其中写道：就在一九一九年五四运动爆发的前三天，中国教育界发生了一件不小的事情：美国实用主义教育家杜威来华讲学，时间长达二年之久，足迹遍及中国十余省及京、沪等都市。杜威到处宣扬他的实用主义教育思想，"儿童本位论"即是其中的重要内容。杜威的这套理论曾极大地影响了"五四"时期的中国小学教育界与儿童文学领域。……周作人认为"儿童的文学知识儿童本位的，此外更没有什么标准"，儿童文学应当"顺应满足儿童之本能的兴趣与趣味"，"顺应自然，助长发达，使各期之儿童得保其自然之本相"。不难看出周作人的这些观点明显地受到了杜威"儿童本位论"的影响。我们只要对初创时期的现代儿童文学实事求是地进行考察，就可以发现，"儿童本位论"几乎成了当时许多儿童文学文论的立论依据，直接间接地吸收过其中的合理内核。

方卫平在《中国儿童文学理论批评史》（江苏少年儿童出版社 1993 年 8 月版）一书中，专列"儿童中心主义的输入与传播"一节，说：比西方近代人类学理论稍后传入中国、同样对现代儿童文学理论产生重大影响的学说是"儿童中心主义"。……"儿童中心主义"则是以其高扬的"以儿童为中心"的理论旗帜为现代儿童文学理论批评冲破旧的儿童观、建立新的儿童文学观提供了最直接而强大的观念武器。随着杜威本人的来华，仿佛是在一夜之间，中国儿童文学理论界便呼啦啦打出了一片"儿童本位"的理论大旗。……"儿童本位论"是"儿童中心主义"的中国化了的理论表述和用语。

对于上述观点，我在《中国儿童文学与现代化》（2000 年版）一书中提出了质疑。我讲了三点：

第一，杜威的"儿童中心主义"与周作人、鲁迅的"儿童本位论"具有完全不同的思想内涵。这个就是教育领域与文学领域两个话语体系、两个维度之间的关系了。杜威的"儿童中心主义"，它作为一个教育理论解决的是一个学科的问题。我们这个学科存在很大的问题，原来学科的中心不管在教师那里，还是在教材那里，反正就是不在儿童那里，现在我们要来一个哥白尼式的革命，要把中心转移到儿童这里。一切教育设施都要围绕儿童来进行。周作人的"儿童本位论"是一种思想领域的理论，是在"五四"时期进行思想革命的一个产物，所以他提出儿童本位观念的时候，比如在《人的文学》中，他提出儿童的权利和父母的义务。他主张儿童的权利。他在"祖先崇拜"中讲到，不是子孙为祖先而生存，即不是以长者为本位，而是祖先为儿童而生存，我们承认是为孩子生存的。他批判的是在传统社会的"父为子纲"。在《人的文学》中他也批判了"夫为妻纲"，我们细度他的文章可以发现，他并不是想解放全人类，而是想解放妇女和儿童。所以，他也写诗，平生有所爱，妇人与小儿。什么人他不爱呢？男人他不爱。所以，他批判三纲的时候，他不批判君为臣纲。后来我慢慢理解，他认为君为臣纲是从男子中心而来的。

第二，从周作人与鲁迅的著述中，看不到对杜威的"儿童中心主义"进行接受的记载。周氏兄弟在谈到中国的"实用主义"教育时，颇有微词。他们二者确实有一定的交集，杜威是胡适的老师，周作人是北大的教授，杜威有五大著名的讲演，经过胡适整理后，发表在《新青年》上。周作人是《新青年》的编辑，也是作者。我去查《新青年》的时候发现，周作人的文章和胡适整理杜威的文章发在同一期里边，是有交集的。周作人的文章里面也写道："我到适之家里去"，胡适送了他一本詹姆斯的著作《实验主义》（詹姆斯和杜威齐名）。周作人讲到某某思想家的影响的时候是不遗余力的。比如，蔼理士对他影响很大，他有7篇文章几乎都是在谈他对自己的影响的。如果他受杜威的影响，为什么从来没有提过呢？而且谈到中国的实用主义的时候，周作人和鲁迅都是批评的。

第三，从语言表述上看，周作人、鲁迅使用的"儿童本位""幼者本位"并非是杜威的"儿童本位论"(一般译为"儿童中心主义")一语的挪用。从周作人等人所使用的"本位"一词的意思来看，它应该取自日语语汇。因为我请教过古汉语方面的专家，他们说中国古代"本位"这个词的含义跟我们现在用的"本位"的词义不同，古代的"本位"是"复其本位"，就是回到原来的位置。现代汉语中"本位"是指看问题的基点、看问题的出发点。而在日本的《日语大词典》里对"本位"的解释就超过了汉语的内涵，就是周作人所用的。而且那个时代喜欢用"本位"这个词的，陈独秀用过、郭沫若用过，郭沫若就是用这个词来谈儿童文学，说儿童文学就是儿童本位的文学，以他们可以理解的文字直塑他们的精神世界。而这些人都是留日的学生。鲁迅在《我们怎样做父亲》这篇文章里，提出我们应该"以幼为本位"。还有杜威的影响，在五四运动前后，在以后的时期中影响很大。周作人在1913年写文章的时候，有两篇文章就使用过"我们看待这些问题要以儿童为本位"，就用过"以儿童为本位"这样的说法。怎么能说"儿童本位"是从"儿童中心主义"翻译过来的呢？杜威作为教育领域的学者，周作人作为儿童文学领域的学者，二者之间的词汇不能直接拿来就用吧，总是需要转换的吧，可是查不到记录。

我反复细读了《20世纪中国儿童文学的文化阐释》一书，非但没有找到吴其南介绍周作人、胡适"鼓吹推演"杜威的所谓"儿童本位论"的只言片语，却看到了这样的话："谁将杜威的儿童中心主义译为儿童本位论，谁将儿童本位论引入儿童文学是一个需要进一步考证的问题。"(79页)而且用了进一步这个词就给人一种假象，好像以前有谁做过这方面的工作，可是在我看来，我所读到的文献史料，没有一个人考证过是谁把儿童中心主义翻译成儿童本位论这个问题的，最初在哪篇文章里啊？在哪本书里啊？没有一个人做过这些事情。以我目前掌握的资料，我觉得这是考证不出来的。周作人的各种著作在现代都比较齐全，大家可以考察他有没有对杜威的儿童中心主义说过话，他光说话还不行，还要对它进行推演。他要把这种教育理论推演成儿童理论，这是没有的。周作人在儿童观上接受的还是日本的影响，和美国霍尔的影响。

因为虚构了这么大的文学史"事实"，在《20世纪中国儿童文学的文化阐释》

一书中,吴其南大大改写了,或者时髦一点说,"重绘"了中国儿童文学史的"地图"——在他的笔下,成为百年中国儿童文学发展轴线的不是周作人原创的"儿童本位论"这一儿童文学理论,而是杜威的"儿童中心主义"这一儿童教育——教学理论!这个问题就太大了,对儿童文学史的真相造成了很大的遮蔽,也可以说是一种扭曲。

不做实证的吴其南甚至还时常做凭空臆想。

比如,吴其南说:周作人等谈儿童文学,一再引述麦克林托(冬)《小说的童年》中的一段话:"据麦克林托说,儿童的想象力如被压迫,他将失去一切的兴味,变成枯燥的唯物的人;但如果被放纵,又变成梦想家,他们的心力都不中用了……"(94页)事实是,《小说的童年》根本不是麦克林托(冬)写的,而是麦扣洛克写的。另外,引用的话,并不是《小说的童年》中的一段话,而是周作人的转述。说这话的是麦克林托不假,但这话是麦克林托在《小学校里的文学》这本书里说到的。出现这种问题的原因就是缺乏本质论的目光。周作人说过《小说的童年》是在《知堂回忆录》里边。麦克林托与麦扣洛克很相近,很容易弄混,但是周作人做学问很严谨,他有个习惯,外国人他写完汉语之后要注释外文的标记,所以我一比较英文确实不是一个人,是两个人。

再比如,吴其南说:周作人"……还写了《古通话释义》、《童话略论》等论文,理论基础便是麦克林冬的《小说的童年》、安德鲁郎等人的文化人类学理论,但是多是经日本中转并经柳田国男等人改造过的。"(46页)因为周作人确实喜欢柳田国男,可是周作人从来没说过柳田国男影响到他对童话的研究,他说的是西方的学者,比如说安德鲁郎、麦扣洛克等。周作人的英语很好,而且他的理论基本和西方同步。

我感到,吴其南在撰写学术著作时是不够用心的。

比如,他说:20年代,小说研究会还掀起一个所谓的"儿童运动"。(41页)短短一句话连续出现两个错误。中国在20世纪20年代有小说研究会吗?反正我是没有见到过小说研究会。有儿童运动吗?没有。这两个都没有。20世纪20年代中国有过文学研究会,没有小说研究会。文学研究会没有搞过儿童运动,搞过儿童文学运动。1929年的时候朱自清曾经在他的文章中列出国"儿童文学运动"。我觉得研究20世纪中国儿童文学史有一本书要看,北京师范大学教授王泉根的《现代儿童文学的先驱》,这本书就是研究儿童文学运动的。

2. 谭旭东的失据

反本质论出现的学术失据问题是不是孤立和偶然的现象?再来看看谭旭东。

谭旭东说:长期以来,儿童文学本质论是"本质主义"的探讨,理论界反复在围绕着"儿童文学是什么"作定义上的争论,从现代儿童文学史上关于"鸟言兽语"的争论,到当代儿童文学对"童心论"的论争,对儿童文学是否为教育注意文学的论争,以及到最近有人对"规范论"的所谓质疑等等,都反映出儿童文学理论还在基本问题上缺乏明晰的认识,陷入了本质主义的困窘。① 其中"在基本问题上缺乏明晰的认识,陷入了本质主义的困窘"这句话本身就是有问题的,上面的讨论就是为了弄清楚这些基本问题,而并不是缺乏明晰的认识。再者陷入了本质主义的困窘,如果上面的讨论都是为了在基本问题上更加明晰,就不会陷入本质主义的困窘,或者说对这些问题要有明晰的认识就要进行本质主义的研究。所以,这二者是不矛盾的。

另外一个例子是在《寻找批评的空间》一书里,谭旭东说:众所周知,"儿童本位论"是周作人等在借用杜威实用主义教育观的基础上提出来的,其原意是"儿童中心主义",它促动了儿童教育的现代化,但在解读儿童文学本体审美特征方面是乏力的。至少以"儿童本位论"是无法区别儿童教育与儿童文学的,而且"儿童本位论"直接导致了中国现代当代儿童文学创作的教育主义倾向。如此等等,都反映出儿童文学理论还在基本问题上缺乏明晰的认识,陷入了本质主义的困窘。

谭旭东的论述逻辑似乎是:"儿童本位论"="儿童中心主义"=教育理论=

---

① 谭旭东著:《童年再现与儿童文学的重构——电子媒介时代的童年与儿童文学》,黑龙江少年儿童出版社2009年8月第1版,第149页。

教育主义倾向。

他不知道,周作人的"儿童本位论"是反对教育主义(教训主义)的。他也不知道,即使儿童教育理论也可以导致解放儿童的儿童文学的发生。都描述一遍,这两者就变成一回事了,而且还是儿童本位论,直接就导致了儿童文学的教育主义倾向。我觉得我这样讲,大家不要有一种误解,就是儿童文学世界是不是就这样或者怎么样,其实他们也有很好的研究,不是说都是这样的。因为要讨论本质论的问题,我们要把本质论的问题说透,其实就要去追究一些后面的问题。所以我说他的这个论述逻辑是这样的:儿童本位论等于儿童中心主义,儿童中心主义等于教育理论,教育理论等于教育主义倾向,我猜测是这样的。那当然在这个逻辑里面也是不对的,教育主义,那教育理论一定就导致儿童文学的教育主义倾向吗?也不会,你像卢梭的教育思想可能就,情况就不一样。

3. 杜传坤的失据

我们再看杜传坤的《中国现代儿童文学史论》,在这本书里,我看得很清楚,就是有意识地运用后现代的理论。是,这个意识非常好,我们要建立理论的方法,但是,我觉得这个里面是有夹生的这个问题,这里面经常出现的重要问题的阐述会有一些自相矛盾的地方。比如说,如果是一本儿童文学史论,对发生期的研究,是回避不掉的,杜传坤也对发生期的儿童文学问题做了介绍。她介绍了四种观点:一种观点是中国儿童文学古已有之,一种观点是中国儿童文学发生在晚清,第三种观点是儿童文学发生在清末民初(就是我的观点),第四种观点是儿童文学发生于"五四"时期。她在介绍这四种观点时候都是否定的,她说到启蒙话语这个问题,然后,儿童本位论已经成了一个无法超越的迷障,她认为所有这四种观点,其思维方式、理论方法都是现代性的话语,现代性方法,我们知道后现代是对现代进行反思,进行批判的,这个,是一种现代性的话语,是不对的。那么在否定了这四种观点的、理论的基础之后,她说:"本书亦沿用这一共识性或约定俗成的说法",哪个说法呢?中国儿童文学产生于清末民初,清朝末年民国初年这段时间,她也沿用了,就是她在否定那些都是现代性话语的时候,不经过自己的进一步研究,就把它拿过来了,然后她又说,"沿用这一共识性或约定俗成的说法","共识性",她自己明明前面介绍了有四种不同的观点,怎么能形成共识性呢?然后她说"约定俗成",到现在约定俗成了吗?最起码我就是反对的,不是约定俗成的,我觉得在这些方面都是没有把研究深入下去的,然后我也有点奇怪:为什么那个学术论述过程中自相矛盾,出现这种逻辑上的混乱呢?等等。就是在返本之论的研究者那里就比较多了。你看在这里我又找到了,比如,她在前面刚说过"儿童观与儿童文学之间绝非是A决定B,或由A必然推导出B的简单的表层逻辑关系",这是20页说的,到43页她又说了"儿童只有在这个文化层面上被'发现',现代意义上的儿童文学才可能'应运而生'"。这不是A决定B了嘛,儿童如果在文化层面上不被发现,儿童文学就不会产生。谁决定谁呢?由谁能必然推导出谁呢?我们把这个儿童被发现看作是A,把儿童文学看作B,她在后一句话中说的不是A决定了B吗?所以这两句话,她反对了一下,然后自己再讲,又回来了。然后,她说:"我们的儿童文学能够看到的是,只有首先有了对儿童的理解,才有所谓儿童文学的写作,我们的儿童文学不能看到的是,并没有一个客观的自在的儿童可以被儿童文学摹写、摄影和反映,儿童原本就是一个幻象。"她这里面,前面是说儿童文学有局限性不对,后面呢我们要看到改变这个不对,可是这两者我觉得是一回事啊。首先有对儿童的理解。谁对儿童进行理解?成年人对吧,成年人理解儿童的时候是不是在精神层面?是吧?那这个东西和儿童原本就是一个幻象,我们意识形态里建构的那个儿童当然是一个幻象了,他不是一个客观实际存在的实体,所以这两段话其实说的大致上是一个意思。

  我觉得,本质论的合理性,也可以由反本质论理论的上述实践来证明。就是既然出现那么多不能自圆其说的,逻辑上不统一的或者自相矛盾的问题,反过来,如果我们不反本质论,我们做本质论研究,可不可以避免这些问题呢?我认为是可以避免的。那本质论者,我说他大概不会犯吴其南所犯的那种性质的错误。这个不能是概括所有的现象。因为本质论者其实不小心也会犯这个毛病,这个的确是人经常会犯的毛病,比如说你要反对的东西,可能是你潜意识里还拥有的东西,你抑制着你的思维定式,你知道它有问题,然后开发一种新的理论想扭转这个状态，可是因为长期形成的那些已经是自觉、不自觉的意识，有的时候也会出现。

关于本质主义的合理性和可能性，首先我引用伊格尔顿的一句话，他是英国的一个非常有名的文学理论家。关于本质主义的合理性，他是这样说的："政治哲学家约翰·欧尼尔指出，大多数的后现代主义思想家所批评的'本质论'，其实只是一种关于本质的虚构论述，在实际上，根本没有人会支持那样的虚构论述。"他指出，本质论是关于如果某种东西是某物，则它必须具备某种特质的看法。如果有某个东西是铜，则它必须具备延展性、韧性、可烙性、导电性、原子数等29个特质。这并不表示所有这些特性都是该项事物的本质，也不表示被归属为相同类别的事物，其彼此间不能有极大的差异与分歧。每一头绵羊都是不同的。本质论并不意味着同一性。同样地，被归属为同一类的事物，亦不必然有共同的重要特性。我们必须要仔细观察。本质论并不涉及对自然现象与文化现象之间的忽视。文化现象同样会具有某些特性，如果没有这些特性，它们将会变成另外一种东西。如果一首歌没有声音，那么它便不是一首歌。那首《忐忑》是谁唱的？有些人都觉得这不算歌，但是它要没有声音，就真的不是一首歌了。如果一首歌没有声音，那么它便不是一首歌。因此，"反本质论大致上只是哲学业余或无知的产物"，伊格尔顿在他的《理论之后——文化理论的当下与未来》一书中说道。

接下来谈论的问题就与我有关了。我虽然坚持儿童文学的本质论立场，但是，面对研究者们，特别是上述研究者们对本质论的批判，我其实还是反思到自己的相关研究的确存在着思考的局限性。比如说《儿童文学的本质》那本书里面，它也有思考的局限性。思考的局限性体现在什么地方？那本书里面其实我已经意识到，也导入了一些建构主义的思想，比如，我说儿童文学是建构的，所以这本书我曾经想书名用《我的儿童文学的本质》。言外之意就是，儿童文学的本质不是唯一的，然后还不变，你也有你的儿童文学的本质，我也有我的儿童文学的本质。所以我们的儿童文学本质都是我们通过阅读某一类作品，然后建构起来的。而建构起来的儿童文学的本质、儿童文学观，在后来我说它会改变。

所以我在这本书的结语里说道：这本小书结束了，我对儿童文学的本质的探究就告一段落，但是，它在下面的一个一个时间点上将会被改变。因为儿童处于不断地建构自身本质的过程，儿童文学也会不断地建构自己的本质。那么研究者对儿童文学本质的阐述就永远是后延的，有待发生的理解，所以我也说过这样的话。但是，这里面有一个非常重要的局限，我现在通过受到批评儿童文学本质论的学者的启发，我也在想我的局限性在哪里呢？就是没有在人文学科的范畴内，将世界与对世界的"描述"严格、清晰地区分开来。所以在这个认识上，我说我是受到后现代理论的启发。比如，后现代哲学家理查德·罗蒂说："真理不能存在那里，不能独立于人类心灵而存在，因为语句不能独立于人类心灵而存在，不能存在那里。世界存在那里，但对世界的描述则否。只有对世界的描述才可能有真或假，世界独自来看——不助以人类的描述惠东——不可能有真或假。""真理，和世界一样，存在那里——这个主意是一个旧时代的遗物。"他是这样讲的，这话什么意思呢？罗蒂不是说真理不存在，而是说真理不是一个"实体"，像一个"实体"那样存在，真理只存在于人"对世界的描述"之中。我们举一个例子，桌子上有个水杯，我说："桌子上有一个杯子"，我说这句话的时候，这句话——"这桌子上有一个杯子"是一个真理，对吧？这件事，不是语言啊，大家看是个真理吧？这是个客观事件。可是我说"桌子上有一个杯子"，它就不是一个客观事件了，为什么呢？我们中国人说桌子上有一个杯子，想到的是什么呢？基本是一个茶杯。法国人说桌子上有一个杯子，搞不好是个酒杯，喝红葡萄酒的。意大利人说桌子上有个杯子，它可能是咖啡杯。所以这个事件不是固定不变的，它究竟描述的是什么事件，如果我们把它算作一个文本，是要靠读者来建构的。所以你建构出来的这个东西，它是唯一不变的、客观的东西吗？是原原本本就反映的这个东西吗？我说桌子上有一个杯子，它就有可能是一个酒杯，可是别人把它想象成一个茶杯。所以，如果我们把儿童文学的本质看作一个"真理"，本质不是一个"实体"，不能像客观事件一样"存在那里"，而是存在于言语的描述之中。那既然是言语的描述，对本质的言说就有可能是"真"的，也有可能是"假"的。所以谁也不能拍着胸脯说：我阐释出的儿童文学的本质就是最正确的,它是不变的,就是这样的。谁也不能这样讲。

对这个问题,我们刚才介绍过伊格尔顿了,他是对后现代理论做过批判的,比如说,他批判过德里达的解构主义,也有人称后解构主义。他说:"任何相信文学研究是研究一种稳定的、范畴明确的实体的看法,亦即类似认为昆虫学是研究昆虫的看法,都可以作为一种幻想被抛弃。""从一系列有确定不变价值的、由某些共同的内在特征决定的作品的意义来说,文学并不存在。""文学不存在"这话好理解吗?大家好理解吗?不好理解,对吧?文学怎么不存在?我们都说了这么多年了,像我们读中文系的人,我们读了这么多年的文学作品,从中国古代的文学史就开始读。文学存在吗?当然我们觉得是存在的,可是实际上,我现在相信伊格尔顿和前面说的理查德·罗蒂的观点:文学并不存在。文学并不存在?文学作为"实体"并不存在,文学作为观念可能存在。文学作为"实体"并不存在,为什么这么讲?我们现在读《诗经》:"关关雎鸠,在河之洲。窈窕淑女,君子好逑。"我们说这是文学,是诗歌。然后你再读先秦的散文。可是古代人不把它们当文学,因为古代没有文学这个概念。文学的概念在西方也是在19世纪渐渐确立起来的。以前都叫什么?叫文章。在中国叫什么呢?叫辞赋之绝。我们有诗论、有词论,我们没有文学论。你看古代的那些学者,谁写出过文学论这样的论文或者是这样的著作呢?在古代的时候,没有文学这个东西。所以你说文学存在吗?其实从这个意义来讲,作为"实体"的儿童文学也不存在,但是作为儿童文学研究对象的文本,大家注意,这个文本我不叫作"儿童文学"了,我叫作"儿童文学研究对象的文本",它存在。但是这个文本存在,如果我们把它归为一类的话,它的范围是极其模糊的,它的边界是变化不定的,每个人的儿童文学观念不一样,你圈定的那个区域和另外一个人圈定的就完全不一样,这种情况非常多。你说儿童文学作为"实体"它存在吗?如果存在的话,像这个杯子一样存在。在你眼里是杯子,在我眼里也是杯子,第三者眼里也是杯子,对吧?可是儿童文学就不是这样子。很多作品你觉得是儿童文学,他觉得不是。为什么?这个它不是一个"实体",它最后是一个观念的建构。你拿着这个观念来去建构它的时候,它才存在,这个观念才存在。然后你拿这个观念,这个人认为这样的作品或者这篇作品是儿童文学,另外一个人又说它不是,他说那个是儿童文学。儿童文学作为一个文本,它不是一个不证自明的东西,就是说我是一个"实体"往那一放,谁看都是儿童文学。不是这样的,它是需要来证明的。怎么来证明?就是用儿童文学的观念阐释它,让它成为儿童文学。所以在这一点中,我就反对吴其南的观点。他说:"'现实作者'和'现实读者'是在文本之外的。而一篇作品适合不适合儿童文学,是不是儿童文学,主要是由文本自身决定的。"他这样的观点其实就是本质主义的思考、本质主义的观点。儿童文学是有一个先在的本质的,这个先在的本质就已经在某些文本那里了。这些文本往那一放,它就决定了它是儿童文学。但是我就不同意这样的观点,为什么?这个文本往这一放,它就能决定自己是儿童文学吗?今天大家读安徒生童话,认为是什么?儿童文学吧,对吧?可是有人不把它当儿童文学看。比如说没有任何儿童文学概念知识的人读安徒生的作品,就是把它当故事来读的。可能不可能?我有一个作家朋友,他写了一篇作品,我觉得写得很好,很感人。我说:这篇散文写得好。可是有一次我遇到他了,他说:这不是散文,这是我写的一篇小说。散文和小说的区别在什么地方?小说是虚构的,散文是真实的,散文写的是我的真实的事,而小说写的是别人发生了什么事,我编出来的。所以这两种文本是不一样的。如果按照吴其南这个观点,文本是由它本身来决定,它本身决定它是散文,那怎么到了另一个环境里面又决定它是一个小说了呢?如果我和这个作家不是朋友,我们没有交流,我不知道他是当小说写的,是不是这个文本在我这永远是散文?他又不写创作谈,我读不到他说的"这是我写的一篇小说",即使他说他是按小说写的,你也不要总相信作家的话,作家有时候是骗人的。那个创作谈之类的,有的时候作家有意识说的话和无意识中创作出来的东西不一定是一回事,所以你也不一定完全相信他。有的时候他觉得我把它说成小说对我有好处,那我就说它是小说。所以是什么作品、什么文体,最后是由文本和读者相互对话、交流、商谈之后决定的。所以同样的,一部历史学的著作,有的人可能把它当小说来读,可能吧?有的小说作品,历史小说,有的人把它当历史来读。这个都是你控制不了的事情。所以我觉得:文本由自身来决定,这个也有点近似于它是一个"实体",它能自己觉得它是个什么样的文本。这一页我们刚刚谈到过。我相信,如果持着建构主义的文学观,就是儿童文学的本质没有一个实体的东西。它是儿童文学,就是以某些文本作为研究对象建构起的,就是儿童文学的本质是研究者建构出来的,建构出来的东西就是建构在语言中。语言是虚构的,语言是主观的,所以这个本质它就不是一个客观的实存。一进入语言的描述,这个本质其实就是意识形态里面的东西。那么我觉得如果持有这样一个建构主义的本质观,其实一些悬而未决的或者纠缠不清的学术问题的讨论,我们就有可能把它发展和深化下去。

我前面讲到了关于中国儿童文学发生在什么时候,有四种不同的观点,对吧?像我是持着儿童文学是现代文学,中国儿童文学没有古代,不光中国,西方儿童文学也没有古代,它是现代文学的观点。有的学者,像王泉根、方卫平说中国儿童文学"古已有之",我们研讨会上都做过讨论,我和方老师就做过讨论,他说儿童文学是"古已有之"的,我说儿童文学是现代文学,一来一往进行讨论。中国古代有没有儿童文学?我觉得这个提问都有问题。所以我最近写了一篇文章叫《儿童文学的知识考古》,副标题叫"论中国儿童文学不是古已有之"。在这篇文章里面我就说:依据建构主义的本质论观点,现在我认为,作为"实体"的儿童文学在中国古代,也包括现代是否"古已有之"这一问题已经不能成立!剩下的能够成立的问题只是,在中国古代,作为建构的观念的儿童文学是否存在这一问题。就是儿童文学这个实体你到哪个时代你也找不到,过去呢,比如我说古代没有儿童文学,我也是把它当作一个实体来说,没有就是不存在,有的人说"有啊"。比如说《搜神记》里李寄的故事,一个女孩子李寄斩蛇,为民除害的故事。有的学者就说这是儿童文学,我说这不是儿童文学,那里面鼓吹"男尊女卑"的,比如说那个女孩子就要求自己去喂大蛇,父母生了六个孩子,全是女的,一个男的没有,生了等于没生。现在我们换一个问法,就是作为观念的儿童文学在古代存不存在?这个就可以考证了。首先我们说儿童文学,别说儿童文学,连文学这个词、这个观念在古代都不存在,古人从来就没有用过"文学"这样一个词,就是我们现代考虑的"文学"的概念。儿童文学就更不用说了,根本就没有人论述过儿童文学这样一个问题。所以在研究这个问题的时候，我是引入了福柯提出的历史学研究的"事件化"的方法，就是历史我们把它事件化。如果一个大的概念在某个时代被提出来，它是一个事件，这个事件你要对它进行考证：这个事件怎么发生的？谁提出来的？怎么提出来的？要追问这些问题，我认为就是到古代历史里面去找到儿童文学这个观念。没有人提出过儿童文学这样一个观念出来。还有的儿童文学借鉴了布尔迪厄的"文学场"，他认为文学是一个场域，一个事物它作为文学能够成立，它是由一个文学场来决定的。所以他在《艺术的法则》这本书里面讲到：为什么杜尚的一个小便池子成了艺术品呢？为什么一个小便池子拿过来，大家会认为它是一个艺术品吗？但是在法国，它就是艺术品，它被放到博物馆里去展出，为什么？因为有一个艺术场在那里，它是个有名的艺术家创作的，然后有一个巨大的艺术市场，然后有一个博物馆的一个展出可以把它放在里面，当时的这个小便池他取的名字叫作"泉"。所以，你说艺术是一个实体吗？它也不是一个实体，那小便池子在有些人眼里没有法国的艺术的那个场域，拿到另外一个地方去，它就根本不是一个艺术品。所以我们要追问的是，比如说儿童文学，如果古代有这个概念，那么这个概念是在什么历史条件、历史语境下，出于什么目的把它建构起来的？当然我还要问：是谁把它建构起来的？怎么建构起来的？关于这方面论述的一些文献，我们要把它们找出来。而这些工作，如果你一旦要做的话，我相信你找不出来，我自己就找不出来。可是我把它放在现代社会这个历史之中，放在清末民初的时候，这个证据比比皆是，就是儿童文学的那个文学场比比皆是。比如说在思想领域里面，有成人本位的，就是"父为子纲"的儿童观的分化，五四时期批判封建思想，批判"父为子纲"的儿童观，主张儿童本位，有吧？然后在文学领域里面，有中国古代的文学，它的文学的传统是以诗文为正宗，小说是不入大雅之堂的东西，所以文学史上根本没有它的地位，什么时候有它的地位了？到了现代文学这个阶段，小说成为文学的正宗，如果没有文学的这个价值观的转变，文体的变化，儿童文学也难以产生，这是在文学领域里面。教育领域里面，私塾教育被否定、被抛弃，现代的小学教育制度就是在清末民初建立起来的，然后用什么教材呢？用儿童文学。然后在出版的领域里面，市场经济、商品化，商务印书馆刚出版出来一套童话丛书，这边中华书局马上出版一套世界儿童文学名著，干什么？和它商业对抗，认为也是商机啊。然后两家你编教材，我也来编，这种就是市场经济的自由竞争。没有这个东西，儿童文学能发生发展起来吗？你作家写出来之后没人买你的，你不能靠它为生，你写它干什么？所以这整个是一个综合的历史的语境。在清末民初，中国社会进入现代社会或者转型期，向现代社会转型这个历史阶段，我们能够明明白白地、真真切切地、清清楚楚地找得到这个语境，但是在古代找不到。所以对儿童文学这一理念在古代是否发生这样的描述，两者很可能一个是真的，一个是假的。我觉得用建构主义的本质论可能就能相对来解决这个问题，否则是纠缠不清的一场理论官司。如果都把儿童文学作为"实体"的话，都认为儿童文学是一个实体的存在，那你说这个实体是儿童文学，他说这个不是，永远说不清楚。但是如果进行知识的考古，就是到理念和概念最初产生的那个历史状态，进行知识的考古的话，这个问题几乎可以说是迎刃而解的。

互动环节

听众：今天下午朱老师给我们带来了很多很多的信息。那么我自己觉得儿童中心主义、儿童本位这样一些重要概念，它们之间到底是怎样的渊源、怎样的一个背景，我说得不一定对，仅是我个人的一点体会。我觉得朱老师给了我们很多很多去探究的方法。此外比如说朱老师谈到文本，一个文本是不是属于儿童文学？它不是由文本本身决定的，它是由读者来决定的，这也是我们大家在幼儿园特别强调的，就是说一个文本它是怎样的，不是老师告诉孩子，不是文本本身，而是儿童怎样去解读。我记得朱老师上一次讲过这样一个例子：《我爱我的连衣裙》，这本书就是由儿童发现的，最初大家没有觉得它有什么价值，后来经过朱老师的介绍，现在南京很多幼儿园的孩子们都在热火朝天地读这本书，在做这本书的后记的美工等等这样一些活动。今天参加这个活动的还有很多研究生，我觉得可能大家从朱老师的讲座中不光是得到了很多的知识，还领悟到治学的精神、治学的途径。那么下面还有一点时间，不知道各位老师、各位同学有没有什么问题和朱老师交流一下？那么我们还要介绍一下文学院从事儿童文学研究的谭桂霞老师。

谭桂霞：其实非常感谢朱老师您的这场非常精彩的讲座，尽管上次在电话里头我已经听到您关于这方面的一些想法，但这次非常具体、非常充分地领略了您的思想跟您的思路，我真的是受到了启发，可以说震撼是非常大的。可以说，我是非常感激，也非常敬仰朱自强教授的。因为儿童文学的这条道路是朱老师逐渐地把我引领上去的，而且在我看来，在我所了解的儿童文学研究界当中，在我个人的评价体系当中，我觉得朱老师可以算作是儿童文学研究界或者儿童学学界的一座灯塔。我们常常说那些在推荐儿童学阅读的人是"点灯人"，可是在儿童文学理论研究界这个方面，朱老师真的是一座灯塔。那么灯塔的作用是什么？它就是可以照亮我们的方向，能够去除那些蒙昧的东西，能够指引我们看清楚事实的真相。那么朱老师提到了三重目光，我觉得根据您的讲演应该还加上一重目光，这个目光是从您身上已经体现的了，我只不过再强调一下。刚才朱老师提到了凝视、立视、审视，但是我们可以看到朱老师不仅是用他的细读理论的治学的方式，向我们非常具体地体现了这三重目光，而且到后面我们可以看到，朱老师他又再一次地用了另外一重目光，就是"内视"。他不断地在进行自我的审视。所以，这个可能是多余的，但是为了强调朱老师这种敢于自我批判的精神、学术的精神，我觉得有必要再加上一重内视的目光，不仅是审视外在的、别人的，同时我们还在内视自己的。所以朱老师的研究，不仅是一种学术基础性的建构，同时他总是保持一种非常锐利的目光来给我们儿童文学研究界的后辈学者指点迷津，真的是这样子的。那么在目前的儿童文学研究界，刚才朱老师也谈到了诸多的观点，那么像一般的初出茅庐的学者、我们的研究生都会产生很多的困惑，如果缺少朱老师的这样一种非常严谨的点拨，那么很可能这些东西就会以讹传讹，就不知道最终会变成一个什么样子。所以从这一方面来说，我觉得朱老师这个灯塔的作用真的是体现得非常明显。因此，当朱老师在讲他的三重目光的时候，我想到了朱熹，他提出了"博学之，审问之，慎思之，明辨之，笃行之"。朱老师今天的讲座，如果我们把它当作是一篇很好的论文来读，也当作一个文本来读的话，我们也看到了一个非常严谨的学者的种种，就是朱熹所推行的一些方法的实践。所以我说就像刚才郑老师提到的，我们听到的不仅是信息，更重要的还是一种治学的方法、治学的精神。

幼儿早期读写能力发展研究与读写困难的早期预防

赵 微[*]

我今天讲的内容是幼儿早期读写能力发展研究与读写困难的早期预防。刚才在介绍我的时候,大家已经知道其实我是比较偏心理学的,我的这个理论是心理学、特殊教育、学前教育融合的一个理论。我在做学习障碍研究的过程中,刚开始是从小学做起,可是发现很多小学的问题可以追溯到学前阶段,所以就开始关注学前阶段儿童在语言获得方面有什么是我们在学前领域中比较少被关注的。但是心理学研究领域非常热的是关于儿童早期语言能力的研究,如果大家对心理学比较熟悉,会看到很多类似的研究,像我们研究的有关学前教育语言能力的研究。我的这个题目很大一方面受这本书的启发,是我们南师大出版社出版的《预防阅读困难——早期阅读教育策略》。看到这个题目的时候,很多人会认为,这可能是在关注特殊教育,关注学习障碍,其实这本书恰恰是关注学前教育的。它会告诉我们:如果在学前阶段开展良好的语言教育或阅读教育,这种活动会影响以后在小学阶段的学习。比方说:早期和后期的阅读关系,对未来的阅读能力和学习成就具有预测作用;三年级成绩差的学生一般都会成

---

[*] 赵微,陕西师范大学教育学院教授。讲座时间:2013 年 5 月 21 日。

为高中阶段成绩很差的学生。所以，从某种意义上来讲，研究学前儿童要比研究学龄儿童更加重要。

那么可以通过关注早期书面语言的获得，有效预防阅读困难。大家知道在学前领域这类研究在早期非常关注口语，也就是交流性语言。所以包括乔姆斯基在做语言研究时多半指的是口语的，在心理学上称为听觉语言，而对书面语的研究相对关注较少。实际上，学前期的早期语言对学习能力的发展非常重要。那么在这本书中就指出应该促进语言活动，丰富儿童词汇，鼓励对书籍的讨论，提供词汇结构实践，促进关于印刷文字知识的形成，熟悉阅读的基本目的和基本机制。

所以早期对书面语言的感知和学习可能是我们在前面书面语言的学习中比较忽视的一方面。那么在早期阅读教育开展了近十年以后，我们越来越关注书面语言的获得机制是怎么样的。

首先，我们从读写的过程来认识。狭义的阅读过程是指幼儿对书面语言的感知、辨别、理解、产生意义的过程。书写过程是借助一定的语言文字符号进行意义表达的过程。儿童通过各种书写形式来表达自己想要表达的意义。文字作为一种语言符号是儿童开始学习和表达自己的一种途径。儿童的读写过程经历了从口头语言向书面语言过渡的过程，从图像到文字的过程。口头语言转化为书面语言的关键是对读写的掌握。

那么让我们再具体一点，来看一下儿童早期的词汇形成。词汇是书面语言的基本结构。我们有很多观念解释儿童早期词汇语言的获得。其中联结主义的观点认为词汇的掌握是连接的过程。也就是说书面语言的获得是在听觉语言获得的基础上通过语音与语形的联结，其中听觉语言的获得是指语音与语义的联结，我听到一个声音，我知道它代表什么意义。所以早期语言的形成可以这样理解：口语（听觉语言）＝音—义联结；读写（书面语言）＝音（含有义）—形。而把这个过程用图来显示，大家可以看到，跟我们早期语言形成有关的是语音、语形、语义。假如我们要获得关于"灯"的书面语言这样一个词汇，大家看儿童在学习的时候是通过这样一个过程：先是发出这样一个声音"deng"，这个声音没有任何意义。这个物体灯与语义配对的时候,这个物体灯讲的就是一件东西了,所以他已经把一个声音"灯"从这个意义上了解了,这就是他的听觉语言。我们知道儿童在早期会获得大量的听觉语言,我们强调儿童在早期要获得有意义的听觉语言,也就是可理解的语言。那么当他看到这个字的形状的时候,这个字对他也是没有任何意义的。因为它不代表任何东西,就是一个形状。那么如何让灯这个书面表达的形式也能产生意义呢?我们就在听觉语言的获得上通过语音与语形的联结。这是从最简单的联结语言的观点来看儿童早期书面语言的获得的一个基本的过程,也是一个联结的过程。

另一方面,读写能力也是一种基本的认知能力。所以它与我们一般的认知因素相关,如注意力、记忆力、视动协调能力、视觉加工的能力。所以它会跟这样一般的认知能力发生关联。当然它也会跟语言本身的东西发生关系。那么他们说对语音的感知,对语言的最小意义的感知叫语素意识。和对一个语形的感知,一个语言构成的样子的一种感知,在我们的专业术语中叫"正字法意识"。还有儿童早期词的意识,怎样产生一个有意义的词。我的一个研究生在做这样一个研究:他问儿童一个句子中最后两个字是词吗,儿童说是,因为它们是两个字,所以儿童的词的意识也是随着年龄的增长而不同的。这样的对语言的意识是受语言本身的特异性影响的。英文的加工受一般加工语言的影响,也受英文是一个拼音文字的影响。所以他对声音加工的敏感性是非常重要。从大家学英文的经历中可以看到,中国人学英文最头疼的地方是单词,我们经常会出现拼写错误。这是因为在英文的发音中要更复杂,它的一个单词中所拥有的因素要比汉字复杂得多。所以随着对早期语言发展起来的敏感性是一个习惯化的东西。所以外国人不用背单词,他根据音写出来。那么汉字是一种图形文字,是一种视觉加工的文字。它的加工方式和英文有不一样的地方。这也是我在研究学习障碍的时候遇到的一个很大的挑战。我们做研究会去找国外的研究,但他们一般都是英文的学习方案。

总地来讲,跟读写有关的认知因素,第一个是语音意识,第二个是视觉空间认知能力,无论是汉语还是英文总会有一个形状,当去看的时候一定会受到视觉加工的影响。第三个是语素意识，就是对一个语言的最小意义单位的意识。在书写和对汉字的认知过程中又会受到字形的影响，我们把这个叫作"正字法意识"。另外还有一个基本的认知能力跟我们的阅读和数学学习关系非常密切，叫作记忆与快速命名。那么下面我就会把这些因素跟大家一一说一下，看看它们是怎样影响儿童在早期书面语言的获得的。

凯瑟琳在她的报告中提出了有助于儿童读写发展的六个要点，其中就包括开始理解书面语言的功能、发展丰富的语言和元认知技能、知道母语文字的构成体系。她这是写学前教育的，那么她认为要预防在学龄阶段产生学习困难，在学前就要关注这样几个问题。我们现在就把每个因素给大家介绍一下。

首先是语音意识，它是指儿童语言音素的操作能力。音素是非常抽象的知识，是语言构成的最小单位。它比语言理解和应用更难掌握。学习者必须形成对音素的敏感意识，否则就很难将字母转化成有意义的口语。很多研究表明，有阅读问题的儿童对语言的语音或单词的音素不敏感。所以这个问题在西方国家研究得非常热烈。

语音意识是指"一个人对语言的声音结构的敏感或清醒意识"，当儿童学会了单词是由不同的音按照特定的顺序构成，而且每个音有自己特定的表达方式，他们就获得了研究者所谓的"语音意识"这一语言的非常抽象的方面。也有人认为，语音意识中的语音的敏感性指的是对音素的完全清楚、明显的意识。也有观点认为，语音意识是"把单词分解为音素单位的能力，以及把语音混合为音节和单词的能力"，而这是阅读能力获得中两个相对独立而又彼此联系的能力，可以很大程度上预测儿童将来在单词阅读上的准确性。

那么，很多人在发现这样一个东西对阅读的影响后，就开始关注到我这个研究领域了，就是没有语音意识和有语音加工障碍的儿童会不会将来就成为有阅读障碍的儿童。其中的一个研究(liberman)的解释就认为音素是语言中相当抽象的一个东西，如果在早期语言环境中没有习得好，将来就会出现阅读困难，这是在长期的语言环境中习得的，也可以教，语音障碍通过反复训练也是可以克服的。

所以有人认为,语音意识的重要作用主要表现在它被认为是近几十年来心理语言学研究中最伟大的发现之一;它可解释拼音文字而用阅读发展行为,预测正常儿童阅读发展的最好指标;它有助于对阅读障碍儿童的诊断和矫治,约15％的英语障碍儿童,主要问题是在语音意识,在语音意识方面进行训练,会有助于儿童的游戏。最后这一条大家可能会有所疑惑,我们平常认为孩子如果有阅读障碍,就需要通过多看、多认字来改善。这只是一方面,是从教学的角度来考虑,而语音意识属于语言能力,是加工的基础。改善加工基础,自然他的加工能力就会变得更强。

国外有关语音意识与阅读困难关系的研究有很多。在这里我就不一一介绍了。大家脑子里可能会有一个问题,关于汉语的问题,因为汉语的语音显然没有英文那么复杂。我们汉语最简单的就是一个声母再加一个韵母和一个声调,一个语音就出来了,甚至有的只有一个韵母。那它应该是很简单的,不需要语音这个东西。因为我们的汉字是视觉加工比较强的字。而事实上,经研究发现,汉语儿童的加工在语音方面也有问题。而研究也发现,在汉字再认测验、短时记忆测验、假词认读测验中,汉语阅读困难与语音解码的困难关系更密切。在我的研究中,小学四年级的孩子也存在这样的问题,大多数小学老师都认为汉语是一种视觉加工文字,而不是一种语音加工文字,因此学生出现的阅读困难不是因为这方面的问题。而我继续做这方面的研究是基于这样一个考虑:任何一个语言都有音、形、意三部分,从信息加工的观念来讲,有音就有对音的加工。那么对音的加工会不会有阻碍因素呢,所以我先做了这样一个研究。

大家先看这样一个实验材料。我在四年级的课文中选取了一些这样的字,我一个个测他们的前音意识。比如说看一些词里面含不含"t"这个音。而在第二组材料中是找出哪个字的发音与其他字最不相像。大家看"也 烈 铁 桥"中是哪一个? 桥。大家知道,如果语音不重要,那么那些阅读容易的孩子和阅读困难的应该不会有太大的差别。而事实上我做出来的结果是,前音后音判断差异会产生非常显著的阅读差异,主要表现在正常组、困难组、听力损伤组。听力损伤组的设置是因为如果困难组和正常组之间有差别,我们认为语音起了作用。那么，如果困难组和听力损伤组没有差别，这个结果就很奇怪了。因为听力损伤组是因为听力的知觉问题造成了不能正确加工语言。阅读困难的孩子没有这个听力损伤，如果能证明他们两个的听力没有明显差异，我们就会说困难的孩子是加工困难而不是感觉困难。而我们看到的结果明显有显著的差异。在前因的判断上，困难组的学生明显差于正常组的。而听觉损伤组和困难组相比差别也很大。以上是我在四年级做的研究。而我在学前教育中做的一个量表是"各语言认知变量与阅读理解之间的相关"。那么语音加工中我们先看对儿童词汇的影响。我们测了儿童的词汇理解，并将其作为一个因变量，来看哪些因素会与其有较强的相关，其中年龄因素达到了10%，而语音意识达到了53%，所以可以看到语音意识对儿童早期词汇的增长产生了较大的影响。然后再以句子理解作为因变量。我们看到在这里与语音相关的是语音工作记忆、快速命名、语素意识。所以我们得到的启示是早期语言敏感性教育和发展在早期阅读中具有重要作用。我们要反思自己在对儿童的语言教学方面有没有培养他们对音的敏感意识。我们可能给他教字、教拼音等，但是那些都不重要，核心的东西就是对语音的一种敏感性。

　　但对语音的敏感性要通过很多方面去发展。比如说我们会有游戏活动给孩子听狂风的声音，让他们辨别这是什么声音，这就是对音的一个很好的训练。而针对某种语言，让他们听里面有哪些音，可以从根本上改变他们对语言的敏感。这也对他们的词汇获得和早期语言的发展有关系。所以我们不能只教汉语拼音，汉语拼音只是一个知识。但从音的加工这一方面应该在早期就得到重视。在西方的幼儿园中就会有这样的拆分语音、组合语音的活动。

　　同时，语音加工障碍还表现在听觉加工速度上的差异。大家可能都有这样的经验：如果我们的脑子读得特别快，那么我们就来不及加工了。就像把声音快放时，说的什么音就听不出来了。所以我们对语言加工的速度也会影响我们对音的辨别。所以我们会用过快的语速来影响儿童的听觉分析技能，进而影响儿童的听觉理解能力。

　　另外，口语能力与语意理解能力呈显著正相关。这说明的问题是，如果你想发展儿童的早期阅读能力,发展口语能力是改善阅读能力的根本。因为很多的口语是听觉语言,有意义的听觉语言越多,他跟书面语言转换就越容易。

第二个因素是视觉加工,无论中英文都涉及视觉加工。而视觉空间加工也涉及很多能力,如视觉空间辨认能力、视觉空间分析能力、视觉空间扫描能力等。最近有一个研究把我们的汉语称为"拼义文字"。香港中文大学张学新教授认为,人脑中存在一个特有的脑电波 N200,只会在人阅读文字的时候出现,阅读由字母组成的拼音文字时则不会出现。所以他就解释了汉字是视觉文字,其识别过程很早就涉及非常深入的视觉加工。而我曾做过六岁儿童图画书自主阅读眼动轨迹研究。研究发现,六岁儿童在阅读图画书时,他的眼动的焦点主要是在图画的鼻子上。但其后就长时间关注在文字上。而阅读理解成绩好者首次注视点的规律表现在他首先注视的是文字区域。他也会注视画面,但是用画面的意义来支撑语言。早期词汇意义的获得是能够很强地支撑他的阅读理解能力的。我们现在学前界有一股风气是反对儿童早期阅读,认为是"小学化"现象。但这个观点应一分为二看,早期机械的识字是无意义的,但是早期对书面语言的这种敏感意识、对书面语言的获得、对汉字字形的清醒的意识都在我们学前期就可以开始了。有两个连跳三级,十六岁就上大学的孩子,他们的家长跟我反映他们的孩子在两岁就可以独自读图画书了,六岁就可以读报纸。所以他们的成就跟他们的早期阅读有很大关系,所以我们学前也应该培养孩子早期阅读书面语言的能力。

我刚才讲到视觉加工障碍和困难会影响阅读,在这里给大家举一个例子。大家请看这一张图片,能看到什么?说明我们的汉字就像这张图片一样,有时清晰,有时不清晰,而不清晰的时候会造成我们无法完整知觉汉字。视觉加工这样一个辨认会影响我们对视觉文字的感知。另一个问题是视觉加工速度比较慢,也会不能和大家同时学习。视觉空间认知困难也会影响阅读。有些阅读困难的儿童表现出镜像字母识别的视觉特征。这种视觉空间认知上的障碍会导致早期的阅读困难,随着年龄的增长,这种视觉空间能力有可能改善,但有些儿童会一直存在这种缺陷。所以大家可以看到视觉加工与我们的阅读是有关系的。但是我们在幼儿园的语言教育中，很少有人会注意到儿童的视觉加工。我们幼儿园可能会在一些图片中寻找一些隐藏的东西来锻炼儿童的观察能力。我曾经做过一个实验，我在16开的纸上画了花瓶、小包等几样东西，然后让孩子把小包从中找出来。然后我发现孩子能找出来的包都在边上，里面的发现不了，然后我帮她指一个，她发现一个。这是因为边上的视觉干扰比较少，中间有很多东西就会影响到她视觉的辨认过程。而视觉能力在幼儿期也是可以培养的，并对其将来学业的提高有较大帮助。所以这种培养是需要的，在早期是很关键的，而且越早期越好。

第三个是工作记忆与快速命名。国内外研究表明，阅读困难儿童存在工作记忆障碍。我们来想一下自己的阅读过程，我们是用连跳的，有时一次看一个字，有时看两个字，它不是一个顺序加工或连续加工的过程。那么工作记忆的过程是怎样的？我们知道语言加工、语言记忆，比如我看到一个字"工"，我马上回想起很多，工作、工人，等等，等我看到第二个字，具体的意思出来了。我必须记住第一个字，然后我才能加工第二个字。所以阅读构成是需要很强的阅读记忆的。于是我们就发现这个能力与儿童的阅读能力是有很大关系的。幼儿园是否做过这样一个训练呢？我们有一个这样的测验，就是对孩子说出几句话，然后再问他们一个问题，而最终的目的是让其重复原先的三个句子中最后一个词是什么。而中间的这个问题是一个干扰句。而测验中句子是越来越多的。心理学认为，一个人的一次工作记忆一般都是 7 ± 2，而最高可达到九个。还有一个办法是做 Re-order test，我给你一些词和数字，我说了以后你去听，然后我要求你把词和词放在一起，数字和数字放在一起。所以这里面还是有记忆和其他问题。这样的一种能力是跟孩子早期包括他后期的学习关系非常密切的。这在研究中都得到了非常有力的证明。那么在幼儿园，我们完全可以和孩子玩相关方面的游戏来增强孩子的认知能力。这是一个快速阅读的图片，我们玩一个游戏，大家说出这里面的东西，看谁说得又快又好，尽量不要说错。那这个肯定就取决于你的认知能力。你不要小看，因为我让你在一定时间里说的时候，你一定会说错。这需要快速的反应能力，而这在幼儿园中是需要加强练习的，来提高他们的基础能力。这是我们讲到第三个早期阅读的重要因素。

第四个因素是语素意识。语素意识是指儿童对口语中最小的音义结合体的敏感和操作的能力,实际上就是儿童语义加工的一个技能。我举个简单的例子,比方说,"古代"的"古","古董"的"古",两个"古"的意思是不是一样的?但是"古代"的"古"、"古董"的"古"和"古怪"的"古"一样不一样?不一样,是不是?所以这就是语素加工。就是对于同形语素,写出来是一样的,但是它的意思是不一样的。儿童在早期有没有发现这样的规律?它写出来是一样的,但是它的意义是不一样的。就是这样一个语言的技能,当然这只是训练的一个方面。所以很多的研究就研究这样一种特异性的语言加工能力和阅读之间的关系。那么刚才我们已经看到我国对语素意识的研究会预测阅读能力。那么可以看到,我国所有的研究都可以说明这样一个问题。你比方说这个 Anderson 和 Zhang 的研究,他们就研究过汉语学习中的语素意识和语音意识,结果他们发现,语素的意义可以预测儿童后期的语言学习,在读写能力上是一个重要的因素。

我们刚才说语音意识和拼音文字有关。那么我们怎么知道孩子的语素意识怎么样呢?语素意识在儿童期主要包括以下几个方面:一个就是从因素来判断,比方说"黑板"、"老板",这两个"板"的意思一样不一样?"黑板"、"古板"这两个"板"一样不一样?这是一种。另外一个就是语素构词任务。给他一个词,让他说出跟这个词的词义一样的东西或不一样的东西。我们说"古代"和"古董"的"古"都是一样的,是吧?不一样的就是"古板"了,是吧?

还有一个任务就是词语的辨别任务。先呈现两个语素,然后问他这两个语素合起来能不能构成一个词,一个有意义的词。比如说,马和狗能不能构成一个有意义的词?"马狗"合起来没听过,是吧?再比如,跳和水都是单独的语素,合起来就是单独的一个词,"跳水"是可以的,是吧?那么这个也是我们了解学习儿童语素发展的一个情况。大家知道这些都是通过口语的方式来呈现的。你们通过这个测验大概可以猜测到它是测什么东西的呢?就是我们对一种语言的语义的最小单位的一种意识。那么学龄儿童就比较复杂了,比方说辨别语速任务,解释语速任务。

那么,语素意识和我们的阅读之间到底都是什么关系呢?这是一个研究,研究的是小学生,这个研究的结果就是语音意识和与语素意识对假词阅读、单词阅读和阅读理解,有着明显的预测作用。他们分别是在二年级、三年级、四年级、五年级测量的,到了三年级以后儿童的潜能就开始抑制了。所以说明语音和语素对书面语言的理解都是有预测作用的。我不知道大家了解不了解 John R. Kirby,如果你们学过 pess,就是那个 GPDS,这是一个外文研究,中文的研究就这么多了,那么大家知道,汉语的特点就是语义为主,对汉语的研究非常多。那么研究的结论就是,从某种程度上说,语素在早期的阅读中有决定性的作用,甚至现在有些研究可以比较准地揭示,它是我们早期阅读困难孩子的核心问题,从语义的掌握来看。

第五个因素是正字法意识。正字法意识是指对特定字的字法模式、字的形状还有构字规则的意识。所以正字法意识主要涉及汉字组字规则意识和汉字的结构意识。比方说,我们的汉字都有偏旁,有左右结构,一般来说,三点水都在左边,不可能在右边,是不是?那么你看到三点水在右边会感到很奇怪。再比方说,四点水总是在下面,宝盖头总是在上面。这就是对字形的结构构成规则的意识。儿童在早期接触书面语言的时候,就已经有这样一个意识。而这个东西的获得跟他将来的字词的学习有着密切的关系。我们有时候就用一定的标准来看儿童理解不理解汉字构成的规律。给你一个木,一个米,一个女,看你能不能构成一个字。大家知道,一个字要么是非字,要么是假字,要么是真字。所谓非字,就是根本就不符合汉字构字规则的字,比如说我们的汉字构字规则是三点水一定在左边,提手旁一定在左边,如果我们给他造一个字,把提手旁放在右边,这就是一个非字。那么还有一种字叫假字,就是它符合汉字的构字规律,它也是左右结构,或上下结构,都符合规律,但汉字中没有这个字。另外一种就是真字。

在这方面,我很欣赏香港陈莉莉做的关于正字法意识的研究。她研究的是儿童对汉字特征的意识。她选择幼儿园三个班,分别是 3～4 岁、4～5 岁、5～6 岁的孩子,然后给孩子做一个研究,对各种字形的判断,就是问 3～4 岁的孩子、

4~5岁的孩子、5~6岁的孩子这些字分别是什么字。然后大家可以看到汉字中根本就没有这几个字，这种就是我们刚才说的非字了，就是它的构字方式不符合我们的汉字构字规则，但是它们涵盖了汉字的偏旁这一部分。那么还有这种字，把偏旁叠加的字，然后让孩子们看，这些是不是字。这是他们判断的一个结果，大家看到在幼儿班3~5岁的孩子中，把那些字都认为是真字的，大概占到60%，大部分都差不多。也就是说，他们认为这都是字。所以这就说明他们没有形成正字法意识。因为这么大的孩子接触字还是很少的。那么你看到5岁的孩子就不是这样了，看到这个图形错字只占24%，所以他们都意识到这肯定不是汉字，因为汉字没有这样图形的，他们没有见过这样的汉字。那么他们的经验是从哪儿来的？就是有时候他们看图画书，看广告，有时候看电视上有字，他们是逐渐意识到的，不是谁教给他们的。所以这就是我们的正字法意识。然后大家也可以看到这也有差别，5~6岁的孩子基本上都认为假字不是字，因为它基本上符合我们汉字构成的要求。我也用这个东西考过一个老外，我问他这是不是汉字，他已经30岁了，他说这不是汉字，因为他看到的汉字中没有这样子的。然后他说这个也不像汉字，看起来怪怪的，但他也说不出为什么，但他说我看到汉字有这种东西，有这种东西（指偏旁部首）。然后他认为这些假字都是汉字，只是他还不认识，还没有学会它。所以你可以看到，是一样的，是不是？他们没有接触过这种文字，所以他们的这种正字法意识也是需要发展的。那么我以前在英国的时候，跟我合作的人大概有不到二十个学生，他就说你能不能给我们学生示范一下这种识别能力。然后呢，我就介绍我自己，我说我叫赵微，然后我就把那个"微"字写在黑板上，让他们抄下来，结果我发现，大约二十三四个人吧，就一个人抄对了，其他全部抄错了，他们都是二十多岁、三十多岁的人了，都抄错，你知道为什么？因为我们汉字的书写是有规律的，从左到右，从上到下，然后我们对汉字的正字法意识是很清楚的，双立人一定是两个撇一个竖。但是他没有这个概念，所以他看的时候就有可能漏掉，他可能写成一个单立人，然后呢我这上面是一个山，他在写的时候，他也不知道它原有写法的规律，然后他这样画也行，这样画也行，所以他们写这一个字，掉撇什么的，都没有一个对的。你就可以看到这是对一种语言文字逐渐发展出来的一种意识。而这种意识在我们的幼儿园阶段就已经开始有了,所以就是说儿童书写的发展跟他对语素的这种意识是有关系的。

我们再看陈莉莉的另外一个研究,很有意思。比如说她让不同年龄阶段的孩子写这么几个字,写一个"屋子"的"屋",写一个"妈妈"的"妈",写一个"大象",然后再把自己的名字写上。然后你可以看到不同年龄阶段的孩子怎样写这些字。这个字是一个3岁的孩子写的,他写一个"屋子"的"屋"写成这个样子,写"妈妈"的"妈"写成这个样子,"大象"画成这个样子,你发现什么规律?是不是这个阶段的儿童不是写字而是画画?所以那个时候他对一个字的概念,一个符号的概念,实际上就是一个非字,是不是?好,再下一个,3岁8个月,写"屋子"的"屋",他写成这个样子,"妈妈"的"妈"他就比较有含义,他就知道,花那个东西,肯定不是妈妈那个字,所以这个是他由于比较的一个表现。这个"大象"他不会写,他也是随便编乱画,这并不是说他画得不像,不是这个意思,他知道这个字他首先是不会写的,不像那个,不像这个小家伙,他敢写,是不是,他不知道是什么,但是他敢写,他认为他画的就是这个字。而这个孩子就意识到画出来的画肯定就不是字。那到4岁8个月这个阶段就更明显了,让他写"屋子"的"屋",他压根就不敢下笔,他不会去画画了,但是,你发现有什么规律呢?他已经掌握汉字的一点点意识,就是汉字经常会有横撇竖捺这样的笔画,虽然他不会写,但是他知道会有某一种东西,所以他下笔就会很犹豫。那么到5岁的孩子,他会写一个横,但是他不会写"屋",然后写"妈妈"的"妈"就会写了,会写"大",然后会写自己的名字。再看另一个作品,创意书写,这个小家伙给她自己画的画像,然后还要签上自己的大名,然后她就写了一个四岁,然后这就是她创造的词,临时发明的字,然后自己的名字叫于文婷。然后,你发现没有,造字还是会造的。自己知道汉字有规律,不会像以前一样乱画,她已经发现汉字规律。然后大家再看于文婷写的东西,"我爱彩虹,天空上有蝴蝶、小鸟、农场,有小猪、马、羊、我真快乐、四岁,哥哥爱我",然后下面是签名。这是创意书写的问题,你们发现没有,这个孩子发展出什么样的文字意识?你们看到没有?所有的"我"

都是用同样的方式画出来的,这就是对汉字的意识,尽管不是这样子的,因为"我"既可以是 I 也可以是 me,但汉字有这样的规律,就是一个特定的词表达特定的意义,有一个特定的形式,它是固定的。比方说,她造出来的"哥哥"两个字,她知道有这样一个规律。你看她这些字,很多地方都可以表现这样一个特点。第二个,大家看到没有,就是她已经意识到汉字的书写规律了,从左到右来写的,或者从上往下写,大家就看到这种书写经验逐渐就发展出这样一种意识和概念,我们汉字表达的方式,所以它也是在早期就出现的。

现在在幼儿园一提书写就又是一种批判,是不是?但是大家有没有想到过,其实儿童很早就发展起来对书写的兴趣,从他的涂鸦乱画,到他愿意用一种自己创造出来的图来表达自己的想法,到最后愿意去寻找用正确的表达方式来表达自己,它是有这样的一个趋向的。我去过很多国外的幼儿园,你会发现那些幼儿园的墙上贴了很多孩子写的作文、写的日记、写的一段话,可能有的写得歪歪扭扭,可能有些语法不够规范,但是它们就这样表达了孩子自己的想法。这个是最重要的。那么孩子将来学会汉字以后就会用正确的表达方式来替代,可是最早的表达从幼年开始,如果我们说不让孩子去看,去压制他,或因为小学化倾向不让他去做,大家想一想孩子,他至少在文字意识发展上受束缚,那么就会影响他以后的发展。所以,孩子在早期识字是可以的,并且是符合他的身心规律的。为什么我们不去做呢?是因为有的人把它做歪了,把经验弄歪了,所以政府统一要求干脆不要做。就等于说倒一盆洗澡水把孩子一起泼掉了,这显然不是正确的教育观念。所以我觉得还是应该从研究的角度来看,比如说,这是幼儿园的一个活动,有人一到幼儿园,一看这个东西,就会说你们怎么教孩子写字呀。而这实际上也是在发展孩子对笔画的一个意识。首先,这个也是这个字形的意义的一个解释,对不对?然后太阳有对他这个字的意义的解释。然后,儿童在书写、在描绘的过程中,他是熟悉我们汉字的书写笔画,先写什么后写什么,那么他这个就非常明显了。你们看,到了后期,他会把这个地方圈成黄色,圈成红色,圈成绿色,然后他为什么按照这样的顺序涂色?上面是红色的,就用红色涂,是绿色就用绿色涂,是不是通过这样,这个孩子就发展出一种笔画意识,而他做的东西是涂色游戏,对不对?这个东西你要是不懂,你就会说这是小学化倾向,怎么教孩子这个东西。其实不是的,涂色活动对小朋友是很好的。所以幼儿园要常让小朋友做这样的游戏,特别是当他们熟悉了这样一个渠道之后,是一个非常好的方式,我们干吗常让孩子涂那些无聊的画呢?这样可以发展他们对汉字构造的一种感觉。

  我说了在我们的研究中的一些发现,其实还是希望对大家关于早期教育有一些启发,这样的启发可能对我们在尽早预防阅读困难时会起到很大的作用,因为我们知道在特教里面特别强调早期干预,越早效果越好。所以说,如果你要防止早期阅读困难,我们在幼儿园可以做的是:第一,关注孩子口语能力的培养,我们可以看到口语能力与读写能力、阅读能力都是正相关的。所以呢,发展阅读能力不要忘了其实还有口语能力。所以这个牵扯到我们在语言教育中综合化的教育,整合教育。不要说我今天阅读就光读书,而练习口语,与孩子交流,开发他理解语言的意义,也是阅读的一个重要途径。第二,加强语音敏感性的训练,那么我们刚才看到很多的研究支撑了语音意识对儿童早期阅读和今后阅读能力都是有益的。所以我们幼儿园可不可以有些活动在早期语言教育活动中对语音敏感性的训练有所青睐呢?完全可以把它游戏化、活动化,从根本上改变他的语音加工的能力。这种能力的改善,可以帮助他很好地改善他今后的阅读状况。当然,理解力的发展也非常重要,理解力不是说在阅读上、书面文字上的理解能力,而是包括对听觉语言,对汉字所形成的词语,或者对语言的整体意思的获取都是非常重要的。不要认为一个极端的就要去教字,学的全是机械地去运用这些字。那么他是不会有积极影响的。另外一个极端就是不要教,一教就是小学化倾向,要客观地去看待儿童在早期发展起来的对书面语言的理解,对他今后有重要影响。还有,提高对汉字的敏感性意识,也就是说我们在阅读的过程中,应该关注儿童从图画向文字的一个过渡,而不只是文字到图画的一个过渡。这是一个双向的过程,一个互相支撑的过程,忽视哪一个方面也不当。因此在阅读的过程中,一方面,通过图画帮助孩子理解,一方面还有语言的和文字的一种感知。这样也可以发展他的语素意识、语法意识等对汉字的敏感性意识。另外一点,大家也看到了,像基本的心理加工,工作记忆,基本的认知能力,可以从根本上改善孩子的阅读能力,改善他的书写。所以关注这方面的训练可以从根本上帮助孩子阅读能力的提高。

关于书写,我觉得幼儿园可以进行创意书写,创意书写的核心目的不在于孩子写对字还是写错字,是在他的表达和他的想法,用另外一种形式把它书写出来,他知道自己可以用符号、图画或者另外一种方式表达,而不光是用嘴巴说出来,那么逐渐地往书写这方面去过渡。所以开展这种创意书写,是可以在很早的时候开发孩子对语言的理解能力。另外就是帮助孩子获得前识字的经验,就像我们刚才说的,一个汉字构成有这样一个规律,它有这样一个结构,这个结构一转变就导致这个汉字不对了,就不是一个汉字了,而且,就是这个时候,开发孩子对文字的兴趣,我觉得也是特别重要。我就记得我的孩子上幼儿园的时候,打开一本书——《马克思主义哲学》,然后,拿着这本书,对谁都讲,她认识这个"马"字,然后就把所有的书都翻过来跟幼儿园的老师讲,我认识这个字,这是"马",这个是也是"马",然后就很努力地表现自己很了不起,可以认字了。会了这样一个字,她就可得意了,然后她就让我再告诉她一个字。"主义"的"主",然后她就很高兴地说,她又认识一个字了。这样孩子对文字突然特别有兴趣,之后又对阅读特别有兴趣,所以我的孩子从小就看书,到现在也是一个特别爱看书的孩子。所以,这个时候就是她获得一些前认字的一些经验帮助她来形成这样一种兴趣。其实这对她今后的阅读是有帮助的,就是提高孩子对文字的敏感性。关注阅读过程中对字词的感知,大家可以看到,我的孩子在逐渐的认字过程中成为一个好的阅读者。阅读理解能力强的,在幼儿园的阅读教学中表现优秀的一个孩子,你会发现他们对字的感知要比一般孩子要好些。

姚伟:我去年请了一个美国大学的教授来我们学校讲学,我和他一块进行教育心理学的双语教育。他最感兴趣的话题就是如何培养超常儿童。他就讲他把他的女儿培养成了超常儿童,12岁上美国的大学。他问我对哪个心理学家最感兴趣,我说是维果斯基,他说你跟我太一样了,我也是最喜欢维果斯基。他说我用维果斯基的理论把我女儿培养成了超常儿童。我就请他跟幼儿园家长做了讲座，发现也没有什么奇妙的东西。第一，大量的元刺激。学习走在发展的前面。他说当他的女儿在襁褓中的时候，只要睁开眼，他就不停地给她讲各种各样的东西。等到孩子能坐小推车的时候，他推着她给她唱歌、讲故事，讲了很多到了幼儿园、小学才听到的故事。当他孩子还站不稳的时候就跟她讲爱因斯坦相对论。第二，他给他女儿制作了一个书箱子。每天他都定一个时间，对他女儿说"现在是你跟书箱子游戏的时间"，根据孩子的年龄特点，比如说，当她1岁的时候，可以跟它玩十分钟，随着年龄的增加不断延长跟它玩的时间。这个爸爸把里面的书、拼图、各种材料不停地更换，当孩子熟悉的时候，他就开始更换，所以孩子始终特别喜欢那个东西。所以孩子在阅读的过程中学到了很多很多的东西。那么孩子到了三四岁，别的孩子都在玩拼图、搭房子之类的，他就跟孩子玩"你猜我猜"的游戏。孩子三岁的时候上幼儿园，老师给孩子们讲灰姑娘的故事，这个小女孩说"我知道"，然后就把故事倒背如流。所以都因为她的阅读，她的其他方面也得到了发展，这个孩子的发展就比其他孩子的发展程度高出一些。在阅读中对字词的感知等等对孩子的影响很大。

最后让大家看一下如何给孩子做书写训练，有的孩子写作技能非常差，老师就非常生气，说"你怎么不好好写，罚你写十遍二十遍"，结果还是很差。而到我这里来，不用写字，我们就只是游戏，什么游戏呢？就是这样的一个图形。让孩子拿着铅笔从头以最快的速度跑到尾。

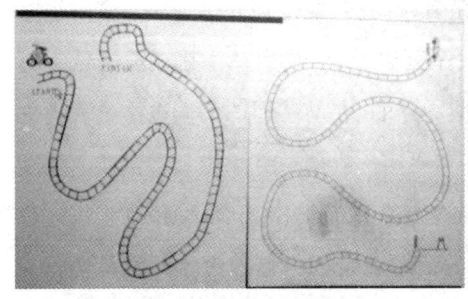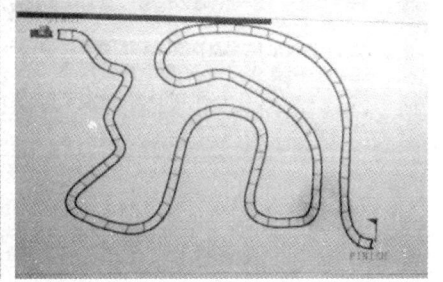

我会说两边是悬崖和河流，不能掉下去。孩子拿着铅笔开始画，两条线之间有很多小横格，画完之后数一下超出两条线外的次数，以一个横格为单位。我会根据出格数来判断孩子的小肌肉发展情况。孩子如果前面练习得已经比较熟悉了,出现的错误比较少了,控制得比较好了,我会让他练习后面的这一个,就是更长更复杂的一幅图。当他能够在这些图里面游刃有余地画的时候,说明他已经能很好地控制自己的小肌肉动作,他再进行书写就不成问题了。我想说明的是,我们培养孩子良好的书写习惯,不是说一定要写字,其实就是训练他的潜学习能力或说是元学习能力。这才可以从根本上改变学习能力,而不是总要不停地练习,不停地算数。

以上就是我觉得应该跟大家沟通的内容,不知道大家有没有关注这方面或者是对这方面有兴趣,希望对大家在学前教育领域研究中有一点启发。谢谢!

互动环节

听众:您刚才谈到创意书写,我想问如果当孩子出现创意书写的时候,作为家长或者老师怎样做才能既保持孩子对于创意书写的兴趣,又能引导他们正确地写出汉字?

赵微:有很多人问过我,"孩子如果写出了很多错字,还需要让他继续写下去吗?继续下去会不会巩固这些错字?"我想说的是,一般我们发现,如果孩子说错了一句话,我们一般不是说他说错了,而是直接说出正确的句子,孩子听到后自觉地就纠正过来了。孩子有自我纠正的能力,并且这种能力非常强,模仿能力非常强。当他在跟你说话并发现你的说法是对的时候,他会自动地纠正自己原有的句法。他会很容易地学会,因为这种字词表达,相对于字词书写的认知,要容易得多。所以,从某种程度上来说,应先鼓励孩子表达,用多种形式表达,然后再鼓励他用正确的方式表达。这是我们在学习中的一个认识论,我们的学习是自上而下的呢还是自下而上的呢?现在建构主义认知理论认为,孩子应该是一种自上而下的学习。也就是说他先掌握能够演绎的东西,逐渐地往精确的方向走。

而我们以往认为学习是自下而上的，先认识一个字，再组一个词，再写出一个句子，不断地往上发展。其实不管是自上而下还是自下而上，在我看来是有两方面的融合，我们关注孩子掌握的字词，能够掌握字词的意思，有的时候我们认为比较复杂的意义他是不能写出来的，但是他需要一个表达的渠道，这时就需要鼓励孩子进行创意书写。

听众：您的意思是说如果孩子出现了创意书写的兴趣，作为教师首先是鼓励，其次也是可以进行适当指导的，对吗？

赵微：是的。我们知道作文一般是从三年级开始的，现在国外有的从幼儿园就开始有作文课了。这种作文课不在乎孩子是写对还是写错了，只要孩子愿意表达。写完之后，孩子把自己写作的内容告诉老师，然后老师帮助把孩子所说的内容记录下来。这样做的原因应该也是基于孩子的表达要比孩子的书写更早，我们应该先鼓励孩子表达，而字词的书写可以往后放一放。

听众：老师，您刚刚讲到一些对学习书写或者阅读困难的儿童的矫正方面，但是关于阅读障碍的儿童，在学前教育阶段，一般来说，幼儿是没有书写或者阅读经历的，我想问您有其他的一些方法来发现在学前教育阶段存在障碍的儿童吗？

赵微：学前期这样的儿童我们一般认为他们处在危险阶段，即英文中的 at risk。对于这一部分儿童，他们的欠缺都表现在行为上。比如我们常见的测试即为快速命名，这个测试强调的是速度。这个测验很能发现这部分儿童。如果是入小学存在这些问题的，他们在快速命名时的速度明显慢于正常的儿童。还有就是记忆能力。我们发现有些幼儿记忆能力较差，比如说我们教师下一个指令，你去办公室拿一个什么东西回来之后放在什么地方，这些 at risk 的幼儿一般要么是到了办公室忘记拿什么东西，要么是东西拿回来之后忘记老师说的放在什么地方。还有我们也会观察到有的幼儿注意力涣散。

建构幼儿园教育质量监控体系的思考

姚 伟[*]

不知道大家这个年龄知不知道我们国家的"十一五""十二五"等这样的时间划分？我国从1949年开始，国民经济的计划是五年一个周期。像"十五规划"就是第十个五年规划，"十一五规划"就是第十一个五年规划。现在我们是"十二五规划"，这是中国社会的常识。我在"十五规划""十一五规划"做的研究基本上是和评价有关的，"十一五规划"我做的是幼儿发展评价和教育评价。我也在南师大出版社出版了一本书叫《幼儿园教育评价的行动研究》。我做的方法是到幼儿园去，在行动研究中帮助幼儿园教师和园长提高他们的评价能力。到了"十二五"，我比较感兴趣的是和评价相关的幼儿园教育质量监控体系的构建。按我查的资料，国外对教育质量的监控从量的关注到质的关注，它是经历了一个过程的。这和国外20世纪80年代开始非常强调的社会问责有关，就是有很多很多项目，尤其是政府的一些项目，投入到各个研究机构、教育机构之后，质量是什么样的？有没有乱花我们纳税人的钱？从这种社会问责的角度，他们开始关注质量，通过一些监控、评价，让纳税人放心，让纳税人相信政府分配的方法、途径是正确的。另一个方面是对教育公平的关注。原来大家关注的

---

[*] 姚伟，东北师范大学教育科学学院教授。讲座时间：2013年5月21日。

是教育起点公平,慢慢地,人们认识到教育公平绝不仅仅是起点的公平,还有过程的公平、结果的公平。不仅仅是让所有的儿童接受教育,还要让他们接受高质量的教育、有质量的教育。所以从 20 世纪 90 年代起,国外开始强调高质量的教育、有质量的教育。质量问题在国外是非常热的问题。在我们国家,高等教育做得最好,在基础教育方面,教育部也专门建立了基础教育质量监控体系,但很少关注幼儿教育这一块。所以在幼儿教育这一块,应该说质量问题是非常严重的。但怎样去建立幼儿教育评价质量监控体系,不仅按照政府文件《国家中长期发展规划纲要》中所说的让所有儿童都有机会入园,也让儿童都接受有质量的教育?我们国家也有一些文件中有这样的提法,如《国家中长期教育改革和发展规划纲要(2010—2020)》中的"优先发展、育人为本、改革创新、促进公平、提高质量";《国务院关于发展学前教育的若干意见》中也提出"保障适龄儿童接受基本的、有质量的学前教育"。听起来"基本的、有质量的教育"两者不应该是有距离的,不是实现了这个,就实现了那个。这也看出我们的追求,希望是有质量的教育。

"质量"是一个管理学的概念,关于质量的概念也非常多,我这里引用的是《ISO9000 质量管理体系国际标准》中给出的——"质量是一种固有特性满足要求的程度"。所以在某种程度上说,质量是一个事件或者一个现象或者一个程序所具有的属性,它是满足人的需要的程度。满足需要是质量很重要的属性。我们看到,有的商品在做广告的时候会提到通过了 ISO 的质量鉴定,这种国际鉴定组织也是质量监控里非常重要的内容。这里所提到的 ISO,就是这种社会中介机构对质量的一种评价。如果仅仅靠政府,或者完全靠政府,不容易进行质量监控。关于教育质量,现在主要有两种取向,一是结果取向,是比较传统的,在我们国家体现得比较多的,也是比较简单的衡量质量的一个方法。但是随着现在社会不断发展完善,更强调多元主体、多元价值的情况下,需求取向的教育质量的定义越来越受到注意。所以现在国外关于教育质量的研究,有很多都是涉及不同的教育需求的主体对质量的要求和对质量的评价,其实这些不同利益群体之间的得益与平衡就构成了教育质量的不断发展。我们国家也会随着不同主体对教育的不同需求不断提高教育质量。教育质量监控在国外为"Quality Assurance",大家感兴趣的话可以查阅国外资料,有一本杂志就是专门介绍不同领域的质量监控。还有一种称为"Quality Management"。但前一种说法在国内听到得最多。

质量监控就是根据教育目标和标准,对教育过程进行监督、计价、调解的动态过程。教育评价和教育监控这两者之间是什么样的关系呢?什么叫评价,什么叫教育评价?

听众:培养人的社会活动。

姚伟:教育就是要和其他活动区分开。教育就是培养人的活动。这是教育区别于别的活动的本质。别的活动也影响人的发展,但它不以培养人的活动为目的。教育评价就是对培养人的活动的价值判断。什么是价值判断呢?它和事实判断有区别。事实判断是什么?

听众:对客观事实的判断。

姚伟:对客观事实、客观属性的一种描述判断。所以它可能是数量上的。而价值判断是对需要主体满足程度的一种主观判断。所以才说不同的人有不同的价值观。什么意思呢?就是每个人的需要不一样。有的人认为一件事情做得特别成功,而另外一个人觉得特别失败。就像是女人喜欢逛商店,男人就会觉得没什么意思。这是因为逛商店这件事情没有满足男人的需要。价值判断直接受到人的需要的影响。教育评价作为一种价值判断,在教育监控的过程中是时常发生的。通过不断的教育价值判断来调控教育质量的过程就是教育质量监控的过程。但是从学科发展的角度来看,一般说教育质量监控属于教育质量评价里面或者说是归属于整个教育这个大的学科内。从教育评价的角度来定义的话,教育质量监控是指为运用教育评价的基本理论,对监控对象进行监察、调控的过程。另外一个相关概念教育质量评价是根据教育质量标准体系,对教育质量进行价值判断,做出诊断,提出改进建议。

为什么要进行质量监控呢?加拿大多伦多的一个学者提出监控早期教育质量的原因,这主要反映了西方的价值观。第一是为了提高教育质量,反馈的结果会为教师提供改进和提高的机会,明确努力的方向。第二是可以争取到更多的资源,来让公众和政府了解教育质量达到了什么样的程度,社会、家庭、儿童在多大程度上受益,从而争取到更多的教育经费,获得更多政策上的支持。另外就是满足公众的知情权。

构成整个幼儿园教育质量监控体系的因素,一般来说有以下几个方面:谁来监控?为什么监控?监控什么?如何监控?在这几个方面,我国都需要不断地完善。比如说监控主体,在国外,基本上形成了政府、第三方评估机构、教育机构这样一个三方共同的多元的监控体系。我们国家更多的是政府主导、教育机构和社会参与这样的一个监控体系。这和我国的政治体制、经济体制是密切结合在一起的。这种监控可以说是充分体现了中国特色。完全由政府主导的监控,它的问题是非常多的,有可能忽视儿童真正的发展需要、老师的需要、学校的需要;也可能出现这样的局面即政府既是运动员又是裁判员,可以想象一下,如果这样的话,很难做到公正。所以现在我们国家也开始鼓励第三方评估机构或者称为社会中介机构来参与监控。我们国家现在强调"大社会、小政府",这会鼓励更多社会机构去承担那些原来由政府管理的、随着改革分离出去的职能。第三方评估机构的概念来源于西方的"good government"(善治)。西方经历了市场经济之后,20世纪80年代开始出现一种理论,即"市场失灵理论"。他们发现如果整个社会的发展完全按照市场发展理论或者完全按照市场经济法则来运作,完全依靠政府,不能完成社会资源合理配置这样的一个任务,所以西方开始强调一定要有非政府部门的参与,这种非政府部门很大程度上体现的就是社会中介组织。另外还有一个背景就是他们开始强调教育的公益性、普惠性,以及教育需求的多样性,这些都需要一个公正的、中立的组织来评价教育,也就是第三方社会中介组织。在西方有一种"第三部门理论",第一部门是政府,第二部门是企业,但他们往往以追求企业利润为目的。第三部门是介于政府和企业之间的部门组织,他们主要从事政府和企业"不愿做,做不好或不常做的事"(Levitt),在国外叫 The Third Sector(第三部门),或者 Independent Sector(独立部门)。我们国家刚刚开完全国教育协会的会议,在会议上有国家领导人做了一些讲话,就是强调社会团体、社会组织类似于中介去发挥更大的作用。

在学前教育领域,根据现有资料,比较好地发挥这种功能的组织就是全美幼儿教育协会(The National Association for the Education of Young Children,NAEYC),如发展适宜性课程,美国的一些课程标准等等都是他们制定的。全美幼儿教育协会作为一个社会中介组织,发挥着类似于政府行政部门在教育管理方面的作用,它有董事会,董事会成员每四年进行一次轮换,而且对董事会成员有非常严格的要求。另外一个在质量监控体系方面非常有影响的是英国教育标准办公室(Office for Standards in Education, Children's Services and Skills),它作为一个非政府的社会中介组织,在英国整个教育评价中发挥着十分重要的作用,这个组织可以直接向英国的教育大臣递交关于教育质量方面的报告。而且它本身还设立了三级教育督导,第一级皇家督导员督导,第二级注册督导员督导,第三级学科督导员督导。大家可能会认为这些是教育行政部门做的工作,在英国,这些功能就交给了社会中介组织。而这些中介组织对自己的功能定位就是改进。它的宗旨就是"儿童和学习者第一""追求卓越品质""正直诚实的行为""关注人的差异"。这也是在教育方面做得非常好的中介机构。这类中介机构有几个特点:第一是独立性。它有独立的权力向政府提交报告,监控整个教育过程。第二是有专业的专家团队。这样的机构往往会聘请一批专家作为团队成员,形成社会所认可的评估标准。美国的很多总统,如克林顿退休之后都去了这种社会咨询、中介机构,他们凭着自己丰富的经验和对世界的了解,为社会中介机构提供很多建议,做出很多智力贡献。这样的机构在国外有很强的权威性。由于它们的权威性和独立性,它们制定的评估标准得到了社会上的认可。第三个重要的特点是非营利性。非营利性组织(Non-profit Organization,NPO)一般都是出于慈善的、感恩回馈社会这样的目的所举办的,往往都是追求公益最大化。但大家不要误解这样的组织没有盈利,一点不挣钱,它们挣了钱不是分了花在其他方面,而是把这些赚得的钱继续用在这些方面,发挥更大的效益。在非营利性机构工作的工作人员也不是不拿工资,而是拿到自己相应的工资。这种组织目前在学前领域非常有名的就是 High Scope，这个机构为美国做了很多很多的项目，就像成本分析，Head Start 开端计划，从那个时候就开始了对学前教育儿童进行的补偿研究，早期投入的钱到了 40 岁时就变为了 1∶17，像这样的项目这个机构都参加了。第四个特点是第三方评估机构有完善的认证体系和评估标准。如全美幼儿教育协会（NAEYC）、英国教育标准办公室（OFSTED）、日本东京都保教机构第三者评价公司、美国海伊斯普教育研究机构（High Scope）、澳大利亚全国儿童保育认证委员会（NCAC）。大家感兴趣的话可以访问它们的网站获得更进一步的了解。

评估标准在教育评价中起着非常重要的作用，从标准出发加上一定的评价技术，再加上检测方案，最后才能让政府形成保障制度。所以适宜的监控标准是核心因素。而评估标准很多都是由这些评估机构研发出来的，比如说关于教育质量的标准，最早的时候就是从学校声望等级、可得到的资源、学生成果、学生天赋的发展和增值来评价的。这是在 20 世纪 60 年代提出的。后来在幼儿园教育质量评估方面比较有影响的标准一般从以下三个方面进行：结构（条件）质量（师幼比、师资条件、班级人数、物质环境等）、过程质量（师幼互动、课程、学习环境、健康安全、家长参与等）、结果质量（儿童学习与发展状况）。这种多方的评估标准也在改变着人们对教育质量评级的认识。原来我们可能认为结果质量是衡量幼儿发展的一个重要的标准，评价幼儿园也希望能够看到幼儿的一些表现。但是有个问题，即不能把幼儿的发展指标作为质量评价唯一重要的标准，为什么呢？第一，除了结果质量，我们也不能忽视以上的两个质量，应该看到，如果以上的条件质量和过程质量得到了提高，那么结果质量也得到了保证。第二，我个人认为幼儿个体发展的质量也绝不仅仅体现了幼儿园的质量，儿童发展既与家庭教育有关系，也跟儿童的成长和成熟有关系。即使不教育，儿童也在成长。同时，对儿童发展质量的评价，尤其是学前儿童，这种有效性、可操作性值得质疑。因此对幼儿教育的评价更应该强调结构评价和过程评价。

我国幼儿园教育质量监控主要面临的问题包括以下几个方面：第一，外部监控主体单一。前面讲到，我国幼儿园教育质量主要仍由政府监控，而政府力量有限，同时又有可能缺乏公正性。如何让主体更丰富呢？一方面，要加强第三方质量监控；另一方面，要加强幼儿园内部质量监控的完善。第二个问题是缺乏有效的监控标准。我国目前正在出台一些标准，比如说教师的从业标准、0~6岁的幼儿发展指南等等。我们刚刚提到的High Scope，它研发和提出的学习和发展的评价指标，只要你加盟它，它会把这些指标告诉你，你就可以用来进行评价。第三个问题是质量监控过程有流于形式的倾向。这个问题可能跟我国的"人情社会"有一定的关系。第四个问题是内部监控动力不足。要达到内部监控和外部监控统一协调起来，尤其在中国社会，政府的协调作用的发挥是十分重要的。因为在中国，如果完全靠第三方，也不行，政府的资金和政策的支持也是监控的一个很重要的动力。

针对这些问题，构建我国幼儿园教育质量评价体系，我个人认为需要做的核心工作是强化内部监控和外部监控的结合。外部监控就是政府要做它应该做的事，整体的外部监控需要评估、认证、监督、监测。政府制定相应的政策制度，并且要引入第三方评价。现在在上海，尤其是二期课改以后，上海已经引入了第三方评估机构。还有一点是幼儿园内部质量监控。自身的质量监控也是保证质量监控的重要力量。总之，我是希望大家能够意识到，在我国，关于教育质量，是民众在相当长时间内都很关注的问题。我国高等教育质量评价相对来说已经形成了比较成熟的体系，基础教育国家也开始重视，但是我国幼儿园的教育评价还亟须完善。我国专门有个网站是基础教育质量监控中心，但是幼儿园教育质量评价尚处于起步阶段。如果大家感兴趣，可以再进行详细的了解。我要讲的就是以上这些。

互动环节

听众：刚刚您提出了很多国外的第三方中介机构，我特别想了解在中国，这种第三方机构应该怎样发展起来？

姚伟：在中国现实状况下，第一，政府要放权，要号令，把一些职能下放。就我目前了解到的，政府已经开始把一些职能放权给学会，让学会在这方面发挥作用。政府的鼓励是非常重要的。第二，第三方评估机构真的要付出努力，要有自己的信誉度，真正做出一些成果。中国社会太复杂了，比如说像一些企业，做着做着就出现了质量问题，为什么我们常常看到的商品上都标着经过 ISO9001 认证，它也是中介组织而不是联合国组织，因为大家都相信它。第三方一定要有它的信誉度。国家要培植这样的企业。一定是"大社会，小政府"。

听众：老师您刚刚讲到的东西我感到特别受用。我们小组目前在做一个"小学化"的项目，"小学化"的问题跟您刚刚讲到的质量评价有着非常密切的关系。所以想问下您对于"小学化"的一些看法。目前有29个省、自治区颁布了禁止"小学化"的规定或法规，但是这个现象仍屡禁不止，对于这个问题，您怎么看？"小学化"与您今天讲到的质量评价之间是一种什么样的关系？

姚伟：我认为"小学化"是一个社会问题，而不仅仅是一个教育问题。这个方向很好，但是我个人认为把"小学化"作为论文题目很难定义。不管是硕士论文或博士论文一定会给出关键词定义，你如何给"小学化"下定义呢？你给出定义很可能是描述性的，而不是它本身的定义，"小学化"是一个现象，而且是一定历史时期的现象。所以我建议能不能在"小学化"里找到一个点，而这个点是有确切的含义的，而不是泛泛地说"小学化",这个面太大了。我个人认为,纯粹是个人喜好,我喜欢从正面来说,然后来反思"小学化"这个现象,而不是把这个现象作为主要的批判对象,因为我个人认为,凭着你们的阅历来批判在中国有着这么深厚的文化和社会土壤的东西,我觉得你们可能还存在不足。

听众:我们研究的这个课题主要集中在对"小学化"的现状描述和原因分析。我们在研究的过程中发现29个省、自治区颁布了禁止"小学化"的规定或法规,但是这个现象仍屡禁不止,主要是监控不到位。

姚伟:对,有些监控如果做到了,其实是可以避免的。另外我觉得也有文化的根源,中国从古至今,什么样的人才是好的人才?我们可以反思下,在"学而优则仕"这样的观念的影响下,现在很多人都认为掌握知识多的就是人才。在这样的文化背景下,想要小孩子不掌握知识,怎么可能呢?我们要思考的是怎么教知识,不要像小学那样教知识。这需要几代人的努力,包括社会发展、人才观的转变,只有这样,这种问题才有可能得到解决。

听众:老师,中国目前缺乏比较有效的监控标准,而美国和英国的第三方评估组织又制定了很多这样的标准,我国能不能在适当程度上向他们有所借鉴呢?

姚伟:国外的评估体制并不完全适合我国,首先他们的评价方式或评价要求我们中国去满足这么多孩子的要求,这太难了。另外对老师也提出了很高的要求,很多评价是在一定的情景中进行的,现在你让老师既教学又评价,他可能不太有能力,最后可能还是流于形式。

所以你们作为年轻的学者,去了解现实也是非常重要的。成长的过程也包括对现实的理解。

听众:幼儿园内部质量监控的价值体系满足的是谁的需要?是幼儿园自身的需要,还是幼儿的需要?所有的需要都需要满足的话,这个评价体系该怎么制定?

姚伟：我觉得这个问题你可以自己做一个相关研究。既然你问了这个问题，我觉得至少你已经有了一些思考。对质量的定义是满足不同群体需要的，只有有了这样的出发点，才能问出这个问题。不同的主体就有不同的要求。当你看到主体之间需要不同的时候，你就会思考谁的利益最为重要，怎么协调多种主体之间利益，这个在国外也是一个研究的热点，我想对于这个问题没有标准答案，就是不断协调的过程。

赴美学习高瞻学前课程的收获与启示*

原晋霞 等**

2013年4月29日至5月3日,我系八名教师随《早期教育》杂志社组织的高瞻(HighScope)学前课程培训团赴美国密歇根州安娜堡高瞻教育研究基金会参加高瞻学前课程培训。高瞻学前课程是曾被世界著名的佩里学前教育研究计划(Perry Preschool Study)通过实验研究证明的能够给弱势儿童带来长远效益的高质量的学前课程方案,也是当今世界影响广泛的著名学前教育课程方案之一。

一、培训内容介绍

本次培训方式包括理论学习与现场观摩。理论学习共分为五个专题,浓缩了高瞻学前课程的精华。

---

* 2013年4月29日至5月3日,南京师范大学学前教育系许卓娅、李茹、顾荣芳、孔起英、王海英、季玥、王玲艳和原晋霞8位教师赴美高瞻教育研究基金会总部参加高瞻学前课程培训。培训归来后,8位教师于6月5日向全系师生做了汇报,原晋霞系主要汇报人。本文主要根据汇报录音整理而成。

** 原晋霞,南京师范大学教育科学学院副教授。讲座时间:2013年6月5日。

（一）理论学习内容

高瞻教育基金会为我们提供的理论培训的五个专题分别是：

● Active learning 主动学习

● Adult-child interaction 成人与儿童互动

● Daily routine Part I——Overview and Plan-do-review 与 Scaffolding Children's Learning at Small-Group Time 日常生活流程之一：概述、计划—执行—回顾、在小组活动中鹰架儿童的学习

● Adult Learning and Coaching Using The HIGHSCOPE approach 用 HIGHSCOPE 方法进行成人学习与培训

● Preschool Child Observation Record(COR) 学前学校儿童观察记录

高瞻课程的基本理念体现在学习轮（见图1）中，其轴心为主动学习，它是高瞻课程最为核心的理念；高瞻课程学习轮的外围由四个扇区构成，分别是成人与儿童互动、学习环境、日常生活流程和评估，这四个方面均服务于培养儿童主动学习的品质与能力。

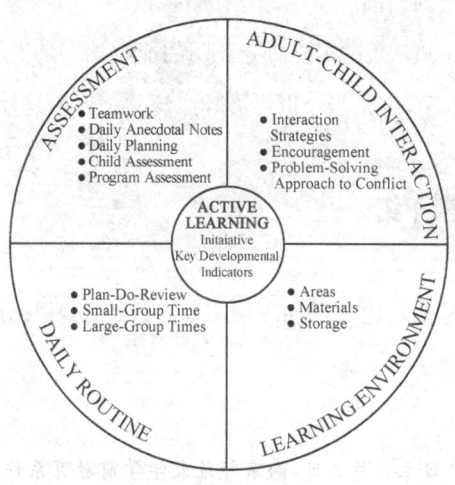

图 1　高瞻课程学习轮

1. 第一培训专题——主动学习

高瞻课程培训者主要通过设计体验活动帮助我们理解主动学习发生的条

件与结果。

体验活动1：培训者创设了四种学习条件：第一，出示"apple"的单词；第二，出示苹果的图片；第三，提供仿真苹果模型；第四，提供真实的苹果。然后，让我们用自己的感知觉在不同学习条件下探索苹果的特征。最后，各组汇报自己的探索结果。探索结果显示，与真实的苹果接触可以获得最多的有关苹果的信息。这一活动让我们深刻体验到主动学习的发生条件之一是为学习者提供真实的学习环境。

体验活动2：培训者提供了八组材料和相应的八项任务，要求我们按小组共同完成所有任务。八项任务分别是：第一，和小组成员合作一起将拼图完成；第二，以球为媒介设计一些互助性游戏，和组内成员一起玩；第三，让小组中每个成员使用非惯用手写出自己的名字；第四，小组成员合作用语音或图示表达出或画出一个简单的故事；第五，数出身上所有环状的物体，比较小组成员之间各自身上环状物体数量的多少，然后用提供的现成材料做一些环状物品；第六，小组成员一起编一个能表达成员共同感受或者体验的舞步，并能一起跳，舞步必须包括每个成员的动作建议；第七，理清自己的钱包或者口袋，把同属性或者相关物品放在一起，然后把所有物品再放回钱包，要求换一种方式来放；第八，列出小组成员的八个共同特点，之后再找出每位成员身上的独特点。通过该体验活动，培训者希望我们理解高瞻课程内容所包含的八个方面：学习方式、社会性和情绪性发展、身体发展与健康、语言读写与交流、数学、创造性艺术、科学和技术、社会学习。在各个具体内容方面，培训者又为我们讲解了58条关键性发展指标(KDIS)，八个方面所包含的子内容数量不等。如何理解关键性发展指标？这些指标之所以"关键"，是因为这些经验均是幼儿应该学习和了解的有意义的观点；所谓"发展性"，是指学习是循序渐进、不断发展的；所谓"指标"是指教育者需要证据来证实幼儿正在学习或发展那些被认为是为入学或为人生做好准备的知识。这些指标与我们通常所理解的课程内容不同，我们通常所理解的课程内容是指幼儿学习的书本内容，而高瞻课程的关键性发展指标，特别强调儿童的思维和推理，因为这些指标是各发展阶段儿童思维和推理的基础。

高瞻课程认为,儿童的学习是由内在动机(intrinsic motivation)引发的,这是主动学习产生的重要条件。怎样让孩子产生学习的内在动机呢?它认为有五个因素至关重要:首先,孩子在活动的过程中应是很愉悦的(enjoyment);第二,儿童所做的事情应与他当下的兴趣相关(interest);第三,儿童对活动应有控制感(control),比如让幼儿自由选择活动,高瞻课程非常强调幼儿活动的计划性,计划的重点在于儿童选择玩什么、怎么玩和与谁一起玩;第四,活动不能太难,对孩子来说必须要具有成功的可能性(possibility of success);第五,儿童应有胜任感(feelings of competence)和自信心(self-confidence)。

高瞻课程非常强调主动学习的重要性,它认为主动学习包含五个成分,分别是材料、操作、选择、儿童语言和思维、成人鹰架。具体来说:

在材料上,成人要提供充足的、多样化的、适宜的、具有开放性的材料,并且能吸引儿童多感官参与。儿童能够有机会使用各种各样的物体,包含日常生活中的常用材料、自然物、小物品、工具、胶棒、湿的物体、重物、体积较大的物体、容易操作的物体等。同时儿童要有操作的空间和时间。成人应鼓励儿童自由地操作、探索材料,体现在儿童主动使用多种感官进行探索;儿童通过直接探索发现关系;儿童能够改变或合并物体;儿童使用与年龄相适宜的工具和设备;儿童使用大肌肉进行活动。

在选择上,儿童应能够根据自己的兴趣和意图发起活动,自己选择材料和决定如何操作材料。

儿童的语言和思维:儿童描述他们正在做什么以及他们对所做事情的理解。儿童讨论他们的经验;儿童用自己的语言讨论正在做的事情;当新的学习发生时,儿童调整他们的思维。

成人鹰架:高瞻课程认为成人应观察儿童,当找到儿童的最近发展区时,成人应去鹰架儿童的学习。成人应基于儿童当前的思维水平,设置适当的挑战,促进儿童向新的水平发展。对于如何鹰架儿童学习,他们也提出一些建议:首先,成人应与儿童建立伙伴关系,具体的策略有:追随儿童的想法和兴趣,与儿童进行互动等。其次,成人应琢磨儿童的意图,具体的策略有:成人应尊重儿童的选择和行动;像儿童那样使用材料;观察儿童如何与材料互动;询问儿童的意图。再次,成人倾听、鼓励儿童的想法。具体的策略有:当儿童工作和游戏时,成人要倾听他们的想法;与儿童交谈他们的所做所想;聚焦儿童的行动;基于儿童的陈述,重复或扩展他们的想法;经常停下来给儿童思考的时间,将儿童的思维用规范的语言表达出来;接受儿童的回答和解释,甚至在他们犯错误时。最后,成人应鼓励儿童为自己做事。当儿童独立照顾自己的生活时,成人应耐心地站在儿童的身边,等待他们;成人应表现出对儿童不幸事件的理解;引导儿童与同伴交换想法,互相帮助和互相交流;鼓励儿童提出或回答他们自己的问题。

2. 第二个培训专题——成人与儿童互动

强调成人与儿童互动是高瞻课程的一大特色。在理解成人与儿童互动的条件和感受时,培训者设计了两个体验活动:

体验活动 1:在宽阔的室外环境中,要求两个人合作进行,其中一人闭上眼睛,完成同伴发出三个简单的行走指令,之后互换角色体验。在体验之前,培训者先要求我们按照生日大小排序,有趣的是她要求我们每人都不许直接报出自己的生日,只能间接提示,等大家都按照各自的提示排好顺序后,每人直接报出自己的生日以检查之前的排序是否正确。排序结束后,请我们报数,报 1 和报 13 的结成同伴,报 2 和报 14 的结成同伴,以此类推[*]。高瞻课程非常注重互动,以此新颖的方法结伴,有利于本次培训团队成员更广泛的交往。体验活动中,当同伴发出行动指令时,如向前三步走、向左拐、继续走五步,即便同伴无数次强调前方是平地,请放心大胆地向前走,闭着眼睛的一方没有"轻信"对方,都靠自己的脚先试探后,才敢执行指令。体验活动后,培训者让我们交流闭着眼睛执行同伴指令时的感受,以此来比喻成人与儿童的关系。闭着眼睛的人好比是教师,教育中成人首先应是一个跟随着,紧紧跟随儿童的兴趣;发出指令的人好比是儿童,他是睁着眼睛的,知道自己喜欢什么,能够选择自己感兴趣的事

---

[*] 注:本次培训共 24 名成员参加,除本系 8 位教师外,还有南京市其他高校教师、教育行政人员和幼儿园的教师一起参加。

情,但现实中成人往往不信任儿童。

高瞻课程强调成人首先应该信任儿童,要向儿童学习,要了解儿童的知识和他们对事物的理解,这样才能给儿童提供适宜的鹰架。

高瞻课程强调成人和儿童要分享控制,既不是成人完全掌握控制权,也不是让儿童完全掌握控制权,完全给儿童控制权也会出现问题,因此,成人与儿童应该相互分享控制。成人应为儿童提供支持性环境,把控制权分享给儿童,这样会取得如下效果:第一,能让儿童获得独立;第二,儿童能变得越来越自信;第三,儿童能学会互相信任;第四,儿童会产生同情和关心他人的情感;第五,儿童能获得解决问题的能力。只有通过分享控制,才能达到课程目标。

培训者将学习氛围分为放任、支持和专制三种,并进行了对比(见表1),意在强调支持氛围的特征。

表1 不同学习氛围对比

放任氛围	支持氛围	专制氛围
大部分时间都是由儿童控制的; 成人只是旁观者,成人拒绝回应儿童的要求; 提供信息,重组秩序; 课程内容完全来源于儿童的游戏; 成人高度评价游戏; 想办法管理儿童。	儿童与成人分享控制; 成人观察儿童的优点,与儿童建立真诚的关系,支持儿童有目的的游戏; 课程的内容来源于儿童的兴趣,同时也结合儿童发展的关键性发展指标; 成人高度评价儿童的主动学习; 成人提供解决社会冲突的方法。	成人处于控制的地位; 成人给儿童指令和信息;课程内容来源于成人设定的目标; 成人高度评价训练、练习的作用; 成人管理儿童的主要策略是纠正和隔离。

体验活动2:想象自己回到了童年时代,如果成人想加入你的游戏,你想他们怎么做?培训者让我们通过报数的方式结成同伴,一人扮演孩子,另一人扮演成人。扮演孩子的人先到活动室拿取自己喜欢的玩具玩,过一会儿,扮演成人的人进入活动室,加入"孩子"的游戏。要求"成人"不能先讲话,可以在"孩子"旁边和"孩子"玩一样的玩具,看"成人"怎样加入"孩子"的游戏。然后,"成人"和"孩子"交换角色。活动结束后,让我们报告各自加入游戏的方式,让同伴报告当"成人"加入游戏时自己喜欢或不喜欢的感受及原因。通过这个体验活

动,让成人反思自己日常指导游戏的方式是否妥当。

体验活动3:到户外找一个玩具,两个人合作玩。通过该体验活动,让我们总结成人与儿童互动的策略。

高瞻课程特别强调有目的的游戏,即"工作"。之所以不用"游戏"一词,而用"工作",培训者的解释是高瞻课程中幼儿的游戏不是随意设计的,而是有目的、有意图的,高瞻课程强调应让孩子养成在游戏之前先做计划的习惯。

高瞻课程鼓励儿童主动学习的互动策略,包括:

◆ 提供儿童舒适和保持密切接触

——寻找需要舒适和接触的儿童

——给予儿童身体接触

——给予简单的承认

◆ 参与儿童的游戏(一个活动两人结伴:儿童和成人)

——自然地开始游戏

——以儿童的水平加入儿童的游戏

——与儿童平行地玩游戏

——引导儿童关注同伴

◆ 在游戏进行过程中,提供新的建议和想法

——在当前游戏主题内提供建议

——尊重儿童

◆ 与儿童交谈

——寻找自然的交谈机会

——以儿童的水平加入儿童的对话

——回应儿童交谈的线索

——作为玩伴与儿童对话

——回应性地问问题

◆ 使用鹰架的策略鼓励新的学习

——关注高瞻课程内容领域和关键发展性指标,可以帮助你辨认儿童在活

动中正在发生的学习

——鼓励儿童描述、扩展或增加新的元素给儿童正在做的事情

——使用和儿童行为与学习相关的新词汇

——示范与儿童所做所思相关的新词汇

◆ 鼓励儿童解决问题

——寻找卷入问题情境中儿童

——允许儿童处理问题和冲突

——与儿童互动而不是管理儿童

在高瞻教育基金会实验学校的教室里贴有一张小贴士,上面写着孩子冲突的解决步骤:第一,平静下来;第二,承认感受;第三,收集信息;第四,重新陈述问题;第五,询问解决办法,一起决定选择哪个办法;第六,做好后续支持工作。

3. 第三个培训专题——"计划—工作—回顾"流程和小组活动中如何鹰架儿童

(1) 计划—工作—回顾

A. 计划

培训者以旅行为例,引导我们思考一个有计划习惯的人与一个没有计划习惯的人在对待准备旅行这件事情上的差异,旨在说明做计划与否对于行动效率和效果的区别。高瞻课程认为,计划是表达个人的意图、形成一个问题或目标、审慎的、做好持续的改变。做计划的好处是:让我们内在的目的、意图、期望能够明确,然后我们会组织一系列的行动去执行计划,最后就会有一个结果。在现场观摩中,我们发现孩子的实际行动与其行动前所做的计划有较大出入。于是我们产生了一个疑惑:既然在行动过程中计划可以不断地被改变,那计划还有何作用?培训者对此给予的解释是:不能对孩子所做计划的作用期望太高,重要的是培养孩子做计划的意识;久而久之,孩子就会养成做计划的习惯;等孩子慢慢长大后,孩子所做的计划会越来越合理,执行度越来越高;养成做计划的习惯会使孩子受益终身。

高瞻课程为孩子所提供的做计划的方式非常多样。如:使用望远镜望到哪

里就代表孩子想去哪里工作;在一个圆盘上画上班级内所有的区域Logo,孩子可以用夹子夹到哪里就代表想去哪里工作;在一个泡沫盒子的底部背面画上所有区域Logo,孩子可以用插旗子的方式选择区域;孩子可以直接用手电筒,照到哪里就表示将去哪里工作;教师将区域Logo画在许多个铁片上,孩子可以用吸铁石去吸附自己想去区域的铁片;有时候,孩子还可以直接通过掷筛子的方式随机确定工作区域……不同的计划方式对孩子发展的价值不同,因此,做计划的活动也是高瞻课程实现课程目标的重要途径。

B. 工作

计划完成之后,便是工作时间。工作占据了高瞻课程时间结构中的最大比重,一般为45～60分钟。在高瞻课程各类活动中,工作是幼儿主导的活动,教师往往没有确切的预设,孩子可以在活动室的任何空间工作,可以决定选择任何材料。

工作阶段,孩子可以做什么呢?高瞻课程认为,孩子可以改变计划;孩子可以在任何感兴趣的区域,使用任何材料;孩子可以移动物体从一个区域到另一个区域。

工作时间不可以做什么呢?高瞻课程认为,每当孩子改变计划时,成人不必让孩子重新计划;孩子可以不做预先设置的活动;孩子不能被成人的计划打断。

C. 回顾

回顾和回忆两个词语虽仅有一字之差,但内涵却有很大不同。回忆只要求回忆者报告刚才做了什么,而回顾则带有反思性质,要求孩子将计划和结果联系起来去讨论。当孩子回顾时,孩子就会将外在的事件内化为观念,有利于其抽象思维的发展。

(2) 小组活动中如何鹰架儿童

除了工作环节,高瞻课程中还有小组活动和大组活动,这两类活动均是教师主导的活动。小组活动虽是教师有目的、有计划的活动,但并不是教师完全控制的活动。在小组活动中,教师的指导策略主要是鹰架儿童。那么,教师应如何操作呢？首先，教师要创造支持性氛围，教师应成为儿童的玩伴。其次，教师提供材料，让儿童用自己的方式探索材料；然后请儿童分享交流各自的探索的结果。

即便在教师主导的小组活动中，高瞻课程也强调儿童主动学习。那么，在小组活动中如何让儿童主动学习呢？高瞻课程根据儿童主动学习的五个要素，规定了儿童在小组活动中的学习行为，如图2所示。

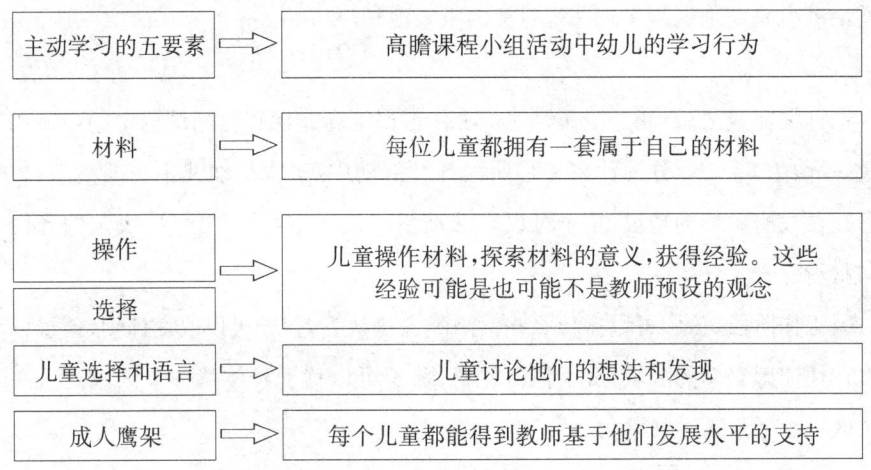

图2　小组活动中儿童主动学习的体现

小组活动的基本流程可分为开始、中间和结束三个阶段。开始的时间比较短，中间的时间最长，结束的时间最短。活动开始时，教师先介绍材料和要求儿童操作的任务；中间阶段，孩子主动探索学习，教师给予适宜的鹰架；活动结束时，教师一般会进行总结，然后过渡到下一个活动。

小组活动是教师预先计划的活动，那么教师设计小组活动的来源有哪些呢？在高瞻课程中，教师设计小组活动的来源包含四个方面，分别是58条关键性发展指标（预设的课程内容）、儿童的兴趣、新材料或尚未探索的材料和当地传统。

教师制定的小组活动计划包括活动来源、拟提供的材料、所针对的关键性发展指标、活动开始—中间—结束。值得一提的是，高瞻课程关于小组活动中间环节的设计是分层次。高瞻课程根据58条关键性发展指标制定了儿童行为观察和评价表(COR)，它将每一条关键性经验细化为初级水平、中级水平和高级水平，在小组活动设计中，教师会根据对每个孩子的发展水平，分别设计针对不同水平儿童的鹰架策略。

4. 第四个培训专题——用高瞻方法培训成人

高瞻课程的推广必须解决师资培训的问题。高瞻方法既是儿童学习的方法，也是成人学习的方法。高瞻课程的师资培训亦强调成人主动学习和体验式学习，强调评估受训教师的情况，并给予有针对性的鹰架。

高瞻课程针对成人培训的目标为：辨别成人学习者的个人特质和需求；设计基于成人学习者的知识和动机水平的指导策略；确定具体活动以帮助教师获得他们需要在教室中使用的方法和策略。

高瞻课程培训中支持成人主动学习的原则为：当成人对学习经历有控制感和影响感时，他的学习动机会增强；学习要靠成人的主动参与；学习者需要在受尊重和感到舒适的学习氛围；当学习者获得自主感时，学习力会被增强。

培训者比较了学习的监督者和指导者的区别。监督者仅关注目标是否达成及如何管理资源以达成目标；而指导者则会考虑教师作为学习者的优点、风格，及其所期待的目标，要根据学习者的情况来进行培训。

高瞻课程培训的四个步骤：首先，培训者要和被培训者形成积极的伙伴关系；其次，培训者应对被培训者进行评估；第三，培训者应根据对被培训者的评估情况，为其制定有针对性的培训计划，进行培训；第四，培训者要及时对培训效果进行评价。在高瞻课程培训过程中，培训者通常会使用高瞻课程学前学校项目质量评估表(PQA)对受训者进行评价，以确定他/她的优势及培训需求。

培训者将接受高瞻课程培训的教师分为四种类型，即动机强、知识多的教师；动机强、知识少的教师；动机弱、知识多的教师；动机弱、知识少的教师。四种类型又可以相对划分为三种水平，即能力低的教师(动机弱、知识少的教师)、能力中等的教师(包含动机弱、知识多的教师和动机强、知识少的教师)、能力强的教师(动机强、知识多的教师)。培训者根据教师的水平设计了不同的指导策略;针对能力低的教师,培训者要耐心地给予讲解、澄清和鼓励;针对能力中等的教师,培训者应多给他们进行辅导,帮助他们解决问题,必要可以给予榜样示范;针对能力强的教师,培训者应给他们指明方向。

高瞻课程培训活动主要有四个类型,即设计视觉线索(Make visual cues);观察另一位教师;示范教学策略;设计一个需要用到某个具体策略的活动,请教师亲自尝试使用策略。

当培训结束之后,培训者还会再次使用高瞻学前学校项目质量评估表对教师进行后测评价,进而评估培训的效果。

5. 第五个培训专题——观察儿童

高瞻课程强调鹰架儿童,而鹰架儿童的前提必须是观察、评估、了解儿童的发展水平。高瞻课程有与其课程相配套的《儿童观察记录量表》(COR),用来评估儿童在各个内容领域的学习与发展水平。

《儿童观察记录量表》将儿童发展领域分为:主动性(Initiative)、社会关系(Social Relation)、创造性表征(Creative Representation)、运动和音乐(Movement and Music)、语言和读写(Language and Literacy)、数学和科学(Mathematics and Science)。据培训者透露,当时《儿童观察记录量表》正在修订中,新版本的《儿童观察记录量表》中有关儿童发展领域的划分将和58条关键性发展指标的划分类型一致。

在使用《儿童观察记录量表》对儿童进行评估之前,教师每天都需记录下儿童的行为表现,以作为评估的依据。教师记录的方法以轶事记录为主,兼采用收集真实的作品等。高瞻课程教师进行轶事记录的格式如下:

日期:记录当天的日期

开始:记录事件发生的时间、地点、人物

中间:记录孩子所说和所做的,尽量记录孩子的原话,要求真实简洁,避免判断性语言

结束:陈述结果

教师将对儿童的持续记录收集起来,就形成了这个孩子的学习与发展档

案。同时,对幼儿进行观察、记录和评估不仅是为了制定更有针对性的活动计划,而且可以给孩子一些提供必要的拓展,帮助孩子澄清新概念、新想法等。

使用《儿童观察记录量表》评估儿童的目的还包括为教师提供一些策略、活动等支持儿童不断地发展;为父母提供关于孩子成长发展的信息;教师可以和管理者分享儿童成长和发展的信息。

(二)现场观摩

本次培训,我们参观了位于密歇根州安娜堡的三个高瞻课程示范点,分别是高瞻实验学校(HighScope Demonstration Preschool)、提前开端计划海星家庭服务机构(Starfish Family Services Head Start)和格雷琴儿童发展中心(Gretchen's House Child Development Center)。其中,高瞻实验学校则设在高瞻教育研究基金会总部,是一个专门为高瞻课程修订与发展提供研究支持的机构;而海星家庭服务机构则是一所公立机构,生源主要来自低收入的家庭,是被美国联邦政府提前开端计划经费资助的学前教育机构;格雷琴儿童发展中心是一所私立机构,生源主要来自收入较高的家庭,它还是一所被 NAEYC 认定的高质量学前教育机构。虽然高瞻课程最初主要为处于弱势的儿童而设计,但从现在来看,高瞻课程的推广度已很广泛。

在高瞻课程实验学校,我们对儿童活动过程的观摩是通过视频在观察室间接进行的,这所学校实行半日制,中午孩子们被接走之后,下午我们才进入活动室内现场观摩环境。活动室设置了美术区、沙水区、生活区、科学区、积木区、角色扮演区、阅读区和两张供小组活动的"S"形桌子,每个区域都有儿童的计划表。半日活动流程为:欢迎来园—小组活动—计划—工作—清洁—回顾—大组活动—户外活动—离园。活动室有专门的家园联系墙,教室通过这面墙来向家长告知并解释高瞻课程的理念及关键性发展指标等。当时我们参观时,家园联系墙上正在介绍有关数学的关键性发展指标,并配以各种活动图以说明在儿童的日常生活和游戏活动中正在进行的数学学习。

提前开端海星家庭服务机构是一所全日制机构,它为低收入家庭提供了充分时间的教育服务。该幼儿园一日生活作息时间表如下：

  8:00—8:15 欢迎来园
  8:15—8:25 准备早餐、洗手
  8:25—9:00 早餐
  9:05—9:15 计划
  9:15—10:15 工作
  10:15—10:25 清洁
  10:25—10:35 回顾
  10:35—10:55 小组活动
  10:55—11:10 大组活动
  11:10—11:45 午餐
  11:45—12:00 洗漱、阅读
  12:00—12:30 大肌肉活动
  12:30—12:50 准备休息
  12:55—15:00 休息
  15:10—15:20 起床
  15:20—16:00 点心

这所机构不仅为低收入家庭提供了充分时间的教育支持，而且还专门设有图书室，机构人员会定期为家长提供早期阅读指导；此外，我们在这所机构还看到了诸如职业招聘等似乎与幼儿教育不太相关的、但仔细想来又非常相关的信息。因为只有家长有工作，有稳定的收入来源，儿童才可能有稳定安全的家庭环境，才可能有更好的成长环境。因此，提前开端海星家庭服务机构更像是围绕促进弱势儿童健康发展这一宗旨而设立的具有综合功能的机构。

在海星家庭服务机构走廊的墙壁上张贴着两张图片，一张是提前开端儿童发展与早期学习框架图，另一张是高瞻课程关键性发展指标与提前开端儿童发展与早期学习框架的对照图，以说明高瞻课程的关键性发展指标体系虽然与提前开端儿童发展与早期学习框架分类不同，但前者可以覆盖后者，这一对比图实则论证了高瞻课程已拥有进入提前开端项目资助机构的准入权。

格雷琴儿童发展中心的硬件设施与师资情况均好于海星家庭服务机构，课程情况与前两者没有太大差异，故不做专门介绍。

二、培训的启示

（一）培训内容给我们的启示

高瞻课程是一套经过检验的、高质量的课程，其理论基础扎实。高瞻课程中主动学习的理论基础主要包括皮亚杰认知发展理论和维果茨基的社会建构理论，还有杜威的教育哲学。高瞻课程的特色流程"计划—工作—回顾"也有其理论基础。制定计划的理论依据：在认知上，发展心理学家将儿童用于计划的心理工具称为"执行控制结构"（Case，1985），或者"执行功能"（Zelazo and Mueller，2002），通过执行控制结构，儿童能够形成心理图像或使用已有的知识和技能去计划、试验、解决和评价。在社会情感上，儿童的计划能力与被精神分析学家埃里克森称作"主动感对内疚感"的阶段同时出现，学前儿童对于他们想要做的事情有很多想法，当他们能够成功实施他们想法的时候，他们就发展了主动意识，如果他们不断地失败，或者对于他们的尝试感觉很不好，他们就可能产生内疚感。为了鼓励儿童的主动性，高瞻课程给予幼儿所需的社会情感支持，帮助他们成为有能力且自信的计划者。实施计划的理论依据：在高瞻课程中，儿童的游戏是有目的的，杜威认为理想的学习是游戏性和严肃性的结合。艾利斯认为游戏对于人类来说是很好的问题解决策略。他说游戏是过去人类物种所采用的方式，也将是在不可预测的未来人类解决问题的方式。回顾的理论基础：回顾事件是儿童对他们具有目的的游戏时间进行理解和反思，这不只是简单地谈论他们计划了什么以及他们怎么做的。回顾为儿童反省自身行动并吸取与环境中材料和他人互动的经验教训提供了机会。在回顾时间，儿童自然地建构、记忆，用他们的经验形成心理表征并依据他们目前的思考方式进行解释。当儿童与他人谈论他们的行动时，他们也进入了故事讲述的过程。心理学家罗杰·施克说:创编故事,就是为我们今后创建了记忆结构,谈论就是记忆。因此,回顾活动时,建立的记忆能够为他们对世界的不断增长的理解带来永久性的改变。记忆本身包含不同的思考过程,包括语义记忆、程序性记忆、情节记忆、空间记忆。每一种类型的记忆都与大脑不同的结构相关(Bourtchouladze,2002 and Kagan,2003)。杜威和心理学家史米兰斯基都强调计划和反思对于学习和发展的重要性,杜威曾说教育应该是目标导向的活动,儿童应该主动参与指向他们自主学习的活动。

高瞻课程理念全面渗透于课程设计、实施与评价的各个方面。高瞻课程目标明确,8个方面58条关键性发展指标指引着课程内容的选择及课程实施和评价过程。高瞻课程内容的选择紧紧围绕关键性发展指标,同时追随儿童的兴趣和需要,兼顾社会传统。课程实施环节安排及实施策略都能充分体现课程理念与目标。高瞻课程评价贯穿于课程发展始终,课程项目质量评估表和儿童观察记录量表是教师反思教育过程、评价幼儿发展水平的重要依据,是科学选择教学内容的重要依据,是教师鹰架幼儿学习的前提。

对于我国幼儿园课程建设来说,如何科学地建构一套课程呢?这个课程绝不仅仅指内容体系,而是课程理论、目标、内容、实施、评价的五位合一,五者不可分割。想要科学地建构一套课程,应从这五个方面着手,不可厚此薄彼,更不可忽视任一方面。课程是教育理想转化为教育现实的重要桥梁,好的课程能为教师提供适宜的鹰架。课程建设是一个只有起点,而无终点的过程,是一个科学地、审慎地对待儿童发展与社会变化的过程,是一个科学研究的过程。高瞻课程自从诞生以来,一直处于不断研究、修订的过程。

(二) 培训方法给我们的启示

先进的教育理念国内外差别不大,但客观来讲,教育实践的差距仍较大。其实,成人的学习与儿童的学习也有颇多相似之处。高瞻课程培训以高瞻课程所倡导的儿童学习方式来培训成人,强调成人的主动学习、参与式培训、体验式培训、讨论、同伴合作等,均让我们感受到了主动学习的魅力。相信在我们未来的高校教学和教师培训工作中会有所体现。

　　总的来说,高瞻课程无疑是高品质的课程,有许多值得我们学习借鉴的方面,但高瞻课程并不能移植。高瞻课程实施所要求的小班额在我国当前学前教育发展阶段,许多幼儿园都无法满足。高瞻课程培训强调学习者主动探索,但培训者却不重视对主动探索的结果进行讨论总结,有时我们感觉主动探索了很久,结果却不了了之,这与我们习惯先讨论后总结的思维方式差异很大。此外,在对三处高瞻课程示范点进行观摩的过程中,我们对高瞻课程对儿童美术方面发展的效果、所观摩的音乐大组活动的组织质量及音乐区域中所投放的乐器的适宜性等存有疑惑。

让学习看得见:支持早期幼儿教师教育心灵、身体和精神*

Frances Schoonmaker**

道德教育在当今世界范围内得到了大家的关注,那么我们怎样在课堂里实现我们的道德教育呢?如何让学生在课堂上学得好,在生活中处理得好呢?这些在西方和东方,都成为被关注的话题。在我的论文里,讲述了我们怎么样在课堂上拓展空间来对学生进行道德教育,让学生的学习和生活联结在一起。Spirituality是这篇文章里核心的概念,spirituality到底指的是什么?应该是 a way of being,是一种存在的方式。它包含的因素有:人看世界的一种能力,不断超越自己,以及个人对外界好奇的体验。就像我们看到外面的世界很精彩,于是有一种存在的体验,这就是所说的 spirituality。这里所说的体验,是人类意识的自然状态,它已经超越了文化、宗教的边界,是全人类的一种体验。我们很难用一个概念去界定它,多有意会的韵味在里面。虽然我们很难用言语去表达,但是还是能够感觉到它渗透在我们的生活之中。其实道德教育在美国的教育

---

* 原讲座名称为:Learning to See: Helping Early Childhood Teachers Educate Mind, Body and Spirit. 此处翻译成了中文。

** Frances Schoonmaker,哥伦比亚大学教授。讲座时间:2013年6月25日。

中并不盛行,这是因为美国人认为道德是宗教应该做的事,课堂上并不强调道德教育。后来美国通过了一个教育法,这个教育法意识到在教育中要注重道德教育。在这套理念当中提到要让我们的思想、身体、道德在课堂上结合。我们在座的都是做早期儿童教育的人,这里就重点概括一下它的意义:① 老师可能没有看出来孩子道德上的体验,因为他们不知道怎样去看、怎样去理解。② 老师应该认识到道德体验是孩子生活的一部分,而且这种体验不受时空的限制。③ 尊重课堂上的灵感,我们要提供机会来让孩子们表达他们的情感。无论我们是否已经意识到了,课堂都是我们情感的空间,我们在学校里做的任何事情和参与的活动,都浸润着我们的灵感体验。要接受课堂是我们情感的空间这个前提,需要了解两个问题:① 在何种程度上,儿童在体验他们的灵感生活? ② 尽管灵感是具有主观性的,我们怎样去意识到儿童在进行灵感体验?研究者已经开始研究儿童是怎样来体验灵感的,下面我们将对灵感体验做一个文献综述方面的介绍。

一些研究者把它看成是发展的过程,在这个过程中,灵感是以一种进化的方式被体验的。简单地说,灵感不是认知过程中的一个点,灵感必须理解成整个范围中的认知能力。Levine 把这个看成是从认知的现象学的角度来解释的。成人的灵感能力与儿童是一样的,我们不应该把灵感看成是只属于儿童的。来自英国的 Nye 提出,儿童的情感体验来自他们的感知、意识,以及对日常活动的反应。Nye 把相关的意识定义为认知不寻常的水平,把灵感看成是来自内部的,而不是来自精神的知识以及宗教的教育。Finicks 指出灵感的体验不是限制在惊心动魄的事件中,而是在日常活动中我们就可以感知到。如果儿童的体验、理解是他们能力的一部分,是创造意义的一部分,那么这个不应该被限制在大学教的日常课程里,学校里的体验应该是一种表达的需要。Champagne 认为灵感是认知和存在的一种方式,灵感与儿童表达自己的存在相联系,这有可能存在于不同的具体场合中。灵感体验作为一种存在内化在他们的日常活动中。Champagne 从神学、现象学和解释学的角度研究了 60 个来自日托管中心的儿童,他分析出三种相关的存在模式,分别是:感知、相关和存在。他提出儿童存在于世界的方式有以下几种:感知是指儿童通过感知系统与世界联系;相关性是指儿童与成人的一种紧密和分离以及朋友之间的关系,儿童发现自己存在于这个世界上;存在是指时间、空间的存在,对于儿童来说,现在、此刻,就是来自儿童的存在。Champagne 建议理解儿童存在于世界的模式,可以使我们更好地见证儿童的灵感,这将会引导我们更好地进行道德发展。Handa 指出,儿童的灵感定义为意义的关联,或者是一个过程,在这个过程中,儿童利用他们的灵感来表达情感。在意义、文化、传统框架中,他们的世界观被串联起来。Handa 从探讨澳大利亚天主教学校儿童的灵感中得出"生活故事"的观点:儿童从生活故事中构建意义,通过叙事来表达灵感。因此,教育者应该学习如何从儿童个人的体验中倾听他们的叙述,而不是为他们提供一种叙述方式,因为成人的叙述方式与儿童观点不同。在多元文化中,尤其是对于来自宗教和非宗教的儿童,这个观点特别正确。虽然这是在 2003 年做的研究,但是现在依然正确。任何对儿童灵感体验有兴趣的人依然会遇到这样的问题:我们对儿童的灵感体验知之甚少,我们不知何时来看、怎样来看儿童的灵感体验。我们要学会观察,遗憾的是,在学校里的学习、了解,限制了儿童智力活动和行为表现的可能性。这些智力活动和行为表现,对于我们来说是更容易看到、更容易测量、更容易评价的。就像 Huebner 指出的,学校的问题不是没有教孩子们道德和情感体验,而是学校里没有进行灵感与道德体验的意识培养。特别是现在以标准和追责制来衡量的时代,我们只关注教学大纲里的测量结果,而不是儿童的存在,所以研究儿童的专业人士应该关注儿童的内在学习以及了解其在课堂活动中的一些经验。我们要以儿童的视角来参与到儿童能够看到的、体验到的惊叹之中。几年前有一批博士生和我做了一个现象学的调查——调查儿童的灵感。如果研究者想要知道儿童的灵感体验,他们必须倾听儿童的叙述,并为他们创造叙述的机会。我们要学会观察与倾听,因为他们在看和倾听一个问题的时候能够为我们打开一个视角来表达。因此我们要为儿童创造一个空间,即使是一个很小的空间,让他们来表述自己的灵感,儿童的文学作品比教学活动等其他的形式更明显地刺激儿童参与活动的积极性。Maria 在 1999 年谈论如何通过文学作品培养儿童的精神，Transdele 开始发表儿童对故事的反应文章，如今他开始做关于儿童对有灵感主题的书籍的一些反应的研究。儿童的书籍中有关于权力、爱情、勇气和内在启示方面的信息。在儿童文学教授 Susan Stale 的建议下，我们每个人都搜集了一些图画书，这些图画书的主题都是与不同的文化视角有关的。我们找到了 30 个孩子，年龄在 3 到 11 岁，他们分别来自高加索、西班牙、美国、印度、中国，他们中一部分有宗教信仰。我们让孩子从我们准备的图画书中挑选一本，先互相讲述故事。然后聆听他们讲述生活中的故事或者喜欢书中的哪一部分。事后我们在数据中发现了一个问题，我们和儿童的交流中收集到的大多是无效信息，因为他们根本就没有谈论到灵感。Maria 害怕她从一个 6 岁孩子那里不会得到任何东西，她让 Ben 讲述他在故事《第一森林》中看到的东西，然后 Ben 选择了一幅图画。

"我最喜欢这个。"Ben 指着这幅图说，这幅图画着两棵树的枝干在小径的上方都要碰在一起了。

"为什么最喜欢这幅图呢？"Maria 问。

Ben 回答："因为它像电影《ET》里面的一个情节——当 ET 和小男孩碰到手指的时候，它治好了它的创伤。"

"嗯。"Maria 给予了回应。

"就像这样！"Ben 指着那幅图说。

"那你觉得这两者是不是代表着什么？"Maria 很想知道答案。

Ben 给予了肯定的回答。

Maria 追问道："你知道？是什么让你想起了 ET 呢？"Ben 耸耸肩。

Maria 试探地提示："是友情吗？"

"嗯。"Ben 回答。

Maria 让 Ben 感到迷惑。让我们来思考一下，Ben 把这幅图与电影《ET》中很有感染力的时刻联系在一起，同时 Maria 也被这本书感染了，她想到的是在意大利教堂里的一幅画，那幅画中上帝指着 Adam 并触摸他。Maria 沉浸于自己的思绪而错失了 Ben 的想法。回到前面的对话中，当 Maria 回答"嗯"的时候,她还是有机会的。当 Ben 说"就像这样!"时,Ben 是真的想帮助 Maria 理解 6 岁孩子的想法。Maria 错失了向 Ben 提出问题的机会,后来 Maria 回过神再想追问时,Ben 已经没有了那个产生灵感的时刻。在灵感体验过程中,有一个事件和发生人之间的共存、现在和过去的共存,但是在我们进入灵感体验的时候需要意识到,我们要有一个叙述的路径。与我们一起讨论的儿童是非常开放的,他们乐于接受故事。他们能够进入叙事之中,中断自己在现实生活中的感觉,把自己充分融入文本的体验中。他们在故事中看到了自己,并将自己的经历与故事中的事件联系起来,将自己的经历与故事中的经历共存起来。他们的反应是美的感受,是一种体验,是一种感情。我们把这个判断为具有非逻辑性的,因为儿童不受逻辑规则的限制,他们对生活、对故事充满了惊奇,这些惊奇都具有超验的特征。他们的洞察力都是短暂的,是转瞬即逝的。参与到这个研究中的都是有经验的老师,其中一位还是在早期儿童教育领域经验颇丰的专家。在这个研究开始之前我们已阅读了大量有关儿童的故事,但是令我们惊讶的是,即使我们拥有丰富的经验,我们还是经常错失孩子的反应,我们的大脑必须转换得非常迅速来为孩子们解释这样的经验。我们都在寻找某些独一无二的东西,而儿童就是这样的存在。

我们来分享另一个 Ethan 的故事。

Ethan 选择了一本书,叫作《Daniel in the lions' den》(丹尼尔在狮子坑),故事来自希伯来圣经,背景是丹尼尔被国王囚禁在狮子坑中。

"告诉我,Ethan,你觉得这本书怎么样呢?"

Ethan 回答道:"我喜欢他从来不害怕,都很冷静。"

"你觉得是什么让他如此冷静呢?"我很好奇。

"是上帝吗?"Ethan 问道。

"你觉得他信任上帝?"我反问他。他点点头表示肯定,我们的讨论也就结束了。

我们在和儿童进行对话的时候,我通常都急于告诉他们下一步是什么,而忽略了他们自己的一些灵感体验。Eric 在 1996 年对儿童的研究中发现,为了避免成人把自己的思想强加在儿童思想中,我们要有一个合适的提问方式,提问应该是开放的,是由儿童来引导的。

下面一个是 Fiona 对于日落的看法。她选择了一幅日落的图片。

"为什么呢?"Pete 问她。

"因为日落很美。"

Pete 又问:"是它让你想起了什么吗?"

"它是最美的,像太阳的事物都是美丽的。"

"这本书有没有让你想起一件发生在你身上的事情呢?"Pete 很想知道。

"它让我想起了一个伤心的时刻。"Fiona 回答。

"是什么伤心的时刻呢?"

"当我舅舅去世的时候。"(Fiona 的舅舅和她妈妈是双胞胎,直到几个月前突然去世都一直和 Fiona 家住在同一条街)

"这确实很令人伤心,但是为什么日落会让你想到这个呢?"Pete 问。

"我也不知道它为什么会让我想到这个。"Fiona 回答。

"日落会不会也能让你想到一个开心的时刻呢?"Pete 问 Fiona。

我们很难命令一个人去悲伤。Fiona 却因看到美丽的日落而想起了以前悲伤的时刻。

Huebner 说:"可能当一个孩子被落日之美征服的时候所引起的无言的或者敬畏的反应,好过只是感叹多美啊。源于经验的词句胜过词句本身。"

下一个是 Brandon 的故事。

Tom 给 Brandon 讲了一个故事,这个故事来自一本叫作《美好的事发生》的书。故事描写了那些美丽的、与众不同的奇迹是如何发生的,譬如切的苹果是如何变成苹果酱的等等一些生活中的趣事。

"在这本书中,有没有发现有趣的事情呢?"Tom 问 Brandon。

"因为花朵和大黄蜂。"Tom 停顿了一下并选择了刚刚 Tom 的词语,"所以这本书非常有趣。"

"为什么这么说呢?"Tom 问。(他又把问题抛给了 Brandon)

"因为他们在成长。"Brandon 停顿了片刻继续补充道,"花儿也是。一切都绽放了。然后蜜蜂飞过来吃蒲公英,并把它放进洞穴里,之后用它来酿蜂蜜。"

Tom 并没有打断 Brandon 的话,因为他意识到这是 Brandon 在表达他的想象。

下一个例子是我参与的。

Luke 3 岁了,他并不是我们主要的研究对象,他跟随他的哥哥一起来到了我的房间。就在一瞬间他把他的手放在了书上,指着星星的位置,这本书是关于美国土著人创造星座的传奇故事。他非常喜欢这本书,他想带走这本书,他哥哥说:"不行,你要把这本书留在这儿。"

"你在这儿看到了什么?"我边问边打开这本书。

Luke 看着星空的图片,轻拍着书页:"星星,星星,星星和月亮!"

"我没有看到月亮!"我强调说。

Luke 似乎忽略了我,依旧看着这一页。

"星星,星星,星星和月亮!"他重复道。

Luke 是一个非常活跃的孩子,他甚至不能够一个人安静地呆 10 秒钟,但是对于这次他如此安静地专注在这本书中,这是一个非常好的现象。

我们必须找到一个更好的途径来倾听孩子。Palmer 说:"很多做出行动的人在灵魂的教育上鲜有经验,所以很少有样例,同时也缺少制度上的支持,所以我们开始的努力显得笨拙有缺陷。"我们需要找到一个更好的途径,我们必须找到一个空间,让孩子们结束学校课程之后可以来经历惊奇的事。我觉得我们还需要找个空间,因为这个时代,我们中的大部分人总是排除生命中的沉思。这一点很重要,我们很忙,我们很少独自沉默,或者静静地享受一件事,比如日落。但其实这些都是深入人性的灵感体验。所以当我们思考我们的研究的含义时,一想到当今这个时代如此过于强调可悲的成绩和结果,就深感学前儿童的老师有很重要的工作要做。谢谢。

下面是提问环节。同学们有什么问题或者评论都可以说。

互动环节

听众：刚刚教授说到一个澳大利亚学者，他用的是儿童的生活故事，比如儿童在过去的几个月当中有什么印象深刻的事，然后有施策者去施策他们的生活故事，从他们的故事中去研究孩子的灵感。Schoonmaker教授的方法是跟孩子们一起阅读图画书，分享他们的经验，从中来获取孩子的灵感。我是做儿童生活故事研究的，我的问题就是澳大利亚学者在儿童的生活故事当中对孩子的灵感有哪些发现？跟Schoonmaker教授图画书调查有哪些相同或者不同的发现？

听众：我还有另一个问题。

Schoonmaker：稍等一下，给别的同学一个机会。

听众：我昨天查阅了关于您的一些资料，了解了关于您的一些信息，您是哥伦比亚大学一位很优秀的学者。我现在正在准备托福考试和GRE，然后去哥伦比亚大学深造。今天很荣幸能够听您的讲座。请问什么是您说的儿童精神和灵魂的本质？

Schoonmaker：在讲座中没有提到的是，我们也对成人的灵感做了研究，让他们回忆记忆深刻的灵感经历。但发现成人比儿童更难回忆出当年的灵感经历。因为灵感是稍纵即逝的，过去了就很难再回来了。成人就更难去记得那样的时刻。关于道德教育和灵感的关系，在我们日常的道德教育中，通常都是给孩子制定规则——你必须做什么、你不能做什么，但这样的教育只是一种传授。如果不给孩子机会去反思这些规则，只是机械地制定这些规则，那当儿童处于新的情境当中，就会觉得那些规则不适用，儿童在新的情境当中，不知道如何对应学到的规则。虽然现有的研究还不能来证明这一点，这只是我的一点感受。所以说，道德教育不该只是在课堂上传授教条的东西,而是给儿童一些思考,让他们内化——在不同的情境中应该怎么去做。好,下一个问题。

听众:我想理清一个问题,到底是儿童的精神无法体现出来,还是我们很难在学校里对儿童进行道德的教育?

Schoonmaker:目前的学校并不是我们用来发展学生道德教育的场所,主要原因是,现在的教育,无论是东方还是西方,都是以考试或智力测试的方法来检验学习结果。所以现在通过课堂上和学校的一些活动,比如讲故事这样一些形式,来培育孩子的道德情感的能力。我们做这个研究,也是想选择一个更好的方式来提高孩子的道德情感能力。

听众:Spirituality 的定义到底是什么?它的价值是什么?老师对于提升儿童的 spirituality 除了观察和倾听之外,有没有其他方式进行辅助?

翻译:我是做语言学研究的,我可以试着替教授回答你的问题。第一,刚刚教授在讲座中说了,spirituality 的概念很难用一个确切的定义去描述,它包括从能力到经验,再具体一点包含三个元素,敏感、关系、存在。所以我们说,道德教育不能在学校做,是因为它很难量化,没有办法用一个客观的标准去量化。今天的讲座告诉我们的是,有这个现象的存在,我们应该去做这样的研究,通过什么样的方式去做这个研究,怎么样把孩子的 spirituality 做好。所以教授给我们一些案例,告诉我们他们的研究和结果,以及前人的成果。除了我们要去倾听、交谈之外还有其他方式,但是就当前来说,这两种是比较好的方式。

Schoonmaker:我建议一个有趣的活动,可能大家要急于回到雨中(做讲座的时候外面在下大雨),现在让我们大家来听一分钟外面的雨声。开始!

(一分钟)

Schoonmaker:谢谢大家在我讲述的过程中没有玩手机,在这么拥挤的教室中认真地听我讲,我很开心!

郑荔:各位老师,各位同学:在现在这个社会,道德议题是全世界儿童教育面临的最重要的议题之一。今天 Schoonmaker 教授讲述的是在他们的研究视角下，对这一问题的思考。我自己的感觉是，就像是全世界的孩子都熟悉 ET，但他们心里都有一个不同的 ET 一样，我们对道德教育也有不同的观点。今天 Schoonmaker 教授的讲座可能没有给我们很多答案，让我想到 16 年前的课堂上，Schoonmaker 给我最大的冲击就是她从来不给我们答案。如果这场讲座能够引发各位同学、各位老师对自己研究的一些想法，解决一些困惑，这也就是这场讲座的价值。今天还有很多来自幼儿园的老师们，如果这场讲座能够引起你对课堂上道德教育的反思，那我们今天都有很多的收获。还有问题的同学可以在讲座结束后跟 Schoonmaker 交流。让我们再次感谢哥伦比亚大学 Schoonmaker 教授给我们带来的这场讲座。

游戏作为儿童的主要学习方式[*]

Debra. L. Lawrence

一、幼儿园的时间表

大家好,请你们完成一项作业,各位有想过改变你们的幼儿园的时间表吗?你能把改变的时间表写下来吗?这里有纸,你们可以把修改过的新的版本写在纸上。大家可以看到汪园长在写她自己修改的时间表。请大家勇敢一点,作为志愿者。按美国的上课方式,趴地上写也没关系的,因为纸比较大。

今天我想跟大家谈一下冲突的解决,又回到昨天列出的几个步骤,当同伴之间产生冲突时,教师向孩子询问的几个问题,昨天我也对这几个步骤做了一些资料查询。在美国的 NAUIC 中,教师在进行教室管理时,针对相关的步骤提一个问题,每一个问题都是为了培养孩子形成解决冲突的能力。孩子经常会互相打闹,因为他们是孩子。你不必让孩子说对不起,他们不会觉得抱歉,他们习惯于动手打闹。当孩子感觉不到对不起时,你反复让孩子道歉,其实在教孩子

---

[*] 原讲座名称为:Play as the Primary Learning Mode of Children. 此处翻译成了中文。讲座时间:2013 年 7 月 15 日。

去撒谎。你可以让打人的孩子帮被打的孩子擦眼泪，听对方的尖叫声，看对方被打的样子，来代替让孩子道歉。这就是逻辑的结果。除了打人以外，孩子的生活中还有其他偶发事件。比如泼洒牛奶等对环境的破坏性行为，逻辑性的结果是让孩子去收拾自己造成的残局，你不用让他说对不起，而是让孩子承担后果。这是让孩子学会承担责任，形成好的行为习惯。这些好的习惯也是帮助孩子培养责任心。如果教室里一个孩子打了另一个孩子，我会让所有孩子围成一个圆形坐下来，对所有孩子说，刚刚发生了一件事情，你们的一个朋友受伤了。遇到这种情况，我们除了打回去或者咬回去，我们还可以做什么呢？孩子们会想一些其他办法，这时候孩子们的办法就不是伤害他人的办法。你们明白了吗？那么，刚有几个朋友写下了修改过的时间表，请写的朋友到前面来说一下改变的地方。

听众：7:30—9:00是入园、区域游戏、户外活动和点心时间。我把它们全部放在一起，孩子们可以自由选择。9:00—9:30是集体教学时间，我希望在这段时间让孩子收获一些他们必须要知道的知识。9:30—10:40是游戏时间。10:40—11:30有三个环节，分别是饭前准备、吃午餐、餐后散步。11:30—14:30是睡前准备和午睡。14:30—16:30是起床、点心时间、游戏、户外活动和离园。我的想法是把几个环节放在一个大的时间段里，孩子们可以自由选择先做哪一个，后做哪一个。我的困惑是，比如在7:30—9:00，有的小朋友选择游戏，有的选择户外活动。我们的小朋友比较多，教师比较少，教师没办法照顾到所有孩子。

Debra. L. Lawrence：其实今天我也谈到这个问题。第一，尽可能降低教师和孩子的比例。第二，要降低教室的规模。如果政策上难以做到，就要保证有一个教师到户外去。一半孩子出去，一半孩子待在教室。到了9:30—10:40，户外的孩子和教室的孩子对换。这是政策不改变之前，我们可以采取的策略。下午也是一样，一半在外面，一半在里面，然后再交换。

听众：我还有一个疑问，第一个半小时是孩子们自由选择的，假如到第二个时间段里孩子不愿意交换场所呢？

Debra. L. Lawrence:这要看情况而论。比如有个在室内画画的孩子 Harry,到了交换场地的时间,你可以鼓励他说:你看其他的孩子都出去了,外面有丰富的材料,你可以带着材料到外面画画。

谁来讲讲这张绿色的时间表?

听众:这是大班时间表。7:45—8:30 是晨间接待和正式活动(个性化游戏),个性化游戏是孩子自己选择的,和教师一起设计出来的。8:30—9:10 晨间户外体操。9:10—9:30 是点心时间。9:30—10:00 集体活动。10:00—11:00 区域活动。11:00—11:45 午餐时间。11:45—12:00 散步和午睡前准备。12:00—14:30 午睡。2:30—3:00 起床,点心时间。3:00—3:30 户外体育锻炼。3:30—4:00 个性化区域活动,孩子自己选择/设计。4:00—5:00 区域游戏。

Debra. L. Lawrence:从刚才的两份时间表可以看出,教师想增加孩子自己主导的时间。今天谈的内容主要是孩子在所增加的主导时间里学习的内容和方式,以及环境的准备主要有哪些。谁来谈谈下面这张时间表?

听众:这是一张小班时间表。8:00—9:00 是晨间活动(包括服务/早点/区域活动,孩子自由选择先后)。9:00—9:20 是集体活动。9:20—10:10 体育活动,分两部分,第一部分孩子们一起活动,第二部分孩子自由选择活动。10:10—10:50 区域游戏。10:50—12:00 餐前准备,午餐时间,餐后散步。12:00—14:30 午睡。14:30—15:10 体育活动。15:10—16:00 区域活动,点心时间。16:00—16:20 分享活动。16:20—17:00 自选活动,离园。

Debra. L. Lawrence:第三张时间表同样在增加孩子的自主时间,那么教师要做的是怎样在这些时间里增强孩子思考的能力,怎么样扩展孩子学习的时间。教师要做的准备有两个方面:第一,要知道孩子的基本特点和需要;第二,为孩子准备非常好的支持性的丰富的环境,环境中要有非常多的材料。我们之后再谈环境。

二、孩子的需要

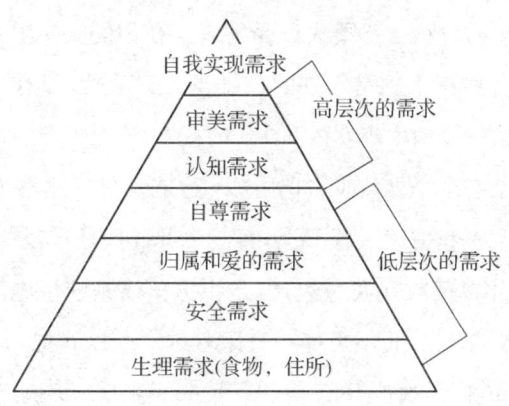

图 1　马斯洛需要层级理论表

大家知道马斯洛吗？这是马斯洛的需要层级理论表。孩子在点心时间想吃多少就吃多少，但我只提供一次，如果你不是只提供一次食物，而是总是让他们吃东西的话，你就剥夺了孩子饿的经验。应该提供机会给孩子，让他们管理自己的饥饿感。一段时间以后，孩子就会像教师规定的那样只吃一次了。我讲一个故事，在我的点心区域中有配套的照片。有一个小男孩来到我的教室，小男孩来自比较贫穷的家庭，家里食物不充足，当他看到这些点心的时候，他的眼睛睁得非常大。他按我平时的要求洗过手以后，在点心桌前坐了两个小时。他吃了四份。即便他已经饱了，还是不想离开，因为他担心离开的话食物就没有了。对这个孩子我什么也没说，没什么大不了的。这个孩子在每一次吃下一份点心时，都会抬头看看我，但是我什么都没说。我只想让他知道，食物总是在那里，他不用担心食物不够。在一个星期的时间里，这个孩子都坐在点心桌旁吃两个小时，不做任何其他的事情。他最基本的需要——食物没有得到满足。他需要形成一种条理，认识自己什么时候是饥饿的。到第二个星期，他每天坐在点心桌旁一个小时。他吃饱以后就去玩了。到第三星期，他只吃两份点心，然后就去玩了。他知道食物一直都会有。当孩子饿的时候，他们脑子里什么也不想，只想着饿。马斯洛早就告诉过我们，如果一个孩子的食物、睡眠、温暖、情感等基本的需求没有得到满足，他是不可能去学习的。

　　昨天下午我们谈到过孩子会互相伤害对方，我也教过大家冲突的解决方式。当然我们也要教育孩子不要去做受害者。在你的教室里总是有孩子受到欺负的情况吗？有些孩子总是拿别的孩子当"出气筒"，而有些孩子总是成为"出气筒"。我再讲一个两岁小女孩 Kalen 的故事，Kalen 是一个很安静、很温和的小女孩。她班上有个小男孩叫 Billy，Billy 总是喜欢咬她，一天咬三次。她父母生气得想杀了我。我一直跟着 Billy，可是 Kalen 还是被咬，我们都不知道怎么发生的。一次，Kalen 就在我旁边，但是小男孩还是咬了她。所以我意识到 Kalen 必须学会保护自己，我不可能一直跟着她。所以我把 Kalen 放在我的膝盖上，我说："Kalen，你喜欢被 Billy 咬吗？"Kalen 摇头。我说："我也不喜欢，但是我想要你帮我阻止 Billy 咬你。所以 Billy 靠近你时，我需要你大声说'Stop！'让我们先练习一下，Billy 现在靠近你，你该怎么做？"Kalen 小声说："Stop。""Kalen，我听不到你的话，我需要你大声说，我们再练习一遍。"Kalen 的声音还是很微弱。"Kalen，我听不到你的话，我需要你更大声。"我们练习了几次之后，Kalen 的声音就越来越大了。当我们练习完回到教室，我又跟 Kalen 说，当 Billy 靠近你时，要大声说"Stop！"。我们在教室里做游戏，大约过了 20 分钟，忽然听到 Kalen 很大声地说"Stop！"Billy 被吓得愣在那里。从那以后，每次 Billy 靠近 Kalen，Kalen 都会大声说"Stop！"。所以后来 Billy 见到 Kalen 都绕道走，也不敢再咬 Kalen 了，Kalen 也学会了保护自己。这就是 Kalen 的故事。

　　每个孩子都有几种需要，第一个是关于生理的需要，第二个是关于安全的需要，第三个是归属的需要。孩子需要跟老师有和谐的师幼关系，和家人之间也要有很好的亲属关系。第四个是尊重的需要，即孩子觉得自己是有能力的，学习有成就感，自己对环境有控制力。当孩子的前四个需要都得到满足时，孩子就开始学习了。如果想让孩子取得成功，这四个需要必须得到满足。即便前三个需要都得到了满足，孩子在教室不能自己做决定、没有自主性的话，还是不能学习。

三、游戏和工作

这是讲座的几个关键问题,第一个问题是:什么是游戏?教师的作用是成为孩子的观察者,拓展孩子的兴趣,有意识地把孩子感兴趣的东西收集在一起,构建孩子感兴趣的课程,教师不是在控制孩子,孩子可以主导自己的学习。今天上午我去了一个很棒的幼儿园,他们建构的课程都是基于孩子的兴趣和经验的。在操场上,有两个池塘,里面有小鱼在游。孩子就很好奇水里游的是什么。教师就抓住孩子的兴趣点,开展了水里的动物的课程。教师不断收集材料,设计能够加深孩子学习的课程。在教室每一个学习的角落,都是关于水里的生物,阅读区也有关于水生物的书。教师设计的一系列主题活动都是为了加深孩子们对水里动物的理解。

刚刚所讲的是教师设计的课程要源于孩子的兴趣和经验,并且设计的活动旨在加深和拓展孩子的知识。这是有深厚的理论根基的,我们所要做的是把教育家的理论中对孩子有帮助的理论挑选出来,并且和我们本土的文化结合。在美国有一个像麦当劳这样的快餐店,名字叫 Talkbell,在那里可以找到墨西哥的食物。我和我的孩子们准备去动物园。当孩子坐在车里去某个地方时,孩子会问什么?孩子可能会问"我们要去哪里?""好玩吗?""我想去上厕所。"我们在去动物园的路上,孩子们说饿了,于是,我们在 Talkbell 前停下来,帮孩子买好食物并安顿好他们后,我去买自己的食物。我想买一种墨西哥汉堡,里面有生菜、豆子、肉、奶酪、番茄。我不想要外壳和里面的豆子,年轻的服务生低头看着收银台,说:"对不起,夫人,我办不到。"我对他说:"证明给我看你可以做到。"这个服务生就走到他朋友那里跟他朋友说这事。他的朋友走过来说:"对不起,夫人,我们办不到。"我微笑着说:"证明给我看你可以做到,动脑子思考一下。"他们很惊讶,也不知道怎么办,就去找更多的朋友帮忙。已经过了 10 分钟,每个人都说不知道。最后有一个女孩说她知道,"我们可以把它放在一个纸盒里面",然后又花了 10 分钟时间决定放什么到盒子里。当我们告诉孩子应该做什么,待多久,什么时候进行下一步时,孩子就会像那些服务生一样缺乏判断力和解决问题的能力,他们在等待现成的答案。我只是跟他们说他们可以办到,最后我得到了没有外壳和豆子的汉堡。

如果教师处于中心地位,控制教室发生的事情,教师是焦点,就会一直很忙碌。孩子的一天会是怎样的?如果我们想帮助孩子形成好的习惯,有自信,有学习策略,有很强的自我,我们必须让孩子有掌控权,相信他们,让他们成为事件的中心。很多时候,我们不相信孩子。我们认为有自己的计划,就不愿放手让孩子做,这样孩子被遗忘了。如果你让孩子去玩,他们不会像我们小时候那样去玩耍。因为我们控制他们太久了,是时候给孩子自己做决定、自己控制事情的机会了。当然这需要时间才能改变和完成。

现在让我们来思考一下游戏和工作分别是什么?我们在创设环境之前,需要考虑一下游戏是什么样的?游戏和工作有什么不同?游戏是来自孩子内部的动机,在一段时间,孩子自己做选择,而不是按照老师的要求先做这个,后做那个。重要的不是一段时间后的结果,重要的是过程。当孩子专注于过程并自己做决定时,会觉得自己有能力,有自信,知道自己感兴趣的事情在老师看来是有价值的。左边这一列是好的,右边这一列是不好的。当你制定时间表时,思考一下你在多大程度上控制孩子;是教师在激发孩子,还是孩子自己在激发自己;时间在多大程度上控制了我们的行为。为什么时间有这么大的威力呢?我们都是按照时间的要求行动。我们总是要求孩子去完成某件东西,还是把过程看得更有价值?当教师主控时,教师会给孩子一个模型或示范,孩子本身并不感兴趣,仅仅是按照教师的要求去做。这样做会让孩子感到自己是没有能力的。如果孩子觉得自己没有能力,他可能会反过来欺负别人。在心理上没有力量的人,外在表现往往是攻击他人。

在各种游戏中,有的游戏孩子根本没有被卷入其中,他们不断挪动位置,没办法只专注于游戏。他们之所以不能被游戏吸引,是因为他们没有时间自己玩特定的材料,并且他们很害怕没有充足的时间玩。

我在北京遇到过一件很有趣的事。在工作的时候有很多材料,我告诉教师不要跟别人谈话，而只是选择自己感兴趣的材料。结束时，我问教师感觉怎样。教师说，他们担心我什么时候会让他们停下来。所以他们一会玩一下这个，一会玩一下那个，因为不知道还有多少时间可以玩。即使是大人，当不知道自己是否有充足的时间玩游戏时，也无法专注，这也是孩子的感受。有一些孩子会一个人玩，他们只是玩面前的材料，他们一直这样。我跟他们说你们有40分钟时间，你们自己去玩。他们还是会感到压力，不知道是否有足够的时间玩。这些教师会在其他人边上玩，但是他们之间不交流，有些孩子也是这样。有些大人从来不玩，他们只是看，他们看看走走，从不碰材料。他们是旁观者。孩子的游戏也是这样，当孩子很小的时候，他们会一个人玩，大一点的时候，会和其他人在一个空间里平行游戏，但不交流。有的时候，他们作为旁观者，他们没有加入游戏，而只是想他们喜欢做什么。他们可能想从同伴那里学习怎么去玩。在北京的一些教师会和一两个人一起玩，并分享材料，也有合作性游戏，他们一起合作完成某项活动。这是游戏的最高阶段，当他们达到这个阶段时，他们可以行动自如。大人也是这样。你和朋友去一个从没去过的地方，学习跳某种特别的舞蹈，你做的第一件事就是观察他人跳，然后你会和其他几个人一起跳，这样你会觉得舒服一些，最后你会到一大群人里跳。大人到一个陌生的地方，开始的时候也希望一个人待着，不希望别人打扰你。有时候你想在某个人旁边玩，但你不希望他跟你说话。有时候，你想在一个组里。动物和人类都会如此。因此，你的时间表应该是让孩子有许多整块时间自由游戏，儿童为主导的时间比教师主导的时间多，不是让教师控制过程，而是让孩子有足够的自由自己决定做什么，什么时候做。当孩子玩得很开心，对做的事情感兴趣，并且很兴奋，他就会反反复复地玩下去。总结一下，一天中应该有大量时间是由孩子主导的，部分集体游戏是由教师指导的，户外游戏应该是孩子主导和教师指导相结合，一天中由教师主导的时间应该很少，由教师决定的事情主要是常规活动，如吃饭、午睡、如厕，等等。当你回顾自己的时间时，你看一下由孩子主导的和教师主导的活动有哪些，孩子需要知道这些。

四、关于环境的一些照片

接下来让我们看一下环境的图片。这是我列出来的教室中的学习区域，你们的教室可以有更多的样子，这只是一部分例子。这些区域应该是吸引孩子的，可以让孩子有兴趣学习的。环境的第一个特征是让孩子好奇、温暖和开放，最好有自然光，教师要和善、大方，孩子在里面感觉很舒服。环境应该整洁有条理而不僵硬。所有材料必须有归属的区域，孩子用完要放回去。教室有活动区和安静区域。孩子知道时间表，但不拘泥于时间，活动安排是灵活的。回想一下你童年时代在外面疯玩的感觉，怎么样让孩子们在教室里也有这种感觉。环境中美丽的树、花，这些可以在室内或室外。环境要很舒适，有一些软软的东西让他们休息，孩子在户外要很自在，同时有教师照看。

这里有一些环境的照片，这张是孩子入园时签字的地方，代表了一种文化，表示对家长和孩子的欢迎。

这张是教师收集的东西，孩子可以在户外玩这些。这张是漂亮的贝壳，它们是海洋的精灵，教师收集它们摆放在自然角，孩子们可以画他们的样子。

这张是教师用灌木树枝做成的拱形通道，孩子在里面走。教师挂一些装饰品在拱形树枝上，孩子会觉得很有趣，在里面走来走去，有一种神秘感。

这张图里有沙发和靠垫，还有桌子，孩子就像在家里的客厅一样，惬意休息和阅读。墙上挂的是孩子们做的艺术作品。

如果你考虑设计教室的布局时，入园区设有教师和孩子的储物柜，父母的留言板，还有欢迎家人的区域。安静区域可以放一些多媒体设备，并配有耳机，还有一些可以用手指操作的小物品，阅读、绘画、写作区域也在这里。混乱区域包括厕所、点心区等。活动区包括搭积木、戏剧游戏、娃娃家、玩音乐，孩子可以很自由、愉快。户外区域很重要，因为每一个地方都是孩子学习的乐园。在幼儿园的户外，可以在栅栏上挂上画板，供孩子画画；可以放一些从原木上切下来的不同大小的木块；可以布置沙水区、种植区，让孩子感受生命的成长。户外还可以放一些小桌子、小椅子，让孩子们感觉就像在家里一样。在户外学习的机会和在教室里学习的机会是一样多的。

这是一个艺术区。大家可以看到孩子们把彩色蜡笔按颜色分类，而不是随便放在盒子里。这些不仅仅是绘画材料，还让孩子们感知到色彩的分类。纸张、钢笔和铅笔的摆放也是这样的。艺术展品是美丽的。这里有自然光照射进来，孩子可以在操场上画画，而且井井有条。这是艺术材料架，每一件物品都是按色彩分类，铅笔、蜡笔、毛笔等都按不同的颜色进行分类。

这是科学区，窗前的每个篮子里放着不同的东西，孩子们可以看到。材料的触感不同，有光滑的、粗糙的、柔软的。这是一个很小的空间，被布置得井井有条。这个柜子里放着教师用的材料，这些是孩子们的小工作毯，教师把孩子的美术作品放在窗台上。很美，对吧？

你曾经有从高坡上滚下来的经验吗？滚得特别快。这是一个坡度很小的小山坡，这是一个天然操场，孩子可以从上面滚下来。这边是采用自然坡度做的滑梯。

这幅画的两边有雕塑座椅，是幼儿园老师和家长一起做的。这是关于海洋主题的作品，教师收集了一些鹅卵石和贝壳，他们把它做成美丽的装饰品。孩子做这个东西并非被迫，而是出于自愿。这不是一个项目，只是让环境变美。

这些是家里的物品，有刀叉、碟子等。孩子们把它们挂在板上，孩子们可以沿着这些物品描摹，孩子们要把物品一一贴在原来位置，并按颜色分类。这样的活动可以在社会性游戏中进行。孩子不仅在配对，而且在学习数学。昨天我提到过，不要做单纯的分科教学。我们要做渗透教学，把很多领域融合进一个课程。这是我们的活动之一，许多教师设置各种不同的环境，孩子们能有不同的经验，产生多种主题活动。

这是科学区的，上面是松塔，下面是树皮，孩子们可以感受不同材质的触感。

这是聚光的桌子，桌面下面有灯光，教师把装有不同颜色的水的罐子放在桌子上，后面有一面镜子，孩子们可以看到水瓶的影像。如果你是一个孩子，你会对这里感兴趣吗？它会把你吸引过去，这就是环境创设的核心：把孩子吸引进去，让他们产生好奇。

这是户外的另一个学习区，上面有棚子覆盖，用来防暴风雨。即使下雨，孩子们也可以在这里玩耍。孩子可以坐在这些与众不同的篮子上。这里是种植区，有种子、泥土等东西。旁边是艺术区，这半边是感官区。天气不好的时候，孩子们也可以在这些不同的区域活动。下雨的时候，孩子们可以透过窗户看外面的雨水。

这是另外一个科学区，把自然物带进教室，孩子们用它们做艺术品。

这些是原木做成的墩子，老师没有把娃娃带出来，但是孩子要把娃娃带出来。家长帮助布置娃娃，教师要做的只是提供这个环境，孩子决定在里面做什么，有时候他们在树桩上走，做平衡运动，有时候他们围成一个圈唱歌，孩子们在这个区域有很多玩法，教师只负责提供环境。

通过这张图片你可以看到天花板上悬挂着一些小东西，地板上铺了地毯，这些篮子里放着塑料制品，孩子们会有兴趣探索。孩子们自己做的艺术品被挂在天花板上。这张图片有一个特点，天花板特别高。特别高的天花板会让人有压力，所以下面悬挂着布，使环境看上去舒适温暖。这些材质有吸收噪音的作用，因此教室更加安静。

这是阅读区，孩子们可以坐在这些柔软的小圆毯上。

这是一个安静的角落，孩子可以自己坐在那里，他们需要一个人安静下来，找回自己。在幼儿园的一日活动中，孩子们在集体里一起吃饭、一起游戏、一起休息，经常会感到焦虑，所以孩子需要一个只属于自己的安静的空间，来找回自己。

这是一个很漂亮的学习区，用丝质的帘子划分出不同的空间，那里是类似厨房的生活区。地面上铺了几块小地毯，这个小区域供孩子一起安静地学习。

这是一个华德福学校。华德福学校非常遵循自然，没有塑料制品，一切取之于自然，这是一个自然的建筑。

这是华德福学校操场上的一个小空间，篮子里分别放着树叶、贝壳、石头、木头，教师只是布置环境，他们不告诉孩子怎么玩。孩子们自己选择材料，决定怎么玩，这实际上是一个学习的场所，和室内一样，他们可以自由选择材料。

这些自然的东西可以放在户外，也可以放在室内。这些切割过的小木块是按形状、材质分类的。我可以把它们放在外面，让孩子去操作。

这些是用竹子搭建的桥，孩子们很感兴趣，家长帮忙在桥顶放木头，孩子负责装饰。在这样的环境里，你可以想象孩子们多么投入、兴奋地玩耍。

教师需要有不同的容器，东西都摆在架子上。在旁边的工作台上，孩子们在一张底盘上设计艺术品，没人告诉他们应该怎么做，没人告诉他去做某一类模型，孩子只是在用想象力完成。

这是另外一张华德福学校的图片。

我们来看另一组照片。这是木制的架子，教师找来木制的盒子，装饰好后拿到教室。在架子上放漂亮的垫子，上面放了很多对孩子们来说有趣的东西。

这是另一张自然材料的照片。上面有丝瓜瓢、南瓜，所有这些材料都取之于大自然。教师把它们放在篮子里展示。有时孩子会画他们看到的东西，有时会用这些自然物装点一个美丽的地方。

这也是一张有光的桌子，桌子上有秋天的树叶。孩子们在户外散步时捡到很多落叶，教师把它们放在光桌上，孩子们可以沿着树叶的轮廓画画。

这是彩色积木，孩子们在光桌上搭建积木，当光打到彩色积木上时，孩子会感到新奇有趣。

这是两岁的班级，教师带着孩子到大自然里捡来很多树叶。孩子们把树叶贴在一张纸上，教师再把纸贴在窗户上。

这些是从海边捡来的大自然的宝贝，有海螺、贝壳、树枝等，孩子随时去放，作为游戏材料。

在这幅图中，教师只画了树干放在桌子上以后，看会发生什么。有一个孩子就用纽扣拼成了树枝上的花朵。没有教师教这个孩子怎么做，这全是孩子自己的创造。

在美国，我们鼓励孩子做木工。开始时给孩子一个锤子和一个大大的南瓜，还有一个打高尔夫的杆子，他们会把高尔夫的杆子敲进南瓜里。孩子会感觉很棒，会花好几个小时一直做这个。孩子们很乐此不疲，所以需要许多南瓜。他们会把杆子拔出来，再敲进去，反反复复地做。当南瓜全是洞，孩子会把南瓜打开取出南瓜籽，用火烤熟后当点心吃。我们会给孩子夹子固定钉子，这样锤子就不会伤到手。等孩子长大一点，就给他们钉子往树墩里敲。在中国可以用筷子夹住钉子来固定。

这是一个非常美丽的艺术展览。

这是我最喜欢的。在瑞吉欧幼儿园，会用很多镜子。这是一个三角形的空间，里面全是镜子。在里面孩子可以从不同的角度看到镜子里的自己。对于孩子来说，这实在太有趣了。也可以在里面放物体，孩子可以从不同的角度看到物体的形状。

你们也会有螺丝钉、螺帽等东西吗？孩子越小，螺丝钉、螺帽就要越大，防止孩子吞下它们。把螺钉和螺帽旋钮在一起是很困难的，但孩子们喜欢。当孩子到 3 岁时，就需要更大的螺钉、螺帽。到 4 岁时，就需要更大的配套了。到 5 岁时，小号、中号、大号的都应该配备。不管在哪一个年龄段，孩子们做这件事时，都会很有成就感。

这是圆形的环，可以打开串上不同数量的珠子，教师会在环上贴珠子相应数量的数字。孩子也可以把它们用作乐器。

这幅图也是我很喜欢的。这些是厕纸卷筒纸的芯，你可以用它们帮你归类材料。你可以收集数百个卷筒芯供孩子们玩，用旧了直接扔掉就好了。前面这些彩色球可以做成不同的饰品，孩子把筷子按颜色分类，然后放进相应颜色的卷筒芯里。还记得在我的教室里，9：20—11：00 这段时间，是由孩子自己选择做什么。这些卷筒和彩球就是供孩子自由游戏的材料之一。当孩子对色彩已经很熟悉之后，我会加深难度。比如，让孩子放一个蓝球、两个红球、三个绿球、四个紫球、五个橙色球、六个黄球，以此类推。或者，我会让孩子猜颜色，比如第一个是蓝色，第二个是红色，第三个是绿色，猜后面是什么颜色。一种材料，一项活动，但是有四种玩法，分别对应孩子不同的发展水平。

这是用筷子做的游戏,碗里放了两双顶部粘在一起的练习筷子。桌子上放大小不同的各种材料,如豆子、塑料球、玻璃球等。孩子用筷子练习夹住球,他们很喜欢这种活动。

这是科学区的材料,让孩子理解磁铁的特性。孩子可以观察到有的东西被吸引,有的没有。孩子会先假设某样东西是否有磁性,然后会验证假设。如果没有磁性,就把东西放到无磁性的瓶子里。这个活动综合了科学知识、分类、计数、逻辑思维等。

这也是一个科学区,有不同的材料供孩子们探索。

这是一个艺术区,教师把它设计得舒适、方便。不同的窗户有不同颜色的窗帘,所以阳光透进来时,房子里就会洒满各种颜色的光。

这是一块圆形的木板,教师提供鹅卵石、珠子等,一个5岁的小男孩用教师给的材料装饰木板,然后按照自己的作品画画,写上自己的名字。老师让他把自己作品的故事讲出来,帮他把故事写在纸的背面。玩沙对于孩子来说是一项很重要的活动,沙的旁边必须有水,孩子把水掺进沙里做城堡。

这是帮助家长了解你做了哪些事情。教师收集孩子的作品,展示在这里。家长可以了解孩子学到了什么,教育达到纲要里面的目标没有。这是一个很美好、很有意义的过程,家长想了解孩子,孩子也想把自己的作品展示给父母。

这些是供孩子探索的材料,材料都是可回收的。这里我特别想强调一点,幼儿园不同的班里,装同样材料的盒子应该是一样的。同一种材料里又分不同的种类,放在同一种盒子里。周五的时候,不同班级的教师可以互相交换材料。到下一个星期,孩子们会有新的类别的材料玩。

所以,你们看到教师是怎么准备环境的,设计环境的依据是孩子的兴趣。孩子不断探索环境,教师需要倾听孩子的声音,发现孩子的兴趣。一天结束后,教师设计第二天的环境时,也是依据和孩子的谈话,知道他们的兴趣在哪里。

今天上午我去参观了一个幼儿园。幼儿园在放暑假,这是幼儿园的树,放在公共活动区,孩子的作品或者自然物会装饰在树上,最后形成一个大的作品。有的跟活动主题相关,有的和节日或社会性活动相关。

我喜欢这幅照片,瓶子里收集了来自中国各地的不同颜色的泥土。

这是中班的主题活动,关于水里的动物。孩子根据自己的经验,用油泥制作了这幅图片。孩子用自己的语言把作品的故事表达出来。这也是刚才的主题里的,孩子的每一个作品形成了一幅画,组合成像池塘一样的情境。画上还有老师提供的贝壳等自然物,场景会更加丰富。这是一幅关于水里动物的水粉画,老师提供蓝色的底板,就像海洋里有各种色彩的鱼在游。这可以构成主题环境的一部分。这是用纱布做的海洋主题的画,蓝色线条代表海水,孩子自己做了很多鱼,就像海底世界。

这是种植园,种了很多植物,有西红柿、花生、向日葵、小麦等等。孩子可以观察、照料、收获它们。每一块种植园由一个班负责照顾。

这是我们的操场,这边是小凉亭,孩子可以在和老师、同伴或家长散步的时候,在里面休息。一些小组互动或者表演也可以在凉亭里进行。凉亭附近各种植物,孩子可以观察植物四季的变化。

那么你可以看到这个幼儿园教师是怎么选择主题的,且把主题的相关作品布置在教室中。我希望这些对你们有帮助,谢谢!

普通话儿童和英语儿童词汇、语义,以及社交性的测量

盛 橱*

我所在的德克萨斯大学奥斯汀分校是美国比较大的一所公立学校,我所在的系叫作 Department of Communication Sciences of Disorders,翻译为"沟通,科学,与障碍"。这个系,可能在我们国内还没有开设,可能个别学校有这个意向要开设。我们系主要的工作是培养听力师和语言治疗师,那听力方面的我就不具体介绍了,因为我是语言治疗这一方面的。有一些小朋友有学说话比较迟缓,或者发音不好,或者语言迟缓造成的行为异常这样的情况,语言治疗师会协助老师或者是心理学家来做一些评估和干预。另外,我们的学生就业也可以去私人诊所,像美国这种早教发展算是比较前沿的国家,如果说小孩在很小的时候,家里人或者老师发现有一些异常的话,就会及早去进行检查,请一些专家做一些评估,然后给他建立个案,进行干预。另外一个就业的大的渠道,就是医院,比如说为一些有失语症的老人做一些治疗干预,提高他们的理解能力,或者为患有老年痴呆症的老人提供服务,另外一些就是因为手术或者无喉患者,帮助他们进行吞咽甚至发音这方面的干预。我那个时候在国内并没有同行,我做

---

* 盛橱,德克萨斯大学奥斯汀分校教授。讲座时间:2013 年 7 月 14 日。

的其实是儿童语言发展和儿童语言障碍这个方面。

今天要讲的就是我最近在做的几个课题,第一个是我跟郑荔老师一起做的,叫作《普通话儿童的词汇理解和词汇表达》,今天会先讲这一个课题。第二个课题是为我的一个美国的研究生所做的,她想知道到底自闭症儿童能不能够学习两种语言。这里的自闭症孩子指的都是中国的孩子,他们要说普通话和广东话,这两种大家可能觉得它们是方言,而不是两种语言。那么对于语言的界定其实是有不同的方法,有的人会认为这是两种不同的语言,因为确实如果你从来都没有听过这两种语言的话,你是听不懂的,如果说这是两种互相不同的方言的话,其实是可以称作为两种语言的。我的学生发现很多临床的医生可能就会建议家长说孩子已经有自闭症了,如果要减轻他的负担的话,就不要教他说类似于广东话或者湖南话这样的方言,只说普通话,这样就会减轻孩子的负担,减轻孩子的挑战。那么我的学生就在考虑这种建议到底有没有科学根据,所以她就做了这个研究,这是我想第二个介绍的研究。第三个研究是关于怎样测量孩子语义的深度或者说是词汇的深度,我想跟大家介绍一下我用的一些简单的测量方法和工具。前两个研究是针对中国孩子的,后一个研究其实是针对美国孩子的。最后一项研究是比较正常的儿童和单纯有语言障碍的儿童在词汇深度方面有什么区别。也欢迎大家如果有问题可以随时举手提问。

接下来先跟大家讲第一个,就是关于普通话儿童的词汇理解和词汇表达。今天要跟大家展示的数据都是郑荔老师的学生收集的,这些孩子都来自南京市的幼儿园。之所以要做这个研究是有两重意义:一方面,语言治疗师在美国其实已经发展为一个比较大的行业了,也有很多华人会从事语言治疗师的工作,那么既然是华人,他的病患就有一些是来自华人家庭,他们就苦于孩子在学校说的是英语,在家里说的是中文,那么这种孩子到底该怎么样测量或者说评价他的语言能力?在英语里面,有很多不同的量表或者常模都是比较常见的,给老师还有治疗师带来了很大的方便,你只要做一两个小时的测评,就可以根据那个常模给孩子打个分数,然后就可以说"这个小孩属于百分之十,这个百分比是偏低的,如果是百分之三那就需要干预的了,这个小孩的语言发展相对来说很迟缓"。而中文里并没有这样的测试工具,所以我们的一个目的就是想开发一个前期的来测量儿童词汇的工具。第二个目的,就是想看看到底这个普通话儿童的词汇理解和发展情况怎么样,是不是每个年龄段之间会有明显的提高。那么我们取的样是托班一直到幼儿园大班,一共取了四个不同的年龄段。再说说我们为什么会研究词汇,到底这个词汇有什么重要的地位。应该说学语言,词汇是很重要的一大部分。学外语,很重要的就是要背单词,每天要是能背上十几、二十几个单词就会非常有成就感,那说明这个词汇首先是一个非常透明的概念,到底学了多少词,心里也会比较有概念,说起来也是比较便于测量的一个方面。词汇其实同时会影响到你学语言的其他方面,一般来说,词汇量大的人可以提高他语言的语音意识。我们知道,小孩刚开始往往不知道这个语言,比如说汉语中的声母韵母,他并没有这个概念,但是往往当他的词汇达到一定量的时候,他才会意识到这些词发音很相似,原来他们押韵,原来他们押头韵,开头相似或者是结尾相似。词汇量可以促进孩子对语言的音韵的特点渐渐形成一种概念。另外练习词汇也是形成语法的概念的一个途径,小孩开始学说话,都是说一个一个的词,当他建立了一定的词汇量之后,我们通常说在学会五十个词之后,孩子才会开始把两个词合在一起,比如说喝牛奶,或者说是吃苹果。那么,当孩子把词组在一起的时候,才会有语法的诞生,也就是说,"我咬"和"咬我",这两个是一模一样的词,但是由于顺序不一样就会造成很大的语义上的区别,词汇也是促进语法发展的一个原动力。另外可能很多老师和同学对于阅读比较感兴趣,那么我们知道阅读理解是很依赖词汇的,要是你的词汇量很小的话,会给阅读造成很大的困扰,词汇其实是语言发展非常重要的垫脚石。

那么我们为什么会关注测试的研发?其实我刚才也提到过了,一方面是苦于没有这种测量的工具,这就给语言治疗师或者老师造成很大的困难。另一方面就是说相对于英语而言,中文的词汇测评还处于很初始的阶段。另外对于我个人来说,因为我是在美国工作,我面对的儿童往往都是双语的儿童,大家知道在美国小孩必须说好英语,华人的家长也希望孩子能够同时说好汉语,能够传承中国的文化。其实,大家可能不是很了解,在美国学汉语对孩子来说是非常吃力的一件事情。有些小孩上了幼儿园,可能过了半年,就会变得很抵触汉语,愿意说,不愿意学,周末不愿意去语言学校学语言。家长也为此感到很着急,这个群体也是我的研究对象之一。我自己的另外一个目的就是也希望能有一种工具,不仅能用于说中文的儿童,而且也能够用于在海外的这些华人家庭儿童的语言测量。

可能大家觉得我刚刚说的这个词汇是很容易测量的,因为就是一个一个的词,让小孩一个一个说出来或者背出来,写下来。如果能写下来,那就说明他知道这个词,当然了,答不出来,就说明他不知道这个词。其实词汇也没有我们想象的那么简单,要学单词还包括很多不同的层次和方面,比如说看到这个词,你知道它的意思,但是要是让你组织成句子,就有可能说不出来,这是词汇理解和词汇表达的一个差异,可能大家一般都是理解能力比表达能力强。还有,学单词不光是学这个词的意思,还要学这个词的音和这个词的写法、语音、语义,这些都是属于词汇学习的不同层面。另外,你学习这个词,还得学习这个词跟其他词之间的关系,比如说你一口气学了十个词,荔枝、桂圆、石榴等等,你可能需要建立它们之间的联系,不但要知道它们在哪些方面相似,还要知道它们之间有哪些区别。这样才有利于你在用这些词的时候,能够及时明白哪一个是你想要使用的词。儿童使用词语的基本发展趋势是随着年龄的增长而变得更加具体。小孩在开始只知道水果这一个词,渐渐就会区分苹果、香蕉、梨和荔枝等。那么,关于苹果,他也可能分出富士苹果和其他不同种类的苹果。随着年龄的增长,这个层次会越来越丰富和分明。

词汇也是组织语义的重要方面,我们刚才提到词和词之间的关系,孩子在学习的过程中,他开始并不知道这种分类,分类其实是后来大人教的,比如告诉他水果是一类,动物是一类,交通工具是一类,还有孩子一开始是没有家具这个概念的。他可能会知道狗和骨头放在一起,因为狗喜欢啃骨头,他并不会自动地把狗和猫、马归为一类,认为都是动物,这些都是后来发展的。这些在术语里面叫作"taxonomic relations",意思就是"一些类别的关系"。另外还有一个术语叫作"组合句"和"转换",即"syntagmatic—paradigmatic shift",这个也是孩子在语言发展中的一个里程碑，或者说是一个过程。比如说你问一个四岁的小孩，你说一个词他能想到什么词，假如你说"猫"，他就有可能说"喵"。这可能是他能够想到的第一个词，因为猫是"喵喵"叫的。但是如果你问一个九岁的孩子，你说"猫"，那他可能马上反应过来的就是"狗"，这个就可能是"syntagmatic—paradigmatic shift"，这个 syntagmatic 指的是词和词之间的关系，像猫"喵喵"叫，狗"汪汪"叫，这种就是一种横向关系，猫和狗之间就属于一种类别关系，那我们就把这归于一种纵向的关系。或者说更大一点的孩子就可能会说哺乳动物，这是比猫更上一级的词汇。随着年龄的增长，儿童语义的体系会变得更加的丰富。

再简单向大家介绍一下英语当中有哪些测试词汇的方式，这只是举一个例子，并不是说只有列举出来的这三个。比如说有一个叫作"Peabody Picture Vocabulary Test"，可能在座的有些人曾经听到过，或者用到过，另外还有"Receptive and Expressive One-Word Picture Vocabulary"，大家可以看到这些不同的测试都是经过了许多次更新，已经到第四版了。它们涵盖的年龄段也是非常广的，比如说这个"Key Body"，它可以测两岁半到九十岁之间的人，就是说这些年龄段你都可以在很短的时间内，十五分钟或者二十分钟，给他们做一个常模测试，然后你就可以知道这个人是属于中等，这个人是属于非常大或者是正常的，用起来非常的方便。这些测试的优点，一个是时间比较短，还有一个是涵盖的年龄范围比较广。

你可能会说，那我们就直接把这些英文测试翻译过来不就好了？可能大家会觉得这是一个很简洁的解决方案，但是这个解决方案其实是不可行的，因为中文和英文的差异是非常大的。有哪些差异呢？首先，一般在设计测试的时候，要考虑这个词的出现频率，会挑一些出现频率中等、较高或者极低频率的词，这些都要包括，这样你的测试题才会有代表性。我们知道一个词，比如说"汉堡包"，现在在中文里面出现得也是蛮多的，大家自己也能够想到一些例子，类似在中文里面很常见，但是在英文里面用不到，反之有一些在英文里面很常见，在中文名里面大家都很少听到。另外在设计测试的时候还要考虑这个词在音韵方面的一些特点，比如说"猫Cat"这个词，它在英语里面就有很多的邻居，有很多词都包含了"k""a"还有"t"这三个音的，它属于邻里密度比较高的词。这样的词也会方便孩子的习得，一般来说，密度较高的词语可能会习得的快一点。因为这个音很常见，学习起来就会比较容易。那这个指标也是不能直接翻译成中文的，因为我们知道中文词汇和英文词汇之间的区别非常大，中文词汇的音的构造都是非常简单的，基本是一个元音一个辅音，一个元音一个辅音。那么词长也有很大的区别，英文里面没有单音节、双音节、三音节甚至四音节的词，那我们中文里面的词都比较短。另外就是功能不一样，文化承载也不一样，比如说像毛笔这个词，在中文里面是非常常见的，英文里面可能很多人都不认识，甚至不知道这是什么东西，还有比如说蒜等一些类似的东西。另外还有一个造成大家不能直接使用英文测试的很大的障碍，那就是取样。我们知道测试包括一个量表、一个常模，那么取常模是有许多讲究的，不能说把这个常模对照着翻译过来就可以根据这个常模来打分了。在取常模的过程中，你要考虑到构成人口的人口特征，这个常模是要能够代表全国人民的，比如说性别、年龄的各个阶段。这个也造成了不能直接使用翻译过来的测试。

测量词汇最常见的方法一个是图片识别，另一个是图片的命名。这两种测试方法使用起来比较简洁，你可以很快得到一个分数，另外还可以提供一些辅助的信息，特别是对于做语言的人来说，这些辅助信息会在给孩子做辅助治疗的时候，提供一些干预信息。比如你可以知道这些孩子经常犯一些什么样的错误，比如说他老是答不对，那是发音的问题呢，还是对于语义的区分不清楚？比如说他经常把几个动物分不清楚，或者说几个水果之间分不清楚，这样就会让你知道，到时候如果做干预治疗的话，该从哪里入手。这是一个图片识别题，图片识别一般来说是会给孩子同时看四张图，然后你说出一个名字，让孩子挑出那个答案来。在这一道题里面，目标词是铅笔，另外有三个干扰项：一个是语义干扰项毛笔，因为它也是一种笔，语音干扰项是墙壁，就是和铅笔在发音方面有些相似，还有一个是无关词，就是在语音、语义方面都没有相似之处。通过这个就可以看出来，如果这个孩子答不出来的话，他会选哪一个干扰项。图片命名就更简单了，孩子一次看一张图，让他说这个东西的名字。那图片命名中儿童经常犯的错误有哪些呢？我们可以大概把它归类为以下五种：一个是使用这个词语的上级词，比如说这个目标是一个婴儿床，如果这个孩子回答床，那也就是说他的这个回答不够具体。又或者说你给孩子看一个窗户，但是孩子回答的是门，那窗户和门是属于同一等级的词，它们在语义上是相关的，它们都是房屋的一个部件，或者说是一个出入口。使用目标词的下级词，比如说这个目标词是火车，他回答的是高铁，就是说他回答的比你要的那个答案要具体，有时候这个图不见得是高铁，可是他说是高铁，可能他对高铁比较熟悉。使用跟目标词相关的词，比如说这个词是旋转木马，那这个孩子可能会说马戏团，因为孩子可能会在马戏团里看过旋转木马，比如说他可能会说在时间或者空间或者功能上比较相似的一些词。另外就是孩子做一些描述性的表述，比如目标词是消防队员，孩子想不出来消防队员这个词，他可能就说洒水的人，就是一些描述性的表达。除了这些语义方面的错误，可能还有其他方面的错误，比如说他回答一个发音相似的词，像是"窗户"，他发成"tuang 户"，那就是说这个"窗"他发不出来，这属于发音错误。回答相邻词时，他有可能会捏造一个词，比如说消防员，他有可能说成"洒水员"，就是造一个其他的词出来。有的时候错误理解图片，可能说这个图片本身有一些问题，比如说图片是领带，那自然而然会有脖子出现，那很多孩子可能就偏不说领带，他就说脖子，或者说是图片理解错误，或者说我不知道，这些都是很常见的错误。

先做一个阶段小结。这个研究的目标是想测量孩子的词汇表达和词汇理解能力，一个是说孩子表达的消极词汇或者说是积极词汇，直接翻译现有的英语的测量工具并不可行，那么我们的目标是先从学前这个年龄阶段开始，从托班到小班一直到大班，看看我们这个测量能不能敏感地测量出这些孩子的词汇量的变化。测试的方法是，我们选择了 120 个孩子作为我们的受试，年龄是从 33 个月到 88 个月，也就是两岁半到 7 岁。包括托班、小班、中班、大班这四个年级，每个年级各有 15 名男孩和 15 名女孩。大家看这个表格里孩子的平均年龄用的是月，分别是托班 40 个月，小班 53.8 个月，中班 65.7 个月，大班 77.3 个月,大家可以看到不同的年级在年龄上是有显著差异的,那么这个测试到底是怎么选取材料的呢？其实这个设计用的是我在美国给中英双语幼儿使用的试题,我们就想看看双语儿童是不是相对于只说普通话的单语儿童的词汇量会少一些。

后来我们的目标又发生了一些改变,更偏向于测试中文儿童不同年龄段的区别,我们就用了开始我们为双语儿童设计的测试题。我们在选取题目、设计词语的时候看了很多的文献,并不是自己琢磨或凭空编造的。我们参考了一个叫作"Methodology-instrument"的量表,这是在英语里面发展得比较广的一个量表,让家长来给孩子的词汇量做一个估计,就是给家长看 160 个词,让孩子说,看孩子能不能说这个词。另外这个英文缩写叫作"MCDI",在中文里有两种不同的研究人员,对它们作了修改,制成了相类似的中文版。那我们参考了英文版和中文版。我们的标准都还挺简单的,因为我们都是通过图片做测试,不太可能去用一些抽象词,比如说"生命""希望",这些词都不太好测,用的都是些生物方面的词,都是关于实物的。另外就是选择一些在文化方面比较适合普通话儿童的东西为背景。像在美国、墨西哥,小朋友经常玩的一个玩具,就是在树上可以挂起来的一个纸,美国小朋友过生日的时候,就会把那个纸挂在树上,然后拿竿子不停地击打,最后那个纸破了,就会掉下糖果来。那个玩具我想在我们的文化里可能没有人认识,但在美国,所有的小孩都知道那个是什么,所以我们在选择测试题的时候也考虑过这些东西,比如会选择米饭、面条、馒头和包子这些东西。我们开始用的图片也是一个标准化的图片库,叫作"IPNP"(Black-and-white line drawing using the international Picture Naming Project corpus)。这个图片库里面有上千幅图片,但它有一个不足之处就是图片全部都是黑白线条化,它不是照片。然后我们就在里面找到了对应目标的图片,有些搜不到的,我们就在网上找。在设置图片识别任务时,我们用了 65 个图片测试题,那么大家也看到了,这张图片里一共是四幅图,一个是答案,另外三个是干扰项,我们会把答案所在的位置在这里面做一些调整,让它在这四个象限里面出现的次数相等,这样就不会造成一个孩子他喜欢某一个象限就总是指某一个象限。因为我们知道这就是选择题,就算你蒙的话也能蒙对的,我们为了尽量减少出现这种蒙对的现象,就得让选项在四个象限里平均分布。图片命名也就是给孩子一张图片,让他说出图片上的东西的名字。实验的过程其实非常简单,让孩子在图片识别时,说"看这儿",给孩子指一下,然后画一个圈,让孩子都看到,然后把四幅画都指到,问孩子"哪个是"。比如说一个是铅笔,那么我们提供了三个训练题,另外在正式训练之前,要给孩子一个适应的过程。在训练的过程中,如果孩子答错了的话,我们会给孩子出示正确的答案,并且给出一些反馈的信息。那么在正式的测试中,就不会给予反馈信息。图片命名就是问孩子这个叫什么,也有五个测前训练的题目。大家还记得我们提到过有四个年龄段吧?比如说是托班的,有1‰的正确率。可以看到随着年龄增长,正确率是增加的,然后我们的分析也表明,每两个年龄段在正确率方面都有提高。

那么在右边显示的是图片识别的信息,下面就是平均的正确率,我们看到起点都蛮高的。年龄最小的孩子,他们的平均正确率都有2‰,最大的这一组有9‰的正确率。统计分析表明,托班和小班有明显的差异,小班和中班也有显著差异,但是中班和大班就没有显著差异。这就说明了这个任务偏容易了一点。下面这张PPT展示的就是把刚刚的数据图做成柱状图的形式,再来重新来看一下,绿色的就表示图片的命名,红色的是识别、理解词汇。大家可以看到这个识别的正确率高于命名的正确率,这也是一种比较常见的现象,因为一般来说,大家的理解能力都会高于表达能力。

下面这一块,给大家看的是错误的类型。刚刚大家不是看到这个图片识别有三种干扰项么?一个是语音干扰,一个是语义干扰,还有一个是无关干扰。那在图片上可以看到这些错误的分布,这样看过去就是四个不同的年龄段,首先要说一下的是,随着年龄的增长,错误是在不断减少的,那现在看到的增加只是说明语义的错误在所有的错误中属于升高的趋势,也就是说这个分母是所有错误的数量,看到比较明显的就是绿色的和红色的一直都是比较低的,就是选择这个不相关的选项的是很罕见的。那还有"DK"表示孩子什么都不知道,他不知道这个词。这两种情况比较少见。这个黄色是语音干扰项,语音干扰项还是有一点降低。黑色的表示随着年龄的增高，选择语义干扰的孩子越来越多，也就是说在他不知道这个词的情况之下，他有一点点的理解，所以他选择了语义上相似的东西。比如说美洲豹，他不知道是哪一个，他选了一个狮子，这种就是类型的错误。关于图片命名的错误，我们分了四大类，这个蓝色的 SEM 也是语义方面的错误，比如说窗户，他说成门了，这是语义上的错误。这个 PHO 也就是一直在底下的这个黑色的线，它属于语音错误，比如说把窗户说成是"tuang 户"。孩子可能知道这个东西是什么，但是在发音上面出了一些错误。紫色的是回答不知道的，就是孩子说他不知道。红色的属于其他各种类型，比如说领带，他说成脖子，也就是他没有直面地回答这个问题，这块的趋势是回答不知道的越来越少，回答语义上相关的是上升的趋势。其他的两种变化不大，那再看更具体一点的错误。刚刚我们提到的这五个子类型，回答上级词汇、同级词汇、下级词汇或者相关词汇，就是描述性的。那我们看看这几种的分布是什么样子的，有三条线都是很少，大概都是不超过 5% 的，这三种分别是回答下级词汇，回答相关词汇，比如说旋转木马，他说成马戏团。另外这个绿色的属于描述性，就是消防员她说成洒水员，这三种都是比较少见。那常见的语义错误一个是回答同级词汇，一个是回答下级词汇。然后我们会发现，随着年龄增长，回答同级词汇的正确率还有一些上升，回答上级词汇的有些下降。

  刚刚是一些描述性的分析，因为我们的另外一个目标是想看看这个测试究竟能不能敏感地测出不同年龄阶段孩子的差异，采用的方法是通过看这个测试的 P 值，P 值就是给出的正确答案的比率。比如说，有 120 个孩子，其中有 72 个孩子答对了，那 P 值就是 60%，也就是 0.6。大家也可以想象，如果 P 值是 1，意味着所有人都答对了；P 值是 0，则所有人都答错了。那么在设计测试的时候，这两个是你想避免的情况，对吧？因为这样你就不可能分辨出不同的能力了。比较理想的 P 值是 0.5，就是说一半的人答对，一半的人答错，这也就是我们做测试修改的一个标准，P 值为 0 和 1 的题都是要删掉的，P 值在 0.5 左右的都是要保留的题。现在我们看到的是修改前后的 P 值的变化情况，实心的线是原来的 P 值，就是所有的题都算在里头，这个虚线呢，就是我们做修改后的 P 值，虚线可能都低一点,也就是说最初我们的 P 值都有点偏高,我们想把它降下来,把题目变难一点。蓝线是图片识别的,绿线是图片命名的,我们也可以看到,这两个也是在前后有些差异。这是因为我们删除了 21 道 P 值不理想的题,还有 15 道命名的题,大概每一个任务都剩下 40 多道题。这是两道必须删除的题的例子,左边的目标词是蘑菇,这道题不知道什么原因,P 值是 1,就是不知道什么原因,就是所有的孩子都答对了。那么右边的这个口水兜,可能是由于这个图片不是很清晰,孩子们的答案很多都是莫名其妙的,有的说是马桶,有的说是滑板,这道题的 P 值是低于 0.1 的,各个年龄段都低于 0.1,所以已经删掉了。

下面来做一个小总结。总体来说,这个图片命名测试,能够把这四个年龄段的孩子的区别测试出来,随着年龄增长,在统计上是有显著差异的。图片识别能够区别前三个年龄段,到第三跟第四之间,就有点区别不出来了。对儿童回答的错误分析显示,一般来说,年龄较大的孩子在选择语义干扰项,或者是在命名的时候犯语义错误的比率在增长,这也说明了,孩子在答不出来的时候,他对于这个还是会有一定的概念的,会说一些相关的词。另外,在做测试研发的时候要做到很具体,要算很多的系数,其中有一个系数,叫作克隆巴赫系数,是看你这个测试题的内部一致性,也就是看你这个题和题是不是测量同样的东西,高于 0.8 的属于比较好的,那目前来说这两个任务的克隆巴赫系数还是比较好的。这个我们刚才也讲了,在犯错误的时候,通常会用上级词汇和同级词汇来代替。那么下一步的工作就是如何对这个测试进行改进,一方面我们想要增加难度,特别是图片识别题,我们可以看到最小的那一组也有 70% 的识别率,确实是要增加难度,另外,我们还需要测试一组新的儿童,就是如果我们换了一些题的话,还要看看这些题是不是合适,要替换那些 P 值较低或者带有偏向性的测试题目。偏向性是指,如果这道题男孩答题的正确率普遍比女孩高,那就说明这个题在性别上存在偏向性,这种也是我们需要避免的。我们也都知道,男孩和女孩的兴趣和爱好不太一样,所以要避免这种使一个群体出现较低得分的情况。另外,还需要做的就是跟一些已经出版的词汇测试题进行交叉验证,要证明这些新的测试的可行性,要找到一些已经出版了的、大家接受的测试,看看这两个测试之间的相关性有多大。目前我们发现台湾的心理出版社已经出版了一套词汇测试,我们购买了这套测试题,把我们的测试任务和它们的任务都给孩子做一下,看看相关性有多大。还有一点已经改进了的,就是我们把黑白线条图片换成了黑白照片,像刚才的那个例子,大家也可以看到,那个围兜,如果是黑白图片可能会不太清楚。现在所有的都已经找到了彩色的图片,我们是用iPad来做测试的。今天吃饭的时候,还有很多老师在讲iPad的种种害处,但是我们做测试的经验表明,iPad可以让测试变得容易很多,以前我们用的打印的那种纸,让孩子们翻书,很多小孩就是做一会儿可能就做不下去了,换了iPad之后,孩子的注意力增强了。以上是我介绍的第一个研究课题。

接下来的这个研究——双语对中国自闭症儿童社交技能的影响,其实是我的学生做的,我在这里只是代她来做一个报告。那么先讲一下汉语语言和方言的争议。通常我们都认为中国基本上是说普通话,其他的都是方言,这因为我们的书面语其实只有一种,而口头语有很多种,互不相通,而且不同的口头语发音区别很大。词汇语法方面,像粤语里面有很多句子其实跟普通话也是不太一样的。那么,到底是方言还是语言,大部分的人认为这些语种和方言是互相不通的,这个就足以成为我们认为它们是不同的语言的论据。那么她的这项研究中包括六种不同的方言:普通话、广东话、客家话、闽南语、湖南话,还有一个我不太记得了,但是一共有六种不同的语言,研究中受试的孩子说着六种不同的语言。

我们先来看看为什么要关注双语。双语到底是对孩子有利,还是对孩子不利?我知道在座的各位心里会有一些想法或者结论。跟大家介绍一下,在早期的双语研究中,其实也就是西方的一些研究,其中美国的研究是认为双语对孩子的发展是有负面影响的,基本上都是20世纪三四十年代做的一些研究,甚至是更早。在那个年代,取样通常是找那些新来的移民,比如说有一些福建的移民或者是南欧、东欧的移民,到了美国刚一下船就会被找去做一些测试题,测试一下智商,他们听不懂英语,得分就会比较低。这些移民的孩子往往在测试智商或英语语言能力方面也处于劣势。是因为这些人笨吗?不是。但是学语言需要些什么东西？是环境。这些移民的孩子多数待在家里，可是他们的父母亲并不会说英语，那么他们在自己家里使用的就是自己的母语。在测英语的词汇量方面，他的得分自然比那些单语的儿童要低，他们的英语阅读水平，一开始也往往会低于那些只使用英语的小孩。智商也是受家庭经济地位的影响的，很多家庭在经济上是处于劣势的，可能父母亲没有时间也没有经济能力去培养孩子在这些智能方面的发展，所以说这些孩子的得分就会低。有人一开始就认为这都是双语造成的，那解决的办法就是都不要学母语，百分之百的时间都拿来学英语。所以一开始，这些政策制造者的理论就是要让孩子避免使用母语、听到母语，把百分之百的时间都花在英语上，这样才是解决问题的办法。

后续的研究发现，这些结果在科学界引起很大的反响，很多人都认为这个实验设计是非常有问题的，这两个样本就是单语和双语的样本，他们在经济地位、受教育水平这些方面都是完全不对等的。我们知道，这些因素会严重地影响研究的结果。但是很多制定政策的人，他们会出于其他的一些原因，而否定这种说法。那么后期的研究大概从 1960 年开始，加拿大的一些研究者就开始研究一些"静默式"双语教学对孩子的智力以及语言发展有什么影响。在加拿大说得最多的是英语和法语。特别是在加拿大东部的魁北克省，很多家庭都是说法语的，那么他们的孩子送到双语学校，基本上是一半一半，就是英语和法语分开来学。加拿大的研究人员发现，这些英语和法语同时学的孩子，到了五年级以后，就跟单语的儿童没有什么差别了。在一年级的时候，他们的英语和法语的词汇量都会低于单语的儿童，就是说他们的英语词汇量比只说英语的小孩要差一点，他们的法语词汇量也比只说法语的孩子要差一点。但是到了五年级之后，区别就很小了，看不太出来了。

另外，这些孩子在其他的一些指标上超过了单语的孩子，比如说发散性思维，看事物能够多角度分析的这种能力上面，他们具备一定的优越性。那这些是属于实验设计比较科学的研究，这种研究的取样，就会找一些家庭经济地位、受教育水平比较相当的单语和双语家庭的孩子。研究结果表明，在其他条件等同的情况下，单语和双语的儿童是没有差异的，如果有差异，通常是双语的儿童优于单语的儿童。在社交沟通领域,双语的孩子也会表现出一定的优越性,那双语为什么会有一定的优越性呢?不知道大家有没有想过,为什么在社交沟通的时候,双语会让孩子表现得比较好?一个是因为双语的孩子在很小的年龄就要做出一个判断:跟我说话的人,他到底在说英语还是法语?他从很小的年龄就意识到,别人会说不同的语言,别人可能会有不同的想法,看事物有不同的角度、不同的态度,这是在社交沟通的时候一个非常关键的因素。如果能在语言上换位思考的话,也可以推广到认知方面。近期的一些研究中,关于双语和自闭症的这个研究还是非常非常少的,到目前为止我们只发现了三篇已经发表了的论文。有一篇是在2001年,大部分都是加拿大的研究者发表的。加拿大在双语研究上是属于比较前沿的,因为他们也是非常多元的一个国家。在美国反而会比较落后一点,因为在美国,双语是以西班牙语为主,西班牙语占了很大的比例,一般一说研究双语,大家立刻就扑向西班牙语,像中文、阿拉伯语或者印度的语言被关注得很少。

　　加拿大的情况就不太一样。加拿大并没有明显的第二语言,不像在美国,西班牙语是明显的第二语言,加拿大的每个语言都差不多,中文是属于用得比较多的。所以说他们在双语研究方面特别是跟汉语的双语研究是走在比较前面的。那这两个研究者在2011年的研究中,就检验了这个假设。这个假设是说,比起单语的自闭症儿童,双语的自闭症儿童的社交障碍,可能会额外地导致语言迟缓。自闭症有哪些方面的障碍呢?社交、沟通、行为,还有思维,语言其实是在沟通中起很大的作用的。他们就是想看看,自闭症儿童既然有社交障碍,是否他们的语言相对于单语的儿童也自然会有一些迟缓。他们的研究结果显示,单语和双语的儿童在语言发展方面没有什么差异。

　　另外他们还发现,孩子说双语的起步时间对孩子的语言能力也没有明显的影响,也就是说,不管你是一生下来就学习两种语言,还是生下来学一种,到两三岁之后再加一种,区别并不太大。这说明他们的这个假设并没有得到支持。这两个人(Petersson and Marinov-todd)的后续研究也是支持了开始的 Hambly 和 Fombonne 的研究,就是比起单语的同龄儿童,双语好像并不会抑制自闭症儿童的语言习得。这些研究都是在加拿大进行的，我们并不知道这些结果是不是也适合中国的儿童。我这个学生的研究思路是想解决一些实际的问题，也就是专家和家长通常会认为，为了减轻自闭症儿童的负担，应该少让他们学一点语言，只学好普通话就足够了，就足以在中国社会立足了，就没有必要再去学习其他的方言。但是这样的建议从语用学的角度来说是有弊端的，它有可能加重自闭症的行为。因为如果让孩子突然放弃一种语言，这个孩子可能会非常的迷茫，他可能就会觉得：为什么爷爷奶奶突然不跟我说话了？（爷爷奶奶只会说方言的话）而且要是家里的其他人都只用广东话交流，如果孩子听不懂广东话，就减少了他跟人打交道、跟人交流的机会。

我们就是基于 Hambly 和 Fombonne 的结果——单语双语没有区别，想看看这个假设在中国孩子身上是不是成立。另外，基于对于正常儿童的研究，在正常的双语儿童中还经常出现一些优越的地方。那我们想看看没准双语对自闭症儿童还会有保护的功能，会不会他们的社交能力相对于单语的自闭症的儿童还能稍微好一点？在做自闭症的研究过程中，选择被试其实也是很复杂的，因为每个被试的状况都是不同的，所以要定很多的标准。首先，我们要确认这个孩子有自闭症，这些孩子都是在中山大学附属医院得到的诊断。美国精神病学协会制定了一个手册，就是把各种精神和心里的疾病都制定了标准，根据这个手册做出的评估确认该儿童符合这个标准。除了依赖 DSN 第四版的这些标准之外，我们还使用了一个叫作 Social Communication Questionnaire（SCQ）的工具，这个工具也是一个问卷式的工具，是父母亲根据那些题目来选择，然后得出一个分数，分数越高，自闭症就越严重，高于 15 分就是达到了自闭症的临界值，平均得分是 19 分。另外我们在年龄的选择上是要大于 45 个月，因为我们使用的好几个测量工具的最低年龄就是 4.5 周岁。为了方便和研究人员沟通，我们要求父母或者监护人中的一个一定要会说广东话或者普通话，并具备阅读能力。因为我们要关注单语双语，就要收集这个孩子的语言使用方面的信息。那我们用了这个语言环境采访的工具，这个工具也是以前的研究者开发出来的。通过对这个孩子的父母亲或者是主要的监护人做一对一的问答，比如说这个孩子从出生到三个月是跟谁在一起,这个人说什么话,然后我们根据这个看护人的身份来打分,一般来说妈妈的权重要高一点,保姆的使用语言占的重要性会低一点。然后根据这个打分系统,我们来算这个孩子从出生到六十岁之间语言使用情况的百分比,假如说他只接触一种语言,也就说99%的时间都是在说广东话,只有1%的时间接触普通话,那这个孩子使用的是单语,如果说有一种语言的终生使用量超过20%,就算是双语的孩子。有一些孩子如果符合其中的某一条标准,我们就不能把他包括进来了:一个是如果孩子不说话,我们知道自闭症其实是一个广谱的疾病,有的孩子是高功能,有的孩子是低功能,其实总体来说是不会说话的,那我们关注的都是高功能的群体,也就是说他们都必须具备语言能力。如果说这个孩子还具有其他的疾病,比如说智障或者是脑瘫的话,我们也没有包括进来,为了保证我们的样本有同质性,听力障碍的儿童也没有包括进来,也就说这些孩子没有其他的疾病或者是障碍,他主要的障碍就是自闭症。

另外一点就是自闭症在男性中的发病率要高于在女性中的发病率,所以我们没有控制入选儿童的性别。研究中参与者的总体特征,平均年龄大概是5岁,我们一共测了102个孩子,但是最后进行统计的是79个。其中42个是双语,37个是单语。单语和双语的孩子这两组在年龄、家庭生活经济现状和自闭症的严重程度上都是相当的,没有显著差异。在用数字呈现出来的参与者特征的图示中,第一项是孩子的平均年龄;第二项是孩子确诊的年龄,确诊的年龄是差不多的,都是44到45个月;第三项是孩子说出第一个词的年龄,我们可以看到孩子是第22个月说出第一个词,正常的孩子一般是11到13个月的时候说出第一个词,这里可以看出,他们相比较于正常的孩子来说,是有显著的落后的。接下来是关于父母亲的情况,比如说受教育状况和职业,也是有一个打分系统的,我们会根据他们的受教育年限和职业来打分。那我们看在妈妈的社会经济地位这项上,这两组都没有很大的差别。后面是一个社会沟通的问卷,刚才我们提到的这个高于15分就是达到临界值这项,可以看出这两组,一组是20分,一组是18分,那这个也是没有显著差异的,也就是说他们在自闭症的严重程度上也是差不多的。

下面给大家介绍几个我们用的测量工具,更具体地来看看儿童的语言和社交的能力。第一个是《发展和语言背景问卷》,这个是想看看孩子的语言使用的历史和现状,可以看到他现在的语言发展程度和早期语言发育的进程,比如说什么时候说第一个词,什么时候说第一个句子,孩子跟谁使用语言,使用什么语言,以及亲属的信息。第二个工具也是和孩子的语言环境有关的,叫作《语言环境采访》,调查人会和这个孩子的看护人进行一对一的对话,来看看孩子从出生到现在的语言环境的变化,比如说孩子在两岁的时候从东北搬到了福建,这就是一个很大的语言环境的变化。从接下来的这个工具开始就和自闭症有关了,这叫《社会反应量表》。这个问卷一共有 65 道题,是由父母和老师来完成的,它就是一句一句话,老师和家长可以根据情况给孩子打分,他可以选择 0 到 3 分,0 分就是表示"从不正确",3 分就是"基本总是正确"。如果分数高于 75 分就是达到自闭症的临界值了,分数越高就表示交流和沟通能力越差。下面这个测量工具是《社交沟通检测表》,这个就是刚才我们提到过的,有 40 道题,经常用于自闭症的筛查,高于 15 分就是有自闭症的。如果你怀疑孩子有自闭症但还不能确定的时候,就先用这个做一个筛查,如果在这个量表上达到了临界值的话,就可以做进一步的综合的评估。最后一个工具是叫作《儿童沟通检测表》,这个比较复杂一点,它有 70 道题,也是由家长来选择不同的答案,针对 4 岁以上的儿童。它包含 A/B/C/D/E/F/G/H 8 个不同的部分。你要将这 8 个不同的部分进行组合,比如说 E/F/G/H 是关于语用的沟通,I 和 G 是测试自闭症行为上的缺陷。总分就是把各个部分综合起来,低于 55 分就属于自闭症的范畴。这个跟前两个相反,是分数越高越好,分数越低自闭症就越严重。

我们的研究有 102 名受试者,我们先对他们的家庭语言环境做采访,用刚才提到的第一和第二个测量工具。在研究的过程中我们没有告诉参与研究的助理,我们的实验是什么,同时他们也不知道被试的孩子被划在哪一组,这样可以减少一些研究的偏向性。另外,20% 的问卷又重新找了助理来进行评分,确保原始的评分是比较可信的。

数据分析是非常简单的一个过程,我们有两组被试,基本上是用 T-test 来看这两组的差异,下面图片展示的是从测量工具 3 到 5 的一些指标和系数,那么从 3 到 5 都是关于自闭症的,要么是社交,要么是语用的一些不同的成分。我们可以看到黑色的表示没有显著差异,红色的表示这两组有显著差异,那么多数的指标是没有显著差异的,只有三个是有显著差异的。一个是《儿童沟通检测表》,它的单项叫作"scripted language",我将它翻译作脚本语言。我们知道,有一些会说话的自闭症孩子的语言特征就是鹦鹉学舌,重复你说的一句话,比如说你说"你吃饭了吗",他也说"你吃饭了吗"。另外一个是他有可能爱模仿他喜欢的一部动画片中的人物的说话,用同样的语音语调,或者是能够把一句话完整背下来。这一项测量工具表示,分数越高的孩子沟通能力越强。在这一项的得分上,双语组高于单语组,也就是说,双语的孩子的语言能力要比单语的孩子的语言能力强一点。下面是一个社交反应的量表,分数越高,孩子的能力越差。我们看到这里面双语的孩子的分数要比单语的孩子的分数低,说明双语的孩子在社交反应上面要强一点。最后是这个量表的一个子成分,因为这个量表包括了五个不同的成分,在社交沟通方面,我们又一次看到双语组的得分比单语组的要高一些。各项测试中,没有一项是双语低于单语的,比起单语的儿童,双语自闭症儿童在 SRS 总分、SRS 社交沟通部分以及 CCC-2 脚本语言部分这几个方面都显示出比单语组更强的社交沟通能力。

  下面这幅图是量表山的例子。比如说第一个脚本语言,如果这个孩子经常说一些他自己不理解的话,比如说他听到大人说"他的名声不错",他也就跟着说重复说"他的名声不错",他并不懂这句话的意思,这也是鹦鹉学舌的表现。第二个红色部分的意思是,这个孩子的说话用语过于精准,还有就是他在说话的时候模仿电视里面的人物的语音语调。这个可以理解为这个孩子给了你过多的信息,比如说你问他:"你什么时候去度假了?"他可能会说"2005 年 7 月 13 日",而不是说这个夏天,就是说在交流的时候他不需要给出过多的信息,只用给出大概的就可以了。关于自闭症的孩子,我们都知道他们非常强调准确性、精准性,这也反映在他们的说话中。再来看看右边有哪些例题,比如说第一项是能够跟人表达感情,跟人没有目光接触或者说是不正常的目光接触,红色部分的意思是这个孩子说话的时候在语音、韵律、节奏方面很奇怪,像个机器人,或者说像是在讲课似的。这些例题都是由我们的研究助理翻译过来的,因为原本是英文,我们找了翻译助理将它们翻译过来,然后再把中文的翻译回英文。

总结一下,我们发现比起单语同龄自闭症儿童,双语的自闭症儿童没有经历语言发展的迟缓,而且他们在社交沟通上可能有一定的优势。相对于前面三个研究,被试的这些孩子更同质,或者是说更相似。比如说在语言方面,它不像以前的那些测试,比如说阿拉伯语、意大利语、法语还有各个不同的语言的国家和文化,我们这里文化基本上还比较相似。但我们的缺陷就是依靠家长给出的信息,我们没有直接测试这个孩子的语言和社交能力,都是看家长的给分。另外我们用的语言也是具有一些描述性的,比如说测量语言可以通过直接跟孩子对话,或者直接跟孩子讲故事,来看孩子的词语长度、不同词的个数这些指标。临床方面的意义就是,不建议孩子放弃一门语言。这是目前基于这四个研究,针对中国孩子的研究结果,可能还需要重复验证,才能确信这个实验的效果。这是第二部分。

下面我稍微简短地介绍一下第三部分。这个是研究词汇深度的,是针对有点语言障碍的儿童。语言障碍简称"SLI",叫作单纯性语言障碍,或者特定性语言障碍。那这个特定性语言障碍到底是怎么回事呢?这样的孩子在中国诊断率不高,通常会这样来描述孩子:口头表达能力不好。这是一个很难发现的群体,要诊断的话,通常就是看这个孩子他不能达到什么标准,而不是说这个孩子一定要表现出某种情况才可以确诊。他就是在语言方面发育迟缓,这就是属于单纯性语言障碍或者特定性语言障碍。首先,他必须没有听力、视觉或者是脑损伤这些障碍,它的发病率(就是说有大概有多少个孩子属于这种语言障碍)在美国的数据显示是7%,这个发病率是相当高的,也就是说在群体当中,可能有7%的孩子都属于语言发育比较迟缓的。

那它到底有哪些表征呢?它的表征其实是非常多样化的,并不是说一定要出现这样或者那样的情况,有可能出现其中的一两种,并不是所有的。最开始的表现是这个小孩说话晚。我们中国有句话是"沉默是金,雄辩是银",总认为不说话的孩子是聪明的孩子、懂事的孩子，不吵不闹。这个其实跟西方的文化是很不一样的，并不是说哪个好，哪个不好。有人还说爱因斯坦六岁才开口说话，这个可能是夸大其词了，总体来说孩子说话迟还是一件令人担忧的事情。有的孩子以后会赶上，有的孩子可能一辈子都会差一点。别的孩子可能一岁开始说话，他可能就是两岁开始说话，别的孩子可能一岁半开始说句子，这个孩子可能三岁才说句子。其他的表现可能就是他总是需要你不停地重复，他可能不太理解你说的话，词汇量比较少，特别是表达的时候，比如说他总是说"这个东西"或者是一些不太具体的词，也会犯一些语法错误，对于语音方面的记忆力不太好，就比如说让他重复一段话，对他来说非常困难。这些孩子虽然说叫作单纯性语言障碍，但是在认知领域或者其他领域也往往有点落后，比如说让他按按钮，看他的反应速度，如果这些孩子在这些简单的方面也会慢一点，就说明这个大脑可能某一方面还是有一点缺憾。这个如果说完全不管的话，到底有多大的害处呢？总体来说还是有很多不好的地方，这个也是西方的研究了，就说往往儿时有语言障碍的孩子，将来会遇到的学业以及就业的状况，人生的幸福度和满足感也会差一点，等等。

最后要说一下关于语言障碍的文化方面的差异。像东方文化往往觉得孩子不吭声但是善于观察是一种聪明的表现，其实单纯性语言障碍基本上是通过统计方法来诊断的。人的不同的能力都是有个体差异的，比如说跑步，总有跑得快的，跑得慢的。像学音乐，有的人有天赋，有的人没有，语言其实也是一样。但是由于语言对于社会生活的影响高于跑步或者音乐对于生活的影响，所以这也是为什么我们要重视孩子的语言发育迟缓问题。

接下来我的这些研究是关于有语言障碍的孩子的词汇深度的。我们刚才提到有两项测试——图片命名和图片识别，是来测试词汇广度的，因为这两项测试的特征就是你可以在很短的时间内测大量的单词。而测词汇的深度就不一样了，同一时间可能你只能测四分之一或者五分之一的词，因为想测深度的话，你的任务也会不同，比如说你让孩子下定义，解释一下"孔雀"，让他描述，他可能要花一分钟的时间。另外一个是词汇联想，词汇联想其实这个词挺简单的，去年有一部 007 的新电影，不知道大家有没有看，里面的 007 就是被测了词汇联想。词汇联想很早以前就开始使用了，最早是用来检测精神病的，它的用途其实挺广泛的。词汇联想基本上就是我说一个词，你告诉我你想到的第一个词。这里有一个例子，比如说我说"swim"你会想到什么？这个孩子想到的是"water"，还有的想到的是"pool"，我再说"swim"，他告诉我一个不同的词，他想到的是"dive"，我再说一遍，他想到的是"slim"，那这些是什么关系？前面两个回答的关系比较明显，第一个就是空间关系，第二是不同的水上运动，那最后一个"slim"和"swim"其实是押韵的关系，在语义上没有关系。当然你可以说"游泳让人变得苗条"，但是这有点牵强附会。我们在做这个测试时的另外一个发现就是，在第一次提问的时候，孩子的回答往往会很快，而且答案也比较好，但是第二次的回答就会慢一点，就会有点不着边际，到第三次的时候就会非常慢，答案经常是不知道。这也表明了这个任务测量到了它的深度，就是说随着时间的推移，就会挖掘更多的词汇，对于孩子来说其实是一件很难的事情，我们每一个词问三次，然后再接着下一个词。

刚才我们也谈到了几种典型的回答，语义上相关的，叫作纵向的或者是聚合式的，"Paradigmatic"，像"swim—dive"，如果说刺激词是"cold"，那孩子说"hot"，或者说刺激词是"dinner"，孩子说"breakfast"，这些都属于聚合式的。横向的联想就是游泳和游泳池，因为在英语里面这两个词同时出现的几率很高，寒冷和冬天也是一个横向的组合，晚餐和吃也是一个横向的组合。我们通常认为这个"Paradigmatic"是更高一级的词汇，因为通常孩子是通过学习才会体会这些词之间的关系，但是游泳池或者说"cold winter"这些更自然一点的是孩子会更早发现的一些关系。那这个"clangs/phonological"是属于更小一些的孩子的反应了，因为他们往往不会联想一些语义上的相关，他们只会联想哪一些词听上去比较像，然后可能会说"我不知道"，或者说重复你的词，或者是说一个完全不相关的，比如说你说一个"spoon"，他说"disney"这种完全不相关的，因为很多孩子习惯看到什么就说什么，他知道他必须说点什么。

以下图片展示的是关于任务的一些理论支持，这些语义的网络模型就认为我们的这些概念其实是储存在一个一个的网络里面，一般在语义上比较相关的词会在一起。我们看到这个蓝色的一组就都是跟交通有关，红色的一组是跟颜色相关，就是意义相近的词会聚集在一起。关于这种重复词汇联想，有一种解释是就好像有一滴水落下去了，激起一层涟漪，第一层传播出去碰到的是这个孩子的语义上最相关的，他第一个反应的词汇是近邻。随着时间的推移，他还会联想到不同的词，但那些词往往就是意思上相隔较远的，如果你再问他第四个、第五个或者是第六个，他可能就答不上来了，那这就叫作波纹效应。

下面来讲一下对于这几组小孩的不同发现。现在看到的最上面的这一组是有单纯性语言障碍的孩子，我找了两组正常儿童跟他进行比较，一组是年龄相当的孩子，一组是词汇量相当的孩子。为什么要找一组词汇量相当的呢？就是说我们想验证这个词汇量深度和广度不同的东西。这一组小孩的词汇量跟有单纯性语言障碍的孩子的词汇量是相当的，但是年龄要明显的小一些。那么我们想看一看这个有语言障碍的孩子，他们在语言广度平等的情况下，他们的词汇深度是不是也平等，还是说他们的词汇深度相对于词汇广度类似的儿童还要更差一点，就像看这个词汇深度和词汇广度是不是同等的延缓。下面的图片展示的就是结果了，我们把他们的联想分类，一个是语义联想，包括"Paradigmatic"和"syntagmatic"，中间的是语音联想，右边就是些完全不相干的答案，然后这三组不同的柱子，就是三组不同的孩子，白色的是有障碍的，灰色的是词汇相关，黑色的是年龄相关。结果表明，有语言障碍的这组孩子相对于比他们小的、词汇广度相当的孩子，在词汇深度方面还是要差一点点的，相对于其他两组来说他们回答的错误率也要更高一点。

我们的样本量并不大，因为有单纯性语言障碍的孩子其实很难找，他们的辨识率并不高。我们的被试是14个单纯性语言障碍的孩子，然后我们发现其中有8个在词汇联想上面低于那些测试的得分，也就是说他们明显落后，有6个并没有明显落后。这说明在有语言障碍的孩子中间，并不是个个孩子都有单纯性语言障碍，这就是一个发现。

美国联邦政府影响儿童发展和儿童之福利政策

林秀锦*

我们今天主要谈六个方面的内容:第一,联邦政府历史性相关法案和重要事件;第二,目前联邦政府出资兴办儿童受益项目;第三,目前联邦政府出资兴办早期保教项目,因为儿童受益的项目相较于早期保教项目范围更广,我们是学前专业所以再谈谈早期保教项目;第四,加州州政府历史性相关法案和重要事件,因为我来自加州,所以就以加州为例;第五,其他州政府历史性相关法案和重要事件;第六,地方政府举办早期保育与教育项目;第七,早期保育与教育经费来源及资金筹措,大家非常关心早期保育与教育的相关政策,其中非常重要的一项就是经费的来源,所以我们也聊聊资金的筹措。

一、联邦政府影响儿童发展和儿童福利政策之重要历史性法案和事件

(一) 1912年,儿童局(Children's Bureau)设立

儿童局设立于卫生、教育和福利部内,规范儿童福利院等机构之立案领照。

---

* 林秀锦,美国加州首府市立大学教授。讲座时间:2014年3月。

美国的教育部是在 1979 年才成立的,当时儿童局是设立在卫生、教育和福利部里面的,儿童局的俗称就是孤儿院,因为国家从整体考虑,不让这些儿童收到歧视,所以称为福利院。

(二) 1930 年,育幼院项目(Nursery School Projects)

这个项目是经济大萧条时期促进失业者就业的项目之一。1929 年美国经历了经济大萧条,那时候有很多人失业了,联邦政府就拨款设立育幼院,让很多受过教育的失业者可以担任育幼院教职的工作。利用教堂、图书室等有公共空间的地方就尽量开办育幼院,当时设立育幼院的出发点并不是为儿童提供服务,而是要提供就业的机会。所以,这是短期兴办起来的,也是政府提供的福利政策。

(三) 1942 年,蓝纳慕托儿项目(Lanham Child Care Program)

这个项目的目的也并非是为了儿童的福利,而是二战期间为在造船厂和兵工厂工作的母亲举办的托儿项目。二战期间,日本偷袭珍珠港,轻壮年的男子都到前线打仗,年轻的妇女都投入到战后的服务工作中。所以,政府就要为兵工厂、造船厂、炮弹厂的工人的子女提供服务。

其中前三项是所有儿童都可以受益的,最后一项是有限制的,一般是低收入者才可以获得的。

(四) 1962 年,福利救济金领取者托儿所服务项目(AFDC Child Care Services)

该项目是为领取福利救济金者提供托儿服务以利其就学、就业或接受技能培训。这些项目的受益者大部分都是单亲妈妈,外国很多单亲妈妈都是靠领取救济金过日子,政府人员认为要想办法让她们拥有一技之长。在美国,高中学历是非常重要的,当然高等教育也很重要,但是要想进入就业市场,起码需要高中学历。该项目帮助这些领取救济金的家长,绝大多数都是女性,为他们提供一些就业和求学的机会。

（五）1965 年，提前开始学前班和补救性学前班

提前开始学前班（Head Start）主要是为低收入家庭与儿童而设立的综合性服务项目。因为 Head Star 在国内的翻译很多，我之所以这样翻译是考虑到，美国正式的教育是从 5 岁开始的，那么让 3~4 岁的孩子优先、提前入学，除了家里非常贫困外，还有很多其他因素，比如说父亲入狱、母亲吸毒等，这些孩子有优先入学的机会。

补救性学前班（Compensatory Preschool）主要是为低收入家庭儿童设立的免费学前班。这是由联邦政府出资、地方政府也要配合出资办的地区性的学前班，一般在非常贫困的地区像贫民窟之类的地方举办，因为这些地方的孩子本身就落后于中产阶级家庭的孩子，还有很多对成长不利的因素，所以就给他们设立免费的学前班。

提前开始学前班并非设在学校里面，而是在社区的机构里面。补救性学前班一般都是设立在学校里面，基本在小学里设立。

（六）1968 年，联邦托儿法规和托儿餐食项目

联邦托儿法规（Federal interagency Day Care Regulations）是联邦资助项目的成人与儿童比例和其他相关法规。不用教师而用成人是因为美国还有助教，我们这里称作保育员，他们的师生比是 1∶8，比如一个班有 20 个孩子，那么就要有 3 个成人，包括一位教师和两位助教，助教一般没有达到教师的资格，但是有些地方的助教也需要修很多课，经历很多专业的培训才可以入职。

托儿餐食项目（Child Care Food Program）是为低收入家庭儿童提供入托时早餐、午餐和点心的项目。

（七）1972 年，妇女、婴儿和儿童营养项目

妇女、婴儿和儿童营养项目是联邦拨款的项目，为低收入孕妇、产妇、婴儿和儿童提供营养补充品。大部分都是乳酪制品、谷类和罐头之类的食品。

(八) 1976年,联邦托儿扣税法案

这是所有孩子都受益的法案。

(九) 1986年,残疾儿童学前班和早期干预项目

残疾儿童学前班(Handicapped Preschool)主要是为3~5岁残疾儿童设立的,因为那时候美国有个残疾人法案,规定3~12岁的儿童要有适合他们的教育。残疾儿童学前班通常是在小学里面开设一个班,可能邻近几个小学一起开办一个班。

早期干预项目(Early Intervention Program)是为3岁以下残疾婴幼儿及其父母服务的,这一般都是需要父母同意。而且要强调文化背景,美国之前的移民大都是欧洲移民,最近几十年有很多来自世界各地的移民,大家的育儿方式、观念不一样,这也是一个很大的挑战,联邦政府就规定必须要符合这个家庭的文化背景。这个也是所有儿童都可以受益的项目。

(十) 1990年,儿童托育与发展资金和残疾美国人法案

儿童托育与发展资金也是联邦政府需要提供基金,地方政府要配合出少部分资金,因为是联邦拨款为低收入家庭儿童提供托儿与学前教育的项目,所以中产阶层的就很难受益。

残疾美国人法案(Americans with Disabilities Act)规定,保教机构必须为残疾人士和儿童提供可自行出入之无障碍设施。比如近便性(Accessibility),停车场要设立一种方便轮椅通过的斜坡,如果随便停到这个地方是要接受很重的罚款的,只有拿到一个特别卡片的才能停车。这个游泳池里面也有斜坡,即使坐轮椅的孩子也能戏水。这个斜坡是很多地方都要配备的,比如幼儿园、餐厅、图书馆、游乐场等公共场所。还有的要提供自行活动辅助器具,虽然并不是每个地方都有,但还是尽量提供,为残疾孩子提供便利,使他们尽量接近常人的状态。

下面我们谈几个早期干预项目的案例。如果孩子是3岁以下的婴幼儿,那么就有一个团队来上门服务,查看孩子的需要,家长也要同时在旁边学习。有

的是带到外面去,因为设施比较齐全。左边的图片就是语言治疗项目,这个是语言治疗师,早期干预最多的也是语言治疗方面的。虽然这些孩子确实是残疾孩子,但是在美国不这么称呼,而是称为有特殊需要的孩子。语言治疗师可以到家庭中为孩子提供语言方面的诊治和治疗。刚才提到是一个团队上门服务,那么如果孩子有动作方面发展的问题就会有物理治疗,还有认知方面的治疗等等,认知方面的治疗很多时候也是跟语言治疗配合在一起的。这些团队的服务时间和频率根据孩子的情况和需要而定。

(十一)1993 年,家人和医疗事假法案、维护和支援家庭法案

家人和医疗事假法案(Family and Medical Leave Act)是克林顿当总统的时候颁布的,这个法案的颁布在当时也是一个很大的事件。法案规定,在子女出生、收养或需照顾重病家人时可请无薪事假,也就是说你不用担心失去工作,可以请事假。

维护和支援家庭法案(Family Preservation And Support Act)也是非常重要的法案,是为了防范儿童虐待和青少年犯罪。如果在美国,家长被举报虐待儿童,经查实后孩子会被带走,送到寄养家庭去,然后家长就必须去上育儿方面的课程,学习如何正确管教孩子,不能打骂或体罚。

(十二)1994 年,更早提前开始学前班(Early Head Start)

1965 年美国有了提前开始学前班,到了 1994 年提前开始学前班开始往下延伸,为三岁以下婴幼儿及其家人服务,这也是全部幼儿都可以受益的。为什么没有说是 0~3 岁?如果说是十几岁的女孩子还在上中学,怀孕了,就可以接受产前的孕妇期的服务。

(十三)1997 年,儿童健康法案(Children's Health Initiative)

这是为低收入家庭儿童提供医疗保险与服务的法案。在美国,医疗保险是非常昂贵的,很多人的工资收入不是很高,但是如果一个职员的工作是半职以上（全职是一个礼拜工作 40 个小时，半职就是一个礼拜工作 20 个小时），雇主就必须为职员提供医疗保险服务。但还是有很多人没有工作，还有一些单亲家庭、低收入家庭的孩子就没有医疗保险。通过这个法案，这些孩子就可以得到医疗保险，但是母亲不见得可以获得医疗保险，因为这是为低收入家庭儿童提供服务的，所有的贫穷线以下的家庭中的孩子都可以获得这种服务。

（十四）1997 年，白宫早期发展与学习会议和白宫托儿会议

白宫早期发展与学习会议（The White House Conference on Early Childhood Development & Learning）是由克林顿夫妇举办的，这在早期保教界是非常令人兴奋的事情，是个历史性的事件。白宫托儿会议（The White House Conference on Child Care）说明，连白宫都重视这样的问题。

（十五）2002 年，"好的开始，长大就聪明"和早期学习指南（"Good Start Grow Smart" & Early Learning Guidelines）

这时候美国的总统是小布什。这个项目虽然没有像克林顿时期那样引起社会的高度重视，但是在幼儿教育界还是很有影响力的。美国每年的 6 月 20 日都要发布国情咨文，那时候小布什就发布了这个项目，他呼吁各州设立早期学习标准，为什么呢？因为虽然美国义务教育有了一百多年的历史，但是没有学习标准，从 20 世纪 90 年代初到 21 世纪初，五岁半到十二岁的教育都有了学习标准。没有学习标准的时候就是出版教科书，当然也有专家进行指导，20 世纪 90 年代的时候就有课程标准化运动，虽然早期教育已经在逐渐普及，但是还没有全州性的学习标准。美国的教育是以各州为主的，所以小布什呼吁各州建立学习标准。

（十六）2007 年，州政府设立幼儿项目咨询委员会（State Early Childhood Advisory Council）

这是以改善品质和协调五岁以下的儿童发展与学习项目为主要任务的。

之前提到的开端计划,虽然从 1965 年已经开始了,但是经过一段时间后就要在国会重新讨论是否要续办。在 2007 年之前国会讨论开端计划这些项目还继续办,但是各州应该设立咨询委员会,这也引起了很多部门的重视,也是一个非常重要的法规。

(十七) 2009 年,美国重振经济和再投资法案(America Recovery and Reinvestment Act)

2009 年,全世界经济萧条、萎缩。当年奥巴马颁布这个法案是为了从刺激经济资金中拨出少数经费用于早期保教和早期干预项目。这是小部分人可以受益的。

(十八) 2010 年,妇女、婴儿和幼儿家访项目(Maternal,Infant and Early Childhood Home Visiting Program)

这是为高危家庭提供健康和社会服务方面的家庭访问服务项目。家庭访问就是专门有一些团队上门来为一些家庭提供服务。这些家庭一般都是低收入家庭、母亲年龄很小的或者是母亲吸毒、父亲入狱等家庭,没有其他人来支援生活,或者是孩子有特殊需要,有一些残疾等。要得到这项服务的标准和门槛是非常高的。奥巴马 2014 年提出提高幼儿教育经费,幼儿教育界为此非常兴奋,因为经济萧条的原因,幼儿教育各项经费被削减得很厉害,现在开始提升。

(十九) 2011 年,往上赛跑—早期学习挑战赛(Race to the Top—Early Learning Challenge)

这是指联邦政府的财政支出中有一笔资金,各州可以提出筹办早期学习项目的资金申请,申请之后由审核委员会来审核。项目申请时需要写清楚如果得到经费将会怎样办幼儿教育等。这一项目的目的是协调各种早期学习与发展项目并填补成绩鸿沟。因为美国从 K(5 岁半)到 12 岁的学习中有很多问题,就是学习的鸿沟,比如说我们这里城乡差异大主要是从设施上来讲的,美国的学习鸿沟主要是指学习成绩的差异大。美国城乡之间虽然也存在差异，但最大的差异存在于族裔之间，白人和亚裔的学习成绩非常好，黑人和西班牙裔的人学习成绩非常非常的差。这是一个非常复杂的社会问题，包括社会因素、文化因素等。在美国，K阶段的幼儿园老师从孩子一进园就可以看出来这个孩子跟中产阶级的孩子差距有多大，差一年半都有可能。这些孩子从来没有上过幼儿园，各方面就比从3~4岁开始上幼儿园的孩子落后很多，从他的语言、认知、人际交往方面的发展都比较落后，一进来就落后别人八个月或者十八个月，如此下去，他后面的学习一直都比别人要落后。所以，这个项目的目的就是要提前预防这种状况的发生。1965年开设的提前开始学前班就是为了补救这些差距，那么现在就更是为了补救，因为差距越来越大，所以应该用各式各样的项目预防或者填补这个鸿沟。

（二十）2012年，早期学习办公室（Office of Early Learning）

这是让教育界同行非常兴奋的一件事。美国到了1979年才有教育部，过了30多年就成立了早期学习办公室，这是非常重要的事情。因为美国的联邦教育部的主要工作是教育咨询的收集，监视教育均等，确定所有的人都能得到教育均等的机会。这个早期学习办公室的主要任务是协调各种联邦兴办早期学习与发展项目，改善出生至三年级儿童的健康、社会、情绪和认知发展成果，因为美国的早期教育学会定的早期教育是0~8岁，即是从出生到三年级。

（二十一）2013年，总统呼吁普及早期教育（Obama Calls for Early Education for All Americans）

2013年，因为奥巴马连任，所以国情咨文的发布就比较晚一些。奥巴马提议联邦与州政府合作，全面普及四岁学前班。美国孩子从5岁开始接受正规的教育，这样的情况已经持续了四十多年，现在还要往下延伸一年，要普及到4岁。虽然有些州已经普及到3岁、4岁，但是达到全面性的普及还需要一段时间。所以，这个呼吁是一件非常非常重要的事情。

二、目前联邦政府资助之儿童受益项目类别

目前联邦政府资助之儿童受益项目类别主要包括以下八个方面：健康、福利金收入(Income Security)、教育、营养、早期保育与教育、社会服务、居住、扣税优惠项目(Tax Credits)。下面一一进行解释。

（一）健康

健康主要包括八个方面：

（1）医疗补助。一般来说补助对象都是18岁以下儿童和青少年。比如，如果家庭没有保险，孩子住院的话对家庭来说是个非常重的负担，可能需要卖房子才能支付得起高昂的医疗费。此外，打针和吃药也是非常贵的。医疗补助还包括对这些方面的补助，还包括看牙、眼镜的配制等。

（2）儿童医疗保险。

（3）预防注射。

（4）消除铅毒。因为有很多旧的东西都含有铅，旧的桌椅、窗帘、墙壁的油漆，这些都会含铅，而且含铅量比较多，如果超标的话就会对孩子的健康不利。如果有这些资助项目，联邦政府就可以为他们消除铅毒。

（5）先天缺陷/发展障碍之补助。这也没有家庭收入的限制，是所有孩子都可以受益的。如果孩子一出生就患有先天缺陷/发展障碍的话，有各式各样的补助，因为这些孩子在接受治疗的时候费用非常高，所以能够得到联邦政府的补助。

（6）健康发展计划(Healthy Start)。一般来说，在社区或者小学里会有一处关于健康方面、比保健室更完善的地方，比如说预防、为孩子提供健康方面的服务。有的时候会用注册护士，注册护士在美国收费也是非常昂贵的，因为读到注册护士并不是很容易。美国的护士分很多级，级别最高的就是注册护士，所谓注册护士就是领有牌照，因为真正护士都要领有牌照。有些健康发展计划

是由注册护士及其助手来负责制定的,为孩子提供各种健康方面的预防。护士不能够开处方,也不能够治疗,但是会告诉我们可以去哪里治疗,会为孩子提供各式各样的转介服务,因为有些家长不知道哪里可以进行治疗。

(7) 紧急医疗服务。很多家庭可能没有医疗保险,没有家庭医生,只有在非常非常紧急的时候才会到急诊室去,那么到了医院的急诊室,医院不能够见死不救,所以就必须提供紧急的医疗服务。这当然也包括成人,因为在美国很多成人也没有医疗保险,他使用的就是紧急医疗服务。

(8) 普及性新生儿听力筛检。所有在医院里面或者妇科诊所里面出生的孩子,回家之前都要接受听力的筛检。

(二) 福利金收入(Income Security)

福利金收入(Income Security)包括以下五个方面:

(1) 社安福利金(Social Security)。就是我们通常说的养老金。比如在台湾,你工作薪水的8%左右会被扣掉,雇主还要付8%左右,这16%左右会上交政府,然后就一直利上加利,滚雪球似的,直到你退休的时候开始领取这些养老金。一般来说都是家长领取社安福利金,但是如果父母去世的时候孩子还是未成年,那么孩子也能够领取社安福利金。但是只有一部分孩子能够得到,有各种各样的比例来计算。

(2) 急需资助家庭短暂资助福利金(Temporary Assistance to Needy Families)。它强调的就是"短暂",区别于外婆、母亲一代一代的"吃福利的"这种福利金。不过这项资助的问题也是很多的,比如说隔段时间出生一个孩子,就又可以继续领此项福利金。

(3) 社安福利额加补助金(Supplemental Security Income)。如果一个孩子一出生就有身体上的缺陷或者残疾,那么就可以得到政府的补助,因为这类孩子的家庭开支比较大,这也是所有这类孩子的家庭都可以得到的。

(4) 子女赡养费追缴征收(Child Support Enforcement)。在美国,离婚的家庭特别多,未婚而有子女的情况也很多,一个家庭三个孩子两个爸爸的情形也很多。很多爸爸不和孩子住一起，生下孩子之后就不管了，所以美国联邦政府就立法了。男士有了孩子如果不养的话，政府会找到当事人，从其薪水中扣除抚养费，这是为了孩子的发展着想。如果男士对孩子不管不顾、不付抚养费的话，妈妈就会将他告上法庭，即使逃到其他州也会被政府追缴，有些即使是高收入阶层也会有这种现象，比如政客、议员，如果不支付抚养费也会被追缴，登上报纸。当然也不是全部的人都能够追缴到。

（5）退伍军人福利。这是只有退伍军人才能享有的福利，如果他过世了，那么他的子女同样有权力享受这些福利。

（三）教育

主要包括三个方面：

（1）弱势儿童之教育（一号条款幼儿班）（Title Preschool）。这个弱势儿童教育跟提前开始学前班、开端计划、启蒙计划的项目不太一样，它在比较贫穷地方的小学里开办，可以申请联邦的经费来办理。因为这个跟各个州的立法相关，所以各个州的资助费用可能不大一样，但是性质都是类似的。

（2）特殊教育（特殊教育学前班）。特殊教育就是为3～5岁有特殊需要的孩子，比如身体残疾的孩子，提供一些学前班。

（3）校舍和校园环境改进。这个私立园也可以申请，有些私立园也是非营利性的，是社区开办的。

（四）营养

领福利金的人除了可以领少量的福利金外，还可以领一定的食物券，类似于我们以前的粮票，这个粮票规定得十分严格，只能用于真正需要的食品的购买，比如可以购买牛奶、新鲜水果、乳酪、罐头之类，不可以买糖果，烟酒绝对不可以购买。过去食物券是一张一张的，现在也与时俱进，采用刷卡形式，一张卡一个月是多少钱，用完之后就没有了，在收银台就能清楚地看到哪些东西可以买、哪些不可以。具体包括四个方面：

(1) 营养补助项目(食物券)。

(2) 儿童营养(免费餐食)。

(3) 妇女、婴儿和儿童特别补助。产妇、婴儿、幼儿会有各式各样的营养补助。

(4) 期货食品补助。所谓期货一般来说就是各种谷物、麦片之类的。这个主要是为儿童的营养着想,此外也可以调整期货的价格,比如有时候生产过剩,这个项目就能够调整像谷物、玉米这类期货的价格,来资助低收入家庭。

补助的早餐都是冷的,以防变质。乳酪、水果、麦片是早餐的三种主要形式。关于午餐,美国的餐厅都有注册营养师来进行营养规划,有乳酪(会有蛋白质)、沙拉,还有番茄酱,这样比新鲜的西红柿更利于人体吸收,还有新乡的苹果,Pizza下面有全麦的面包。有人会问:他们不吃热食吗?也有,但是比较少,Pizza就是热的。现在注重多元文化,偶尔也吃意大利面、意大利粉等等,有的时候也会吃春卷、西兰花炒牛肉、包菜炒红萝卜丝等等。大家可以看图片上的牛奶是1%的低脂牛奶,因为很多美国孩子都有肥胖问题,所以他们的饮食就强调营养均衡、低脂。我早期在学校工作的时候是2%的低脂牛奶,现在都是1%的低脂牛奶了。

(五) 早期保育与教育

联邦政府资助的包括两个方面:

(1) 儿童托育与儿童发展基金。就是由联邦政府出资让地方政府来办。

(2) 提前开始学前班(Head Start)和更早提前开始学前班(Early Head Start)。

上面这个是从类别来划分的,下面这些大概就是开办的一些具体项目:托儿与儿童发展基金、提前开始学前班和更早提前开始学前班、往上赛跑—早期学习挑战赛、齐头开始家庭读写识字方案(Even Start Family Literacy Program)、家长就学托儿项目(Child Care Access Means Parents in School)、残疾幼儿教育法案(IDEA Preschool Grant)、残疾婴幼儿干预法案(IDEA Grants for Infants and Families)、母亲、婴儿和幼儿家访项目(Maternal, Infant and Early Childhood Home Visiting Program)。其中,齐头开始家庭读写识字方案就是我们所谓的扫盲班,分为两种,一种是有的学生念到八年级就有了孩子或者辍学了,即使念到八年级她的读写识字能力还比较低,像这种学生本来的读写识字能力就比较低所以才会有孩子、才会辍学,她们的读写能力这么差,所以联邦政府就开设了扫盲班,这种班级里以妇女为多,开设这种班的时候也要为她们的孩子提供一些服务,这是原来的主要形式。现在美国慢慢地有外来的移民,尤其是有墨西哥、东方的移民,他们的母语不是英文,即使母语是英文也不见得读写能力就很强,所以很多把英文当作第二母语的移民就需要去上这种课,学习英文。另外,家长就学托儿项目中除了扫盲班以外也可以有成人班,比如有的人上到了高中,还想学习一技之长,比如说科技、修车等等;这种班上的父母要上课,孩子就需要有托儿服务。另外一个是残疾婴幼儿干预法案,其对象是 3 岁到 21 岁,一般来说是到 18 岁,但是因为残疾儿童发展比较迟缓,所以延伸到 21 岁。

(六) 社会服务

联邦政府资助的社会服务包括六个方面:

(1) 儿童寄养。如果父母亲都去世了,孩子也没有跟长辈住在一起,那么就需要进行寄养。更多的情形是孩子被父母虐待,那么孩子就会被带走,进行寄养。所以,寄养家庭就会收到少额的费用,因为孩子的吃住等需要一定的开支。

(2) 儿童收养辅助。寄养是暂时的措施,收养是正式成为某个家庭的孩子,成为养子、养女。这也可以得到社会补助。

(3) 社会服务拨款(Social Services Block Grant)。

(4) 家庭维护与支援(防范虐待儿童)。在美国,常常会发生各种各样对儿童不利的情况,因此教师、校车司机、保育员、校工、医护人员、警察等任何接触到儿童的人员,有法律上的职责,必须举报任何有虐童现象的可疑人员。比如说一个孩子早上到学校去,脸上或身体的某一部分有明显的被体罚的迹象,老师有责任举报，如果老师不举报，那么他的教师资格证书就有可能被吊销。但是老师的责任不是证实孩子是不是真的被虐待，他的职责只是举报。医护人员也有举报的责任，以防范虐待儿童行为的发生。但是虐待儿童的方式有很多，除了身体上的虐待，还有精神上的虐待或者性虐待。我们也从新闻上了解到会存在性虐待这种很可怕的情形，甚至也有老师对学生进行性虐待的。过去我们谈到的常常是男老师对女学生会有性虐待，但是很不幸的是最近发生了不少女老师虐待男生的事情。刚才谈到语言上的虐待、文化上的差异，比如我们华人的留学生，接受很好的教育，读了很好的学校，找到很好的工作，可是他们就有虐待儿童的情形。比如说在商场或超市，孩子可能用耍赖的方式想要买东西，那么他们的反应就是大吼大叫，甚至动手打孩子，结果这个孩子马上就会被带走。然后他们就会被带上法庭，法官会告诉他们应该去上几个礼拜的课程。有很多这种情形。还有，过去有这种情形，美国的医护人员认为婴儿屁股上的类似胎记的东西是被父母打得瘀青了，因为他们有职责举报可能的虐待儿童行为，好在有东方的医生能说清楚这是误会一场。所以，现在大家都要了解多方的文化。还有，我们中国有刮痧，学校就会讨论是否要尊重文化的差异，有的认为要用其他的方式来进行治疗。

讲这么多例子想要说明的是，美国在儿童的福利方面做得还是比较好的。每个地方政府都有所谓的"儿童保护局"，对于有人举报儿童可能受虐的情况，他们的工作就是负责调查情况是否属实，如果属实的话他们就交给警方进行处理。

（5）儿童福利服务与培训。这方面要有经费的支持。

（6）走失儿童支援。美国有很多走失儿童，大多数是被拐骗的，偶尔也会有迷路的孩子。美国有一个电视节目会插播走失的孩子，还有我们之前说到的牛奶，牛奶盒上面也会有印有走失孩子的照片。尤其条件比较好的、拥有的资源比较多的家庭就有很多途径来寻找走失的孩子，并不是所有的牛奶盒上面都会有走失孩子的信息，我举例就是说明政府部门会支援这些家庭把走失的孩子找回来。

美国的福利很多时候是跟美国社会密切相关的,社会上存在哪些问题才会有相应的福利来资助、支持。

(七) 居住

联邦政府资助的居住项目包括四个方面:

(1) 低收入家庭住房补助。虽然这是为整个家庭提供的补助,但是目的是让孩子受益。美国有所谓的"流浪街",有所谓的"游民",其中大部分都是男人,他们大部分是酒鬼或者吸毒者。有些慈善机构或者教会有免费居住的地方,但是这些酒鬼或者吸毒人员就喜欢自由自在,夏天就在桥底下搭一个小棚子度过,冬天就比较麻烦,可能会被冻死,所以冬天常常有慈善机构或者爱心人士开着车去找这些流浪人员,把他们安排在教会或者公共机构等,尤其是寒流来临的时候。在美国,一般不会看到儿童有这种情形,偶尔会看到儿童跟着母亲在街头乞讨,但是这种情形很少,对孩子的发展不利,被看到以后儿童会被带走。

(2) 公屋(Public Housing)。所谓公屋就是公家的房子,一般来说都比较简单,但是基本设备都会有,比如空调、暖气。

(3) 低收入家庭房租补助。

(4) 低收入家庭能源补助。美国有些地区在冬天的时候非常寒冷,暖气的费用非常高,低收入家庭就会得到政府在能源上的补助,主要是为了让孩子得到良好的发展。

(八) 扣税优惠项目(Tax Credits)

扣税是人人都受益的,这包括四个方面:

(1) 未成年子女扣税优惠。如果家里有两个18岁以下的孩子,家长的扣税就非常有限。比如说夫妻俩一年的收入是十万,家里有两个18岁以下的孩子,那么只扣四五千的税。美国是按收入水平来缴税的,收入越高、扣税比例越高。这对收入水平低的人来说是比较合理的,收入低、扣税少。

(2) 眷属养育照护扣税优惠(Dependent Care Credit)。眷属包括老年人和子女。有些老年的父母需要请人照顾,就可以享受这个优惠。比如我的孩子,课前、课后需要托儿服务,就可以享受这个优惠。如果你收入比较低的话,扣税对你帮助就比较大,收入比较高的话扣税对你基本没有太大影响。

(3) 收养子女扣税优惠(Adoption Credit)。尤其是收养受虐孩子的家庭,可以享受这种优惠。现在美国很少有孤儿院,有一些短暂的寄养主要是放在寄养家庭里边,是为了让孩子享受正常的家庭生活。对于收养家庭的筛检是非常严格的,因为孩子的成长需要比较好的生活环境,主要是希望有双亲的家庭,还要有各方面的推荐书,比如说牧师的推荐书、邻里的评价等,还有工作单位主管的评价。

(4) 收养寄养儿童的补助。比如收养需要花一笔经费,之前有美国的家庭来中国收养孤儿,这些家庭都是中上层家庭,他们受教育的程度也比较高,收养中国福利院的孩子以后不希望他们跟中国断绝联系,所以还是希望这些孩子接触一些中国文化,我就为他们提供过一些游戏小组等。他们到中国来需要花好多钱,比如路费等等,这些家庭就可以得到少数的补助。

三、加州政府影响儿童发展与儿童福利政策之重要历史性法案和事件

因为前面讲过联邦政府的项目,所以接下来我就不过多展开了,基本上加州政府关于儿童发展与儿童福利的政策在时间上跟联邦政府都是一致的,有些甚至比联邦政府还要早一点点。

(1) 1913 年,儿童福利院立案领证肇始。

(2) 1920 年,日间托儿所标准规范和立案领证。

(3) 1929 年,家庭参与之合作学前班(Parent Participation "CO—OP" Preschool)开始。

(4) 1936 年,住家外托儿法规(Licensing Laws for All "Out—Of—Home" Care)颁布。

(6) 1945年,州办托儿项目(State Child Care Center Program)开始。

(6) 1962年,托儿资源与转介服务(Resource and Referral Programs)开始。

(7) 1965年,州立学前班(State Preschool)开始。州长之学前教育咨询委员会(Governor's Advise Committee on Preschool Education Programs)成立。

(8) 1971年,高校校园内托儿服务开始。美国大学生不管是已婚、未婚,为人父母者虽然不是很多,但是已经有托儿的需要了,在高校里面会设立幼儿发展中心,类似于托儿所。它主要为学生提供服务,教职员并不优先,单亲家庭、低收入家庭会有优先。

(9) 1974年,学龄父母亲职和婴儿发展方案(School-Age Parenting And Infant Development Program)颁布,这主要是为中学生妈妈开办的,即使她们十六岁已经怀孕,但是政府希望她们能够完成高中的学业,一方面怀孕的时候就为她们提供各种怀孕的咨询、鼓励她们做产前检查,给她们精神上、财物上的帮助等等,另一方面等孩子生下来以后和妈妈一起去上学,小朋友会有人照顾,下课的时候妈妈就过去喂奶。特殊教育服务(Special Education Services)颁布。

(10) 1985年,学龄儿童社区托儿方案颁布。这个主要是以学龄儿童为主,孩子们下午两三点下课,但爸爸妈妈要五六点才下班,所以需要学龄儿童托儿服务。

(11) 1991年,儿童发展教师学生贷款优惠方案(CD Teacher Loan Assumption Program)颁布。因为在美国,接受高等教育也需要一定的经费。如果你的专业是儿童发展,以后要当儿童发展方面的教师,学生贷款有一部分可以被抵消,有点类似于师范学生免费、教科书免费等等。还有是申请家人照护事假(Family Care Leave)开始实行,前面已经介绍过,就是家人需要照顾的时候可以请事假,不用担心丢掉职位,加州比联邦实施得更早一点。

(12) 1997年,托儿和儿童发展项目设施贷款和财政补助(Child Care & Development Facilities Loan & Financing)开始实行。

(13) 1998年,10号提案颁布,人生最初五年委员会(First 5 California)成立。这个提案非常重要,待会儿我会解释得更清楚一点。

(14) 2006年,普及学前教育提案(Universal Preschool Proposition)颁布。2006年,加州有人提议普及学前教育,让三四岁的孩子都接受学前教育,全民进行投票,很不幸的是,提议没有通过。

下面我们具体讲一下加州人生最初五年委员会(California's First 5 Programs)。

一是公民投票通过的10号(烟草税)提案。买一包烟除了本身需要缴纳的税之外还要多加5毛钱,其他烟草产品,比如烟斗之类的都要多加钱。这就是戒烟教育,鼓励人们不抽烟。在美国,学校里是不能抽烟的,如果老师要抽烟,他必须要离开学校多少米才可以抽。提案还包括戒烟辅助、推广禁烟/无烟环境。

二是产前和出生至五岁的健康与福利,包括八个方面:妊娠期和产前照护与调养;新父母资料袋;健康医疗资助;母乳喂养推广与辅助;牙科保健与口腔卫生教育;心理卫生项目;虐待儿童之防范;就学准备项目(School Readiness Programs)。

下面我们看一些图片:这个是新生父母的礼包,里面的东西非常丰富,有医疗方面的,还有如何给孩子阅读、讲故事,口腔健康、口腔卫生,如何选择适合孩子的读物,孩子生病时怎么办、与您的婴儿一起玩乐、陪您初学走路的孩子一同游戏、陪您三到五岁的孩子玩、儿童服务的指南,等等,有各式各样的咨询和服务内容。美国人非常注重口腔健康和口腔卫生,一般我们认为孩子在长牙的时候,乳牙不需要刷牙,其实不是的,小婴儿需要用一个红色的小刷子来刷一刷,即使只有牙龈也需要刷一刷。册子里面会讲:健康的牙齿从出生开始保护,孩子到一岁的时候差不多就要去看儿科的牙医。礼包里面还有可以放在车上遮太阳的东西,上面写着:车上有宝宝。礼包里面还有小玩偶,鼓励亲子互动和交流。礼包里面还有一些书,美国非常重视阅读,鼓励婴儿从小就读书。

四、其他州之重要早期保育与教育法案和事件

（1）1873年，全美第一所公校幼儿园（kindergarten）在圣路易（St. Louis）设立。Kindergarten来源于德文，以前翻译成幼稚园。1873年，美国已经设立了幼儿园。

（2）1880年，宾州首创育幼园（Nursery School）和日间托儿所（Day Nursery）立案领照法规。育幼园和日间托儿所要达到某种水平，政府才会给颁发执照。

（3）20世纪二三十年代，公立学校逐渐附设幼儿园（kindergarten）。虽然自1873年起第一所公校幼儿园设立，已经零星有公立学校开设幼儿园，但幼儿园直到20世纪二三十年代才逐渐普及，但是也不是很普遍。

（4）1970年，公立学校五岁班幼儿园（kindergarten）普及全国。现在奥巴马总统提倡普及到四岁，可能再过十年左右就能够在全国普及。

（5）20世纪90年代中期，乔治亚州发放新家长资料袋。

（6）1995年，乔治亚州首创普及性公办四岁幼儿班。

（7）1998年，俄克拉荷马州全面普及公办四岁幼儿班。

（8）2002年，佛罗里达州普及公办四岁幼儿班。

（9）2003年，佛蒙特州（Vermont）普及公办四岁幼儿班。

在美国像这些州都推广普及四岁幼儿班，加上联邦性的提前开始学前班、对低收入家庭的各种资助和支持，我根据资料统计过，5岁以下的孩子并不是全部都入幼儿园，大概有75%的孩子可以进入幼儿园。5岁以后所有的孩子都可以入学，其实说全部也不是100%，因为在美国有少数家长自己在家教育孩子。我看过的5岁孩子入学率，大部分的数字都是95%～98%。

五、地方政府举办之早期保育与教育项目

除了联邦、州政府,各地方政府也有举办早期保育和教育的项目。

(1)学前班(3~5岁)。这可能不是所有的地方都有,有几所可以让家长进行选择,收费也比较便宜。

(2)游戏小组(Play Group)。参加者多数为2岁半或3岁的幼儿。这个类似于我们这里的亲子园,但是我们的亲子园可能更偏重于教学,比较像小型的幼儿园,而游戏小组主要是以游戏和亲子交流为主的。

(3)五岁以下幼儿托儿服务。

(4)学龄儿童托儿服务。

(5)学龄儿童暑期托儿服务。美国的暑假一般是11个礼拜,那时候就会有各式各样的活动,州政府主要负责国民教育,一般不管这些活动,所以托儿服务主要由地方负责,只有一部分地方会举办。

(6)托儿资源与转介服务。一般来说,地方政府会有一个机构,家长可以进行咨询,这个机构会有办公室、网站、图书馆,家长可以借阅一些儿童发展相关的资料,还有专家为家长解答问题和疑惑。

(7)亲职/育儿教育(parenting)项目。这种项目基本是以讲座的方式开展的。

六、早期保育与教育经费来源

这是最重要的问题:钱从哪里来?在美国,早期保育与教育的经费来源主要包括四种途径:

(一)联邦拨款

州政府和地方机构须提供对等或一定比率之配对经费。有的是联邦拨款

和地方出资1∶1,有的是其他比例。

(二) 州政府拨款

州政府负责提供较高比例的经费来源。

州政府税收来源有：

(1) 个人所得税。比如一个人年薪十万,收入越高的话,可能要交27%～35%的税,换句话说,年薪十万真正拿到手的只有六七万左右。个人所得税一般是联邦政府收一部分,地方政府收一部分。

(2) 零售税。美国人买东西的时候要缴税。

(3) 公司行号商务营业税。比如说最近德州州长到加州去招商,加州是美国的科技重镇,但是加州对经商不是特别友善,抽税抽得特别重,那么德州州长就到加州去挖墙脚,德州会提供种种优惠,这就涉及营业税。

(4) 房地产税(物业税)。

(5) 旅馆和娱乐税等。在美国,住旅馆除了营业税还要缴纳一定的税,各地不太一样,但还是比较贵。娱乐税,比如说看电影除了零售税还要加税,看球赛也一样。总之,娱乐方面的活动都需要加税。

(6) 特别税。这些零售税或其他税上之附加比率税收,比如彩票(彩券)、烟草税、酒品税、赌场税。在美国像烟草、酒品、赌场有一个别称是"罪恶税",换句话说就是不良嗜好税。以加州来说,彩票税有很大一部分是用于教育方面。前面提到1995年乔治亚州首创普及性公办四岁幼儿班,这就是全州可以投票的公民投票通过将大部分彩票税用于开办这个幼儿班。

(三) 私人基金会和民间机构捐献

在美国,有私人基金、很大很大的民间机构,他们资金比较多,每年的利息会用于教育,他们比较重视儿童教育。HP公司中P的太太就非常重视教育,他的基金会就给儿童教育提供了很多资金。斯坦福大学有一个儿童医院就是以他们的名字来命名的。这些私人基金会和民间机构出版了很多幼儿读物,还开办了很多暑期的幼儿班,因为孩子们 5 岁开始上学,有些从来没有上过幼儿园的孩子跟其他孩子的差距就比较大,所以他们就开办暑期班,类似于夏令营,尽量来缩小孩子们之间的差距,为这些孩子提前做上学的准备。

(四) 公私合办,多重经费来源

很多早期教育项目的经费是联邦政府出一点、州政府出一点、地方政府出一点,然后私人基金会也出一点。因为要开办这些项目的话,一种资金来源不够,而且没有办法提供多重服务。美国的儿童保育教育好多都是多重服务,前面提到的 Head Start 项目不仅仅是为孩子们提供学前教育,更多的是为全家提供社会服务,如各种转介服务、亲职教育、营养健康指导、视力听力方面的检查等。各个项目的资金来源需要看这个项目的性质,联邦政府、州政府、地方政府、私人出资比例是不一定的。私人开办的一般是从家长那里收取一定的经费,有些非盈利的私人机构也可以从国家申请一定的经费。

美国的幼儿园与儿童学习发展项目评估

林秀锦*

今天的讲座是关于评估方面的，主要从六个方面讲：当前生态与所面临的挑战、现行品质改进措施、品质的定义、品质评估与改进体制（Quality Rating and Improvement System）、品质评估与改进体制及其奖励和支援措施、品质评估工具。我的用词是"品质"，不过这里我们用的可能是"质量"，这只是我个人的感觉，因为我觉得质和量是相对的，有的是以质取胜，有的是以量取胜，"品质"是把二者都包含在内的，是 Quality。本次讲座先谈前三个问题。

一、当前生态与所面临的挑战

有人觉得品质与当前生态和所面临的挑战没有太大的关联，但是事实上对美国评估来说有很大的关联。

（一）办学成效

尤其是公办学校，州长、地方政府会问：出资办学有什么成效吗？家长也会

---

* 林秀锦，美国加州首府市立大学教授。讲座时间：2014年3月。

说:我花费了很多钱,孩子学到什么? 有什么进步和成效吗?

(二) 就学准备(School Readiness)/儿童学习成果(Child Outcomes)

所谓就学准备就是孩子到了5岁的时候、入学之前,是不是已经准备好了。儿童学习成果跟办学成效比较类似,但是办学成效包含的范围更广一些。

(三) 学习成绩差距鸿沟

(四) 品质低劣

美国的早期发展的很多项目非常平庸,优良的项目不是很多。十多年前有大型的研究项目,跨州的、不同种类的项目,有很多是比较平庸的,优良的很少,甚至还有一些是有害的。这在近期没有看到。

二、现行品质改进措施

(一) 规范/立案领照

政府要规范,园所要到政府去建立档案、取得执照。这是保护儿童健康与安全的底线。取得执照并不代表你有多么高的水平,这只是一个底线。立案领照这一项强调五个方面:

(1) 园所设施方面。包括校舍与校园、执照所核准之园所大小和学生人数、室内和户外活动空间、卫生间、洗手台/水槽和饮用水、无危害健康物质存在、防火安全、紧急出口。各个学校情况不太一样,但是取得资格的过程中都会有明确的规定,园所多大、人数多少、卫生间的设置、洗手台的个数等等,一间教室至少要有两个门、两个出口。

(2) 健康方面(大人与儿童)。包括健康检查、预防注射记录、禁烟/无烟环境。大人和小孩都要经常检查,大人上岗之前也要进行健康检查。美国虽然很少人有肺结核,但是也要有这一类的检验。美国非常强调无烟、禁烟,学校里面老师抽烟也要到很远的地方才可以,公共场所一律禁止吸烟。

（3）大人儿童比例和班级大小。这是为了儿童安全考虑,各个州规定的班级大小不太一样。

（4）教师员工资格。这在各州的标准不大一样,差距是比较大的,硕士学位的教师也很多,可是有些州,只要高中毕业就可以当幼儿园老师,他可能没有正式上过两年制的专科学校,但仍需要经过培训、取得某种资格。

（5）照护和监督儿童。当幼儿园取得执照之后,政府都会不定时地来进行检查,包括教职工人数、资格等等。美国幼儿教师需要学习的资料有很多,检查之前一般都不会事先通知。有时候,孩子们在外面玩,老师去接电话或者去准备上课用的材料,本来的师生比例应该是1∶8,但当时可能外面只有两个老师了,这样的情形就会被登记为违规,园所就必须要改善措施,所以监督方面比较严格。再比如说厕所要干净,如果来检查的时候厕所卫生不好,那么也会被发条子。

（二）公办项目监管（Monitoring）措施

联邦和州政府都会有对公办项目的监管措施。

首先来说联邦的监管,以 Head Start 项目为例。

Head Start 是一个综合性的服务,具体的监管措施包括九个领域:

（1）统辖与管理（Governance）,这是需要家长参与、民主参与进行监督。

（2）行政,这是人事、经费方面的管理和调配。

（3）会计管理,在哪些项目有哪些开支。在美国人工费用很贵,项目经费大概有85%会用在教职员工的薪资、医疗保险、福利等方面,这是最大的一笔开支。换句话说剩下的15%的经费才用在学习材料等方面。

（4）招生、资格审核、遴选、注册、出席（Recruitment, Eligibility, Selection, Enrollment & Attendance）。招生不是怕生源的好坏,而是把信息传递给大众,尤其是比较贫困的家庭,要确保机会均等。虽然可能有些家庭的孩子无法达到入园的条件,但是必须保证他们能够获得这个讯息。实质上机会也不会完全均等,很多时候较为贫困家庭的孩子是进不去这样的幼儿园的。接下来是遴选,一般来说,特殊学校的孩子优先,父亲入狱、母亲吸毒的孩子优先,总之就是有很多不利因素的孩子会得到最优先的选择,最后选择低收入家庭的孩子。接下来就是报名、确认是否经常来上学,有时候因为家庭的原因,有的小孩一个礼拜只来两三天。如果孩子的出席率很低的话,那么这个幼儿园该有什么样的措施来应对。如果被检查到有这种情况的话,幼儿园也可能被写条子,以后就没有资格开办。

(5) 家庭(社会)服务。

(6) 亲职教育和家长参与。

(7) 健康、安全与营养。

(8) 心理卫生。这些家庭出来的孩子心理卫生的需求比较大,比如说行为上的偏差就是心理需求的表现。美国学校里面都会有社会工作者,有心理学方面的资历,甚至有一些心理学家,这比社会工作者的资历更高。

(9) 教育和早期发展。

Head Start 监管措施之教育与早期发展方面,须遵守之框架规定(Compliance Frameworks):

(1) 检查与管理(Oversight and Management)。相当于这个项目的领头人,进行管理和检查。

(2) 教师与职工资格。

(3) 课程、个别化教学和学习发展测评。课程非常强调个别化教学,因为每个孩子的发展是不一样的,所以应该根据他的水平来进行个别化教学。学习发展测评简单来说就是孩子在进园的时候要进行一个全面性的筛选和测评,家长也要填写一些资料,教师根据孩子目前的发展水平开发出一个独立的个别化课程方案。虽然美国班额比国内小一些,但是一个老师要教全班的小朋友,完成这个任务也是有很大的困难的,所以我们一直在努力。

(4) 儿童学习发展成果(Child Outcomes)。

(5) 社会、情感发展。

(6) 认知和语言发展。

(7) 身体发展。

(8) 师生互动交流。

(9) 因应文化和语言差异(Cultural and Linguistic Responsiveness)。因为美国是多元文化并存的国家,过去是以英语为主要语言,现在逐渐重视家庭母语非英语的孩子的发展,鼓励他们学习英语的同时继续学习他们的母语。这也是一个很大的挑战。

上面谈的是联邦的监管,下面谈州政府的监管,以加州州立儿童发展项目为例。它不像联邦政府监管得那么详细,但是也是比较类似,三年检查一次。

加州州立儿童发展项目之监管措施:

(1) 监察管理和行政(Governance & Administrating)。

(2) 标准、测评与责任制(Standards, Assessment, and Accountability)。2002年小布什提议各州建立早期学习标准,就是要检查各州建立的学习标准是否和联邦吻合。责任制就是说是否尽到相应的责任。

(3) 工作人员和专业发展。

(4) 教育机会均等。

(5) 教与学。

(6) 家长参与和亲职教育。

(三) 认证(Accreditation)制度。

以全国幼儿教育协会(NAEYC)之认证制度(Accreditation)为例。

全国幼儿教育协会之认证制度共有十项标准:

(1) 情感关系(Relationship)。指的是大人与小孩之间,孩子之间的情感,它非常强调情感、社交方面的发展。

(2) 课程。

(3) 教学。

(4) 儿童进展测评。

(5) 卫生。

(6) 教师。

(7) 家庭。也就是我们通常说的家园共育。

(8) 社区关系(Community Relationship)。如何利用社区的资源,跟社区建立良好的合作关系。

(9) 环境。

(10) 行政领导与管理(Leadership & Management)。

除了这个全国性最广的品质认证措施,也有少数其他的认证措施,有些教会的项目会有自己独特的认证标准。但是其他的一般都以这个全国幼儿教育协会的标准为基础。这个标准起源于 20 世纪 80 年代,才经历了 30 多年,还是比较新的。在美国只有 10% 参与了 NAEYC 的认证,一般来说是 5 年认证一次。

关于 NAEYC 认证制度(Accreditation),这里参考了一本书《照护我们的孩子:全国卫生和安全表现标准:早期保教项目指南》(*Caring for Our Children: National Health and Safety Performance Stan, dards: Guidelines for Early Care and Education Programs*)。

这是第三版的,2011 年的最新版,共有十个标准:

(1) 教师与职工。

(2) 园所活动。

(3) 促进和保卫健康。

(4) 营养和餐食。

(5) 设施、装备、器材和环境卫生。

(6) 游乐区/游戏场与交通。

(7) 传染病。

(8) 残疾儿童/有特殊需要之儿童。

(9) 园所规定。

(10) 立案领证。

(四）提升教职员工之教育程度

不仅是教师,还包括所有跟儿童接触到的成人,都需要提升教育程度。我们欢迎所有的员工都来参加,甚至在工作的时间也可以来参加,不影响薪水。

(五）专业发展:培训、咨询、指导、辅导、技术支援等

(六）专业发展/培训联通咨询、辅导和技术支援

(七）系统化地改进品质

三、品质的定义

下面简单说一下在美国关于早期教育品质理念的进展。

(一）20 世纪 80 年代及以前

（1）安全。

（2）和善温馨、支援鼓励孩子的大人(Warm, supportive adults)。很多孩子进入幼儿园很快乐,和老师亲亲抱抱,所以让孩子有一个温馨的环境是非常重要的。

（3）合适的学习材料。查看学习材料的内容是不是太浅,是不是太深,是否跟孩子的发展相匹配。

（4）稳定、可预料的日常作息(Predictable daily routines),孩子们的作息不能朝令夕改,应该具有一定的稳定性和可预料性。不要今天这样、明天那样,会使得孩子们无所适从。

(二）20 世纪 90 年代开始

美国从这个时期开始强调入学准备,为什么呢? 因为在 1989 年克林顿还

是州长的时候，几个州长一起开了一个会议，他们制定了一项标准，就是《Go to 2000》的目标。其中第一项就是入学准备。比如5岁的孩子，入学的时候就可以准备开始学习了。所以美国从20世纪90年代开始比较重视读写、识字，在这之前甚至禁止教字母"ABC"，那时候认为是不适合孩子的发展的、是没有什么意义的，不重视读写识字。这一标准主要有以下内容：

(1) 语言发展和读写识字(Language & Literacy)。

(2) 自我规范和学习心态与方法(Self-regulation and approaches to learning)。

(3) 前学术技能：读写识字，数量概念等(Pre-academic skills：literacy, numeracy, etc)。

(三) 目前

(1) 关注与就学准备相关的所有领域。因为就学准备不仅是语言方面、数量方面的学术技能，还包括人际交往、自理能力等。

(2) 州政府所订早期学习标准/指南。2002年，小布什提倡订立早期学习标准。

(四) 何为品质

品质包括结构特征和过程要素，具体如下。

(1) 结构特征：环境；比例（大人与儿童）；班级大小；作息时间表/密集性；课程和学习材料；教职员工教育和培训。

(2) 过程要素：温馨、有爱心的大人；情感支援；大人与儿童之间的互动交流；意向明确的(Intentional)教学；促进高层次的思维和创造力；行政领导和校务治理；家庭/家人参与。

教职员工/照护者的品质还可以分得更细，同样也是从结构特征和过程要素来划分。照护者很多都是照顾0～3岁的托儿，这也是需要取得一定的证书的。

(1) 结构特征,包括:教育程度;专业准备;专业发展;监督与支援;薪资;离职率(turnover rate)。

薪资和离职率有很大的关系,美国的早期教育工作者的薪资跟K到12岁的教师工资差别还是很大的。一般来说,5岁以下的早期教育的教师只拿K到12教师的60%~75%之间,这个数字还是公立的,如果是私立的那么他们的薪资就更少了。我看到的数据大概就是这样的。甚至很多托儿所的工作者比停车场收费的工人拿到的薪资还要少。如果这个学校在社区的话,可能跟K到12岁教师拿到的薪资一样,但是有的也是只拿到70%左右。

(2) 过程要素,包括:个性,比如说老师不爱讲话,这是否会影响到孩子们的语言发展;信念,如果有老师认为必须要通过打骂孩子们才会遵守纪律,这会影响他的教育行为;动机,比如有的老师是为了一份工作,老师的工作动机会影响到品质;交流沟通技能,个人跟孩子沟通交流的技能会影响到孩子的发展;教学技能。

(五) 何为品质:儿童学习成果表现优异项目之共有特征

(1) 教师教育程度良好。一般来说,教师教育程度起码都有本科的教育水平,受过儿童发展、幼儿教育等专门的培训和学习。

(2) 薪资报酬合理。薪资合理就不会让老师有后顾之忧,想着要找别的工作养家糊口,而且薪资跟他的受教育水平也是相匹配的,这样能够让教师安心工作。

(3) 课程坚实。

(4) 专业发展效力强。

(5) 班级小。

(6) 教师与儿童比例适当。

(7) 监督、辅导和检讨方面领导有方。

(8) 标准高和持续改进。

(六) 品质评估制度(Quality Rating System)与品质评估与改进制度(Quality Rating and Improvement System, QRIS)

以 QRIS 为品质框架,包括以下几点:

(1) QRIS 原先用于评估托儿中心(托儿所),给家长一个基本的概念来评价托儿所。

(2) 以市场为本位的系统化机制来评估、改进和传达幼儿保教品质。

(3) 奥可荷马州最先推广至所有早期保教园所(1998)。

(4) 建立、连接和强化早期学习体系中的各个环节。

(5) 适用于机构式和家庭式托儿项目。家庭式托儿各州规定不大一样,比如说有的家庭有 3 名 2 岁的婴儿,那么这一项目可能就是不可以实行的,但是如果分别是 1 岁、2 岁、3 岁可能就可以实行家庭式托儿。还有的请一个助手来协助进行家庭式托儿也是可以的。

(6) 为申请 2011 年度联邦"往上赛跑——早期学习挑战赛"经费必备条件之一。

(七) 品质评估与改进制度

QRIS 已经有了全国学习网络(National Learning Network),有 35 个州已经实施 QRIS,其他州正在设计或试行中。

QRIS 主要包括五个组成要素(5 components):品质标准(儿童早期学习的标准、项目和保教人员);督察和评估标准的程序;支援品质改进的程序,如何给予支援和改进;提供奖励与支援以提升至更高标准/级别;向家长和一般大众传播园所品质之信息。

举例来说,这是哈佛大学的一个标准:Improving Early Care Quality Using a Quality Rating System Approach。它一共包括五个步骤,分别是 Programs, Strategies, Drivers, Goals, Outcomes。

(八) 26 份 QRIS 中的品质要素

我对美国各州 26 份现行的 QRIS 进行了总结和分析。

(1) 遵守领照规定(Licensing compliance)(26)，也就是说把遵守领照规定当作 QRIS 其中一个要素的有 26 个州。

(2) 教职工资格(26)。

(3) 环境(24)。

(4) 家园伙伴关系(24)。

(5) 行政与管理(23)。

(6) 认证(21)。

(7) 课程(14)。

(8) 比例和班级/小组大小(13)。

(9) 儿童测评(11)。

(10) 健康与安全。

(11) 社区参与。

(12) 对残疾儿童提供特殊服务。

(13) 文化和语言多样性。

关于这 26 个州重视哪些方面，大家要有个概念。

（九）北卡(N. Carolina)的星级执照颁发制度

这里以北卡为例。园所可以从以下两个标准中各获得 1 至 7 分：① 教职工的教育程度；② 园所标准。

两个分数合起来算星级，一星级的 1～3 分；二星级的 4～6 分；三星级的 7～9 分；四星级的 10～12 分；五星级的 13～15 分。

（十）宾州的拱心石星级制度(Pennsylvania Keystone STARS Program)

(1) PA Keystone STARS: Standards, Training & Professional Development, Assistance, Resources, and Support.

(2) 融合品质标准、专业发展、测评、财政奖励和大众认同的全州性品质改进系统。

(3) STARS：STAR1—STAR2—STAR3—STAR4。这个制度是从一星到四星的。

(4) 使用幼儿学习环境评量表(ECERS—R)等标准化量表。

(5) 包含 Head Start 表现标准(Performance Standards)和监管措施以及自愿性加入认证系统。

(6) STAR1：遵守立案领证规定。这是最基本的，一星级。

(7) STAR2：可申办州立四岁班幼儿园(state PreK)。有两颗星才有资格申办四岁班幼儿园。民办、公办的机构都可以申请政府经费。奥巴马总统提倡四岁班逐渐普及，但是经费是一个很重要的问题，比如说校舍资金的来源。

(8) STAR4：已取得 NAEYC 认证荣誉。取得这个荣誉不容易。

（十一）连接品质评估改进和奖励措施

(1) 对象为园所或教职员工，具体包括园所器材、装备、教学材料等；升级支援；优先获得专业发展、咨询、指导、辅导、技术支援机会和获取其他资源。这些开销很费钱，普通园所没有这么多的资金支持这些方面的发展，如果专家来进行指导的话能够给园所更大的帮助；更高的政府托儿津贴，一般来说是对中低收入家庭发放的，如果园所等级越高的话，政府提供给孩子们的津贴会更高一点；园所设施改善和兴建，如果园所需要购买教学材料等，政府都会提供一些奖励；学生推荐与转介；奖学金和奖金，比如说政府出资鼓励教师去进修，本科去进修硕士学位的。一般来说是奖励园所更多一点，而不是直接给私人奖励。因为教师收入相对来说比较低，进修的花费又比较高，所以政府的奖励会给他们提供很大的帮助和鼓励。

(2) 对象为家庭，具体包括：较低廉的学费/托儿费，如果孩子进入等级比较高的园所就可以缴纳较低的托儿费，其他的费用由政府来进行补贴；托儿信息传播与转介，让家长了解咨询以便更好地进行选择。

(十二) 参与 QRIS 之非物质利益

刚才我们提到的都是一些物质利益,除了这些还有很多非物质利益的收获。

(1) 专业精神(Professionalism)与专业收益,具体包括:获得专家评估回馈,了解自身园所品质;肯定多年努力,继续致力于改进园所品质,得到专家的肯定对园所来说是非常大的安慰;了解自身园所须改进之处;支持最佳实践(best practices)的理念,如果参加 QRIS 的话,园所就会逐渐支持最佳实践的理念;提供家长有关以评估为依据的托儿选择,这并非自我评价,而是可以让家长获得专家提供的较为客观的评价;专业认同与尊重,这应该是最重要的一点,让大众及同行认同和尊重你,得到专业的认同,不只是一个保姆式的工作,这是最大的精神安慰。

(2) 专业成长与发展,具体包括:参与培训,获取新知,提升专业水平;优先获得专家咨询机会,获得专家指导、辅导或技术支援等。

(十三) 观察性品质评估量表

目前观察品质评估的量表主要是以下五个:

(1) Caregiver Interaction Scale(CIS),照护者互动量表。这是最早使用的量表,在 20 世纪 80 年代,但是它不是很完善,所以使用的范围不是很广,现在很少人使用。

(2) Program Quality Assessment(PQA),园所品质测评表。

(3) Environment Rating Scale(ECERS, ITERS),学习环境评量表。

这是目前使用最广泛的早期保教品质评估工具,几乎所有公办项目均须使用此表评估品质。还有四份适用于不同年龄和环境的评量表,分别是:Early Childhood Environment Rating Scale-Revised(ECERS‐R),幼儿学习环境评量表;Infant/Toddler Environment Rating Scale-Revised(ITERS‐R),婴幼儿学习环境评量表;Family Child Care Environment Rating Scale-Revised(FCCERS‐R),家庭托儿学习环境评量表;School-Age Care Environment Rating Scale

(SACERS),学龄儿童托儿学习环境评量表。具体来说,基本上都使用7分评分制,1分是不及格,2~3分是差强人意,4~5分是尚可,6~7分是优良。幼儿学习环境评量表有七项内容:空间与设施(Space & Furnishings);个人日常照护(Personal Care Routines);语言和推理(Language and Reasoning);活动(Activities);互动交流(Interaction);作息结构(Program Structure);家长与教职员工(Parent and Staff)。

它一共有43条,多数为学习环境指标,着眼于结构性指标,过程性指标非常有限。它是一个观察性评估工具,真正要做到准确的评估、完成观察和评估很费时。比如说个人日常护理中的洗手,每一项活动之前是不是要洗手:上厕所后是不是洗手、喝水前是不是洗手、吃点心前是不是要洗手、玩过橡皮泥之后有没有洗手等等,观察员要把所有这些内容都记录下来,看看有没有达到75%的比例,看达到哪种标准。总之,这些指标分得很细,操作起来很费时。

(4) Program Administration Scale(PAS)园所行政管理量表。

这个量表大家了解的可能比较少,主要是园长们使用,一般是私立园使用得比较多,因为公办园有政府的规定,只要符合公家的规定就好,公家的监管非常的严格。

主要包括:① 人力资源的开发(Human Resource Development);② 人事经费支配(Personnel Cost & Allocation);③ 园所营运(Center Operation);④ 儿童测评(Child Assessment);⑤ 会计管理(Fiscal Management);⑥ 园所规划与评鉴(Program Planning and Evaluation);⑦ 家园伙伴关系/家园共育(Family Partnerships);⑧ 招生与公关(Marketing & Public Relations);⑨ 科技的运用(Technology);⑩ 教职员资格(Staff Qualification)。

(5) Classroom Assessment Scoring System(CLASS),课室测评评分制度。

2007年,国会决定继续举办开端计划,所以联邦法案规定须测评室内与儿童学习成果以及其后成绩相连的教学品质(Head Start for School Readiness Act of 2007)。刚才说的环境评量表主要是以环境评量为主,很少是关于过程方面的,比如师生方面的互动,而这个量表强调的是过程性,强调教学品质。这份量表在2008年出台,由原先用于中学的测评工具修订成适用于PreK的,这是最新的,很多还在试行阶段,还在不断摸索中。此外还有依奥巴马总统签署的Head Start重新申请规定而设计的量表,是以评估师生间互动品质为焦点的观察性评量工具。有些州已采用CLASS作为QRIS的评估工具。

测评课室内的教学品质,主要包括:

情绪支援(Emotional Support),主要包括四个方面:积极正面的氛围(Positive Climate);消极负面的氛围(Negative Climate);教师敏感度(Teacher Sensitivity);对学生视角的关注与尊重(Regards for Student Perspectives)。

教室组织与管理(Classroom Organization),主要包括三个方面:行为管理(Behavior management),对孩子的行为如何引导;教学成效率(Productivity);教学形式(Instructional Learning Formats)。

对学生的支援与鼓励(Instructional Support),包括三个方面:概念的发展(Concept Development);高质量的反馈(Quality of Feedback);语言示范(Language Modeling)。

每次计分包括20分钟的观察和紧接的10分钟评分过程,连续四次,总共两个小时。全都是由经过密集培训(两三天或者几个钟头)而后考试合格,取得证书的观察员于上午时间在教室内观察师生间的互动来评分,如果是1~2分就是低等,如果是3~5分就是中等,如果是6~7分就是高水平。观察员是通过一年之后需要重新再考,所以取得观察员的资格是很不容易的。

在美国有一个权威专家的小组,他们提出真正要评估课室内可观察的品质需要包含以下几个维度:① 情绪氛围、社交性互动、支援社会技能发展、行为管教策略;② 教学活动;③ 一般教学技能与策略;④ 语言;⑤ 读写识字;⑥ 数学;⑦ 自然科学;⑧ 多元文化;⑨ 安全;⑩ 学习材料;⑪ 空间环境与教室布置;⑫ 对特殊需要儿童所做的调整。这些维度是非常全面的,既包括环境又包括教学,这只是一个引导性的建议。虽然这是非常详尽的,但是操作起来也是非常费时的。

案例研究及在学前教育领域的应用

黄娟娟[*]

在科研过程中,很多研究方法会被用到。研究方法主要有两大类,一类是量化研究方法,比如调查法、实验法等;另外一类是质化研究方法,主要有个案研究法、访谈法、观察法等。那么我今天给大家介绍的就是质性研究或者质化研究方法中的一种,即案例研究的方法,以及这个研究方法在学前教育领域的运用。在讲解案例研究的方法之前,我先给大家看一个例子,这个案例的名称叫"装水桶里有秘密",我们一起来看一看装水桶里到底有什么秘密,发生了什么事情。

一、一个例子

【案例】

装水桶里有秘密

这个案例发生在幼儿园小班,开学的第一周。这天天气炎热,小朋友外出散步后一进教室就说口渴,我提醒幼儿拿自己的杯子喝水,许多小朋友便走到

---

[*] 黄娟娟,上海市教育科学研究院研究员。讲座时间:2014年4月26日。

装水桶前忙着找自己的杯子。有的幼儿把杯子举得高高的，问我："老师，是这只吗？""这个对吗？"也有幼儿随便拿了个杯子就去盛水，在我低着头忙着检查小朋友是否拿着自己的杯子时，就听到有孩子在叫："水流出来了！""老师，老师！"我抬头一看，这才发现装水桶前挤了好多等待盛水的幼儿，韦韦正站在装水桶前盛水，水龙头开着，水流到了韦韦的杯子里，又从杯子里直接流到了地上，装水桶前的地上已经积了一摊水，韦韦愣在那儿，两只小手牢牢地拿着杯子对着不断流下来的水盛着，可是小小的杯子哪里盛得下不断流下来的水呢？我连忙伸手关了水龙头："好了，没事了。下次小心一点，大家不要急，一个一个盛水。"

通过我刚才讲的这个背景，大家在自己的头脑中，大概能够想象出这是一个什么样的场景，接下来我就接着讲一个事情，这是一个事件。

事件：甜甜差点摔了一跤

我帮孩子们盛完水，并安排他们坐下安静地喝，保育员也取来了拖把拖了地板，当甜甜喝完水踩着湿地板走到装水桶前放杯子时，脚下一滑不小心打了一个趔趄，我连忙扶住她，并提醒大家："地上有点湿，慢慢走，小心别摔跤。"幼儿小心翼翼地陆续走到装水桶前放好了杯子，教室的地板上出现了许多小脚印。

第二个事件：我们说对幼儿不能说教，要在情景中进行学习，那么怎样在情景中进行学习呢？让我们来看甜甜摔跤后发生的事情。

情景中学习好习惯

我问："你们有什么好办法能让地板上没有水呢？"幼儿七嘴八舌地说："喝水就要排队。""少盛一点水，水多了就会漫出来的。""小心一点走。""坐到椅子上喝水。""打翻了要叫老师。""你们想的办法真好，少盛水，水就不会漫出来了，让我来试一试这个办法，行吗？"我打开水龙头，用杯子盛了半杯水，转身离开，有幼儿叫："水流出来了！"我回过头，看着流水的装水桶故意说，"哎呀，我忘记关水龙头了",并马上关上了水龙头。我问:"我用了你们的办法,少盛水,怎么水还是会流到地板上呢?""盛好水要关水龙头的呀!""可是我的杯子盛了水很重,我要用两只手端住才能不打翻,我腾不出手关水龙头了,怎么办?""请别人帮忙。""让老师关。""可是等别人来关的时候,水已经流了一地了,有更好的办法吗?"

老师通过这个问题来激发孩子进行探讨和思考,想出办法,进一步地探索发现装水桶的秘密。

"装水桶说话了"

幼儿看着我,想不出办法。我有意变声说:"陆老师,陆老师,我有好办法。"我故意东张西望地问:"是谁?是谁在说话?"我又变声说:"陆老师,我就在你身后,是我——装水桶。"我惊讶地张大嘴巴,看看小朋友又看看装水桶问:"什么?什么?是谁?"小朋友们好奇地看着我。依依大胆地说:"装水桶在说话。""啊?是装水桶啊?"说着,我靠近装水桶,用手拍拍它,亲切地说:"装水桶,你有什么好办法不让水流到地上?"我又变声说:"我有一个机关,只要在喝水前把这个机关打开,小朋友盛水的时候,关不上水龙头水也不会流到地板上!""你们听到装水桶说什么了吗?"韦韦连忙说:"装水桶有机关!""谁愿意来找一找装水桶的机关?"琳琳走上来摸摸装水桶门上的锁,对着锁看了又看,最后指着锁说:"是这个!"我又变声说:"再猜猜!"依依走上来看看装水桶的下面,伸手拉了拉,拉出了一个抽屉,抽屉里有一个塑料水桶,大大的水桶口正好对着水龙头。我打开水龙头,水流入了水桶,地上干干的没有水。小朋友们高兴地拍起了手。"装水桶的机关是什么呀?""抽屉。""以后,我们喝水前先要做什么事情呀?"小朋友们笑着说:"拉抽屉!"

其实,老师已经发现了装水桶的秘密,但是对孩子来说,因为原来没有这方面的经验,要发现这个秘密很困难,老师就用拟人化的手法让装水桶说话,来引导孩子进一步探究发现装水桶里面有什么东西。可以引导小朋友思考接水的时候,手拿着杯子接水,水怎样才不会流到地上,"装水桶说话了"大概讲的就是这个内容。此外,孩子的习惯还需要在以后的情境再现中进一步巩固,老师也还需要再继续追踪观察。

在自由活动的时候,我看到几个小朋友来到装水桶前先拉开抽屉,再盛水,这样小朋友在喝水的时候地板上就不会有漫出的水了。

这个事件主要想说明的是怎样帮助孩子在游戏或者户外体育活动、自由活动后喝水的时候,一方面养成良好的习惯,另一方面让地上没有漫出的水。这个事件结束了,那么接下来我们要对这个事件进行一定的分析,分析其中隐含的道理。

老师主要从两个方面进行了分析:一是创设一定的问题情境,帮助孩子解决问题。譬如前面韦韦拿着水杯装水,然后水都流出来了这样一个情境,或者发生这样一个问题,有可能是老师预先想到的,或者是老师事先预设的,也有可能是突发的问题,那么不管是老师预设的问题还是突发的问题,为了帮助孩子解决怎样更好地盛水,我们就用拟人化的手法——装水桶会说话,来引导孩子探索和发现其中的秘密,帮助孩子解决问题。我们可以看到,老师在后面的事件中没有重复前面发生的事件,而是把事件中隐含的道理揭示出来,主要从孩子的年龄特点、学习需要、新旧经验建立的联系等来帮助孩子引发认知冲突,调动幼儿探索的积极性,让幼儿主动想办法找到解决问题的答案。二是老师要提供机会让幼儿进行讨论、探索,在解决问题的过程中,提供给幼儿充足的探索、思考和讨论的时间,这也体现出教师教育理念的转变。所以,这个案例中,老师没有讲道理,没有告诉孩子应该怎么样,而是让小朋友自己去谈论。在案例中,我们也可以看到,小朋友七嘴八舌地说出了自己的看法,然后就是在这个基础上,老师按照小朋友的想法去盛水,但是水接好了,还在滴滴答答地流,那该怎么办?老师进一步引发孩子探索和解决问题,所以在这个过程中,老师不是简单地说教,而是发挥孩子的主动性、积极性,让他们自己来想办法,来思考,来讨论,来解决问题。这个时候,一个案例就已经完整地呈现给大家了。

从这个案例里面,我们可以看到哪些东西?也就是说,案例研究的目的和意义是什么?

二、案例研究的目的、意义

首先说一下案例研究的目的以及标准。案例研究的第一个目的,对我们幼儿园来说是"分享经验",类似于幼儿园的园本教研,告诉老师应怎样开展园本教研,比如说要学习《3—6岁儿童学习与发展指南》或者说学习相关的适用性文件,除了学习政策法规以外,更多的是集合发生在自己身边的一些事件,大家平时相互交流,或者看到一些困惑以后相互讨论,相互分享经验。例如,刚才的案例中,老师介绍了她在生活活动当中怎样引导孩子思考和讨论有规则、有秩序地接水,让地上没有水,怎样来判断这样的一个事件。事件讲出来以后,对新教师来说,他们原来没梳理过或者没有想到,自己以后带班的时候也可以这样来尝试,让小朋友一起来谈论,养成这方面的规则。假设把这个案例讲得很抽象:体育活动回来之后,老师组织小朋友喝水,地上弄得一塌糊涂,那怎么办呢?小朋友喝完水之后,发现要把这个抽屉拉出来,以后他们就知道,接水的时候要拉抽屉。你们可能就听了大概的情况,但是这件事情到底是怎么发生的、发展到最后问题是如何解决的,都是应该要讲清楚的。所以,引出来一个标准就是要"体验真实的情景",就是说,你在讲这个案例或者故事的时候,虽然听众都不在现场,但是听了之后就能想象当时大概是一个什么样的情景,事情是怎样发生、发展的,到最后是怎样结束的,那么这个案例就描述得非常具体和清楚,这样就能让听众体验到真实的情景。对于刚才这个案例,你就能想象出大概是个什么样的情况:孩子在这个过程中是怎样的表现,他们说了什么话,以及老师是怎样回应他们的。这样我们就给案例"提供资源",一个个案例就是我们老师进一步研究的资源或者说素材。所以,对我们幼儿园来说,案例研究的第二个目的在于把案例作为一种研究资源。另外,我现在给你们提供的这个案例是比较成功的,最后老师成功地帮助小朋友解决了问题,但并不是说所有的案例都是要成功的,有时候我们遇到的案例中,老师会有一个"两难的困惑"。那么这个困惑是什么呢?就是说,接下去我到底应该怎样做呢?老师很难抉择。比如说刚才的案例,你们看到很顺利地进行了下来,假如这位老师相对来说经验不是很丰富,当小朋友接水以后,地上不是有水了吗?小朋友们在讨论,老师按照小朋友们的说法去做,也有可能是谈论完之后小朋友知道这个抽屉的事,以后要先把抽屉拉出来,然后才能接水。那假如说,就我们这个案例,虽然老师带领小朋友去讨论了,小朋友们知道装水桶有个抽屉,我们自己接水的时候要先把这个抽屉打开来才能接水,但并不是班上所有的小朋友都能做到,有的孩子接水的时候还是没有打开抽屉,水还是流到了地上。也就是说,班里会出现两种情况:一种是小朋友知道接水时要打开这个抽屉,能遵守并执行;另一种是有些小朋友虽然认知上知道接水的时候要先拉抽屉,但是在实际操作的过程中他并没有表现出来。这样老师就会出现困惑,对于这种困惑,教师可以在教研活动中,或者带班的老师彼此之间进行交流和讨论,看看针对班上一些比较顽皮的孩子或者说不遵守规则的孩子,或者不一定就是说顽皮、不遵守规则,而是孩子的认知与行为之间有一定的冲突,那应该怎么办?作为一个两难的困惑,大家一起来谈论,那么在讨论中,老师可能就会意识到这是3—6岁孩子本身的年龄特点,不可能一件事情一宣布下去小朋友就都能很好地遵守,在这个习惯养成的过程中,可能会出现反复,作为老师来说,要更好地提醒小朋友,看小朋友从外面冲进来要接水,我们怎样提醒她,或者在提醒的时候不一定都是口头提醒,也可以在水桶旁边贴一个标志进行暗示,就是说,可以想出来各种各样的方法来帮助孩子养成习惯。那么对于老师来说,到底怎样做会更好,可以用这样的一些案例来激发老师之间相互交流和相互学习。那么第三个目的就是"提出问题,诊断支持"。比如说像刚才说的,小朋友可能还不能很好地遵守,那么老师可以告诉他们应该怎么办,刚才也提出了各种各样的方法,老师在实施了以后,需要总结哪一种方法最好,或者怎样做更好。所以说,刚才我给你们看的这个案例相对来说是描述了一个比较短的时间内发生的情况,而有的案例要持续几天或者几周,老师出现的问题和困惑需要持续一段时间再来研究。还有就是"进行反思,调整改进",这个反映的是在案例的最后我们要进行一个案例的评析,揭示案例中间所隐含的教育理论或者是教育的意义和价值,使我们进行更好的思考。这就是有关案例的一个相应的标准——"开辟思考的空间"。

其次是有关案例研究的意义。为什么在幼儿园要进行有关案例的研究？其实，现在在幼儿园进行研究的时候，有一个很重要的方法，也是每一个研究者基本上都会用到的方法，就是案例研究的方法。案例研究是我们幼儿园老师非常愿意接受和使用的一种方法。为什么这么说呢？就像刚才的案例一样，其实就发生在我们老师带班的日常生活中，就发生在自己的身边，然后老师就发现原来把这个写出来（当然要围绕着课题来写），科研就在我们身边，就发现其实我们一线老师大部分都在做研究，从而不害怕做科研了。因为大概在1983年以前，做科研基本上就是量化的研究，采用的就是经过大量数据调查的调查法以及进行实验研究的实验法。实验法有实验班、对照班，而且要求控制得都非常严格，这样就产生了一个问题：这些数据搜集起来怎样统计？然后就是实验班、对照班的变量控制很难，所以，幼儿园老师有一种畏难的情绪，觉得这个科研挺难的。在20世纪90年代中后期，引入了实证研究方法之一——案例研究方法，这让老师觉得原来科研相对来说还是比较容易的，科研就在我们身边，可以让老师乐于参加科研，不会产生畏难的情绪。所以，这个案例研究对于老师来说是面对教学，面对自己所带的班级，面对正常教学，然后注重积累。老师如果要做课题研究，就可以围绕这个课题研究进行观察和收集材料，即使不做课题研究，做一个有心人的话，也可以把自己身边发生的事记录下来，就像我刚才给大家看的这个装水的案例，就是老师自己在日常的带班过程中感到这个事情有意义、有价值，把它记录了下来。当然，像我在做课题研究的时候，也要进行案例观察和资料搜集。现在要在教育中体现行动研究，什么是行动研究呢？行动研究就是在不断的教育教学活动中，针对观察的内容进行调整和改进，调整以后再来反思，有什么问题再进行调整，不断地循环往复，把这些材料积累下来。从课题研究的角度来说，研究的资料都有了，尤其是对老师来说，通过这样的积累可以促使自己教育教学的改变或者说使自己的教育基础更强，增加老师的实践机会。我记得刚走上工作岗位没多久，做了一个课题，是有关优秀幼儿教师教育行为的研究，主要是研究我们上海地区的特级教师、十佳中青年教师，这些教师现在有的已经退居二线了，也有一些当时年轻的教师现在还在教育第一线，都是很有名的教师，不知道你们听过没有，上海本溪路幼儿园教师应彩云，当时也是我课题研究的对象。我想说的是，那个时候虽然还没有案例研究，但是我们一些优秀教师其实在日常工作中有意无意地都在注重积累，然后增加实践的机会。那个时候我使用质的研究方法来进行研究，因为我要在她的一个班里面观察班级活动，就是用摄像机架在那里进行观察。我在观察的时候看到她的一个动作，她从自己的口袋里面拿出一本工作手册，那个时候的工作手册封面不像现在是用各种皮做的，就是黄颜色的牛皮纸，她拿出来看看再放进去，那个时候我是在观察，不能去打断她，跟她交流，那是不可以的。中午吃完饭，我们就进行访谈，访谈的时候我就问她：应老师，我刚刚看你上课的时候拿出一本本子，看看，再放回去，我不知道这本本子上记的是什么，你为什么拿出来看？然后她就告诉我本子上记了很多东西，也就是我们说的注重积累。例如，上面记了提问不成功的问题，有一条是"荤菜与素菜有什么区别？"她问小朋友们，小朋友没有反应，那为什么没有反应呢？（因为孩子对这两个概念不清楚）对，这个问题可能对孩子来说太抽象了，孩子没有这方面的经验，因为她问的是荤菜和素菜有什么区别，"区别"这个词对孩子来说太抽象了，平时也不经常用，那现在突然问他们荤菜和蔬菜二者的区别，孩子是讲不出来的。然后她就换了个角度，问孩子们：荤菜和素菜有什么不一样？这个时候班里的孩子开始七嘴八舌地说二者有什么不一样。那么中午吃饭的时候她就记下来，为什么早上提的问题失败了，换了角度问又成功了，原因是什么，都记下来。不是说记下来就好了，要对这些问题进行梳理，进行分析。比如这个问题太抽象，这个问题远离孩子的经验。提问成功了的，也要分析原因，总结怎样提问才会成功。这些幼儿教师其实自己在进行这样的反思，注重积累，然后通过自己不断地分析和归类，总结经验，实践经验就会越来越丰富。后来我在2007年4月做了一个有关师幼互动的教育部重点课题，应彩云老师又是我的成员，她跟我说，现在她还在做这个事情，只不过现在不用本子，换成电脑了，她还是这个习惯，没有改变，就是每次活动结束以后，她都要反思一下，哪些地方做得不够好，哪些地方做得比较好，然后把这些东西都输入电脑里面去，就是说这方面自己要注重积累。其实，不管你是要做课题研究还是不用做课题研究，即使在日常的教育教学中，你都可以进行案例积累，做案例研究，观察、发现自己身边发生的一些事情，这样就可以使你的实践智慧越来越丰富。当然，具体表现出来就是老师的教育机智更强。我在1992年研究的时候应彩云老师就跟我说了，她说她自己现在这个教育随机性要比以前好一些，她为什么进步很快呢，是因为这本本子帮助很大，促进个人反思，提高了专业技能，如果把这些做成案例研究的话，就可以实现教师间共同分享。

三、案例的内涵

到底什么是案例？案例就是一个有关教育情境的故事，就像前面讲的"装水桶里有秘密"，它有故事的名称，名称是生动的、引人入胜的，引导人继续读下去，有情节的发生、发展和结束，再加上精彩的点评分析。点评就是揭示教育中隐含的教育价值或者说隐含的教育理论。案例其实就是一事一议式的，就是对一个活动某些关键点的描述，是对一个问题的深入讨论，比如这个装水桶的故事，就是围绕一个重点进行描述。案例可以是个人反思的载体，例如，我们上海的一位老师，她本来是非专业毕业的，但是她走上工作岗位后又是特别专业的，因为她准备了一本本子，特别善于记录，我也看过这位老师的反思札记，比如小朋友不睡觉，怎么办？上厕所时，小朋友都闹翻了，怎么办？一开始，她也很困惑和茫然，到现在，已经工作三年的她成了很好的带班老师，她很善于对教育教学活动进行反思：活动怎样设计，活动过程中间怎样有效地回应孩子……她对这方面的记录都进行了深入的思考，这对她自己也是一种经验积累。所以说，案例可以是个人反思的载体，可以是理论研究的素材，也可以是他人学习的范例。就像刚才我所说的应老师，在我们上海某杂志每一期都有她的文章，她通过积累一些素材，然后经过构想把它写成案例，作为大家学习的范例。这样的案例是对我们教育教学的一种思考，它是提升教师的专业判断和教学实践智慧的过程，从中可以看到一位教师是如何从当初的稚嫩走向成熟，开展活动更加游刃有余的，是如何通过不断积累，从不成功到成功的。前面提到的这位应老师，她总对我们说，你们给我提提今天的活动有什么不好的，如果你们给我提出哪里不好，我会非常兴奋，为什么呢？因为这可以让我知道我的活动还有哪些不足，能够有进一步努力的方向，如果大家对我的活动没有什么意见的话，那我就没有进步。所以，不管是年轻教师还是比较成熟的有经验的老师，在教育教学活动中间注重观察，积累案例，时间久了的话，可能就会让自己的专业判断和实践智慧有很大的飞跃。当然，如果把案例提出来大家一起来分享，那就是注重集体智慧的分享，我们更注重提升教师集体的实践智慧。所以，案例写出来可能并不是给自己用，大家可以共同分享，共同提升。案例绝不只是讲一个生动的故事，而是为了揭示故事背后所蕴含的各种因素、发展与变化，是为了解决问题，为了进一步的提高。一个好的案例＝生动的故事＋精彩的点评分析。

其次，案例与其他文体的区别。

案例与论文的区别：论文以说理为目的，以议论为主，以演绎为主，从抽象到具体。案例以记录为目的，以记叙为主，兼有议论和说明，归纳从具体到抽象。

案例与教案、教学设计及教学实录的区别：教案、教学设计是事先设计的教育教学思路，是预期对要采取的教学措施的简要说明。案例是对已经发生的教育过程的反映，是结果，它反映的是教师的一种实践，是教师自己在教学中学习、提高的过程。

教学实录是有闻必录，案例是有所选择的。

接下来让我们来消除对案例的种种误解。

一是所有的案例都是事件，但是并不是所有的事件都可以成为案例，事件必须有一定的典型性，可以给人很多的思考，有借鉴的意义和价值。

二是所有的案例都是故事，但并不是所有的故事都可以成为案例。故事必须包括两个基本的条件：是一个真实的事例，不是凭空想象编造出来的；要有一个从开始到结束的完整情节,片段支离破碎的、无法给人以整体感的所谓的故事不能成为案例。

四、案例的撰写

首先要讲的是案例撰写中要把握的几个要点。

第一,要写真实的故事,也就是发生在自己身边的真实的教育教学情景中的真实的事情。第二,写案例一般用第一人称或者第三人称来写。第三,要描述清楚、解释清楚,有丰富的情节,在故事发生发展的过程中,老师与小朋友的对话、语言、表情都要在案例中显现出来。丰富的情景与要讲的道理应达到一个平衡,不能把故事从头讲到尾,要学会提炼;不要讲大道理,连篇累牍,要画龙点睛。

接下来讲一下案例的结构要素:第一,要有条件和背景,让读者知道故事发生的环境和条件,不需要面面俱到,应是对研究场景的客观描述,包含教师、幼儿、教学和环境。第二,要有一个主题。围绕这个主题,要注重过程,对细节进行真实、形象的描绘。提炼主题的过程实际上是一个深入思考和探究的过程,从原始的材料到成熟的案例需要反复修改和加工,案例的主题就是在这个过程中逐渐清晰和明朗起来的。所以,老师把一个案例写出来之后,要不断地进行修改和完善。当然在这个过程中也要注意过程的完整、细节的描述,兼顾科学性和可读性,语言简洁、鲜活、生动,以引人入胜的方式展开,重视运用收集的资料。第三,要选择合适的切入口,从最有收获、最有启发性的角度切入。第四,要交待细节,特别是关键性细节要写清楚,不能一笔带过。第五,要有结果,不仅要有思路,描写教育教学过程还必须要交代教育教学结果,这种教育教学措施的即时效果,包括幼儿的反应和教师的感受,这将有助于加深读者对整个过程的内涵的了解。第六,要有一个评析,把案例用基本的、核心的教育观念理论进行诠释。评析是在记叙基础上的讨论,进一步去揭示意义和价值,它不一定是理论阐述,可能是就事论事,有感而发。

下面就是写好案例的关键。首先要选择复杂的情景,先来看一个案例——"伟大的阿土桥建成了"。看到这个题目,可能我们会想:为什么是伟大的?是怎样建成的呢?那么我们先来交代一下"背景":结构区一直是男孩子最钟爱的区域,正好幼儿园在进行一个"搭桥"的主题活动,"桥"这个主题活动的进行需要和区域活动配合,老师们提供积木、纸盒、雪花片之类的材料,孩子们主动尝试做了各种各样的桥。在这个过程中,老师投放新的材料——报纸,孩子们展开讨论:用报纸来造桥,该怎样造呢?关于报纸的探索活动,在结构区悄悄展开了,老师边观察边记录,伴随孩子一起进入这段奇妙的探索旅程。

接下来,发生了一系列的事件。

第一天:报纸可以造桥吗?

好奇的九九第一个发现了报纸,他把报纸拿在手里左思右想,一会儿把报纸折成纸条,一会儿又把报纸铺在地上,最后,九九把报纸折成了一个正方形,为了能使报纸"站"得更稳一些,他还用积木把桥的两端固定住。

九九似乎很满意自己的作品,就对一旁的阿土说:"我的报纸桥做好了。"

阿土转过身来,很仔细地观察着报纸桥,还用手碰了碰桥面。正当九九满怀欣喜地等着阿土称赞的时候,阿土却说:"一点也不牢,报纸是不可以造桥的。"

九九非常不服气地说:"报纸可以造桥的,是软的桥。"

阿土又说:"软的不是桥,硬硬的才是桥。"

九九说:"那你可不可以造一座硬硬的桥?"

阿土不假思索,很自信地说:"可以。"

随后,阿土也拿来了一张报纸摆弄起来。

看到两个小朋友在讨论,老师心里有想法了,即"教师心理活动"。在活动过程中,老师观察孩子的情况,或者采取相应的措施,肯定有自己思考和决策的过程,只是老师有时候可能习以为常。在写案例的过程中,老师应当把理性的东西,怎样思考、怎样决策的写出来。下面这一段围绕九九和阿土用报纸做桥的过程,主要讲的是阿土怎样用软报纸做软桥的时候老师的想法:恰当的质疑如同幼儿自主学习和探究的催化剂,它会激发幼儿思考,也是促进幼儿继续探索的动力。在这个事件中我们可以看到,孩子们对报纸是否可以造桥产生了矛盾,从而引发了新的问题:报纸是否可以变得硬硬的。这就引发了孩子的进一步思考。

第二天:方形支架和三角形支架

阿土第二天如约来到结构区,九九也来了。他们在讨论怎么样才能建起又牢又稳固的桥。九九用报纸搓了一个纸棍,接下来要把纸棍做成一个正方形的东西,因为他看到"外摆渡桥",说这个桥看上去就是用一根根棍子搭成的,但是是三角形,九九反驳说:"人走在上面不是要掉下来的吗?我觉得是正方形的。"可以看出这些都是孩子自己的经验,到底用三角形还是正方形?他们就求助于老师。老师说:"你们用这两个方法都来试一试,看看到底哪一种方法好,哪一种方法更合适。"因为老师的想法是:希望孩子成为问题的独立解决者,最好的方法就是让他做自己愿意做并感兴趣的事,去解决他们想解决的问题,哪怕失败也是一次必要的体验。老师其实都知道,三角形的支架更为牢固,但是老师不是直接把答案告诉孩子,而是给他们创造环境和机会,让他们自己通过实践发现机会,让他们自己通过实践发现其中的知识。而且,孩子在主动解决问题的过程中获得体验,要比获得知识本身更为可贵。接下来我们看一看又会发生什么事情。

第三天,三角形支架更牢固

这个事件主要讲因为两个人正在争论到底三角形和正方形哪个好,老师让他们自己去尝试。在尝试的过程中,有的小朋友很自信地说:三角形是不对的。因为每个人都是从自己的经验出发,说三角形不稳的。阿土听了之后就动摇了,停下手里的活看着九九。这个时候老师在他耳边说:"相信自己,再坚持一下,说不定就会成功的。"当孩子想要放弃的时候,老师介入了,于是阿土又继续做了起来,在做的过程中两个人还是发生了矛盾,到底是三角形好还是正方形好?最后孩子们通过自己尝试,得出经验:三角形更稳固。

在这个过程中,老师让孩子自己去动手、探索和体验,而不是把自己的经验直接、简单地告诉孩子,所以,这又是老师针对孩子刚才的探索三角形和正方形的心理活动,其实这揭示着教育的价值。对于老师来说,在活动的过程中,孩子是什么时候才需要帮助的?在探索过程中间遇到困难的时候,老师要及时地、有针对性地给予心理或能力上的支点,这个支点可以顺利帮助孩子有信心地继续沿着既定方向探索前进。作为老师来说,要给孩子一个脚手架,帮助孩子克服困难,从一个阶段过渡到另一个阶段,虽然老师只是进行了简单的指导,但是对于孩子来说就是给他们信心,让他们继续坚持下去。刚才说案例是两难困惑,在这个问题里面,我们可以看到,虽然三角形被最终认为是最牢固的桥,但是整个过程很曲折,孩子们尝试了好几次,始终不能把报纸铺在支架上。孩子在自我学习的过程中,遇到了很多的问题,作为老师怎样进一步推动事情的发展?他对接下来要怎么做有自己的想法。

……

第五天:横梁有多少?

这个事件主要讲孩子们发现这个桥如果要做得比较牢固的话,仅仅用三角形是不够的,可能还需要在桥的下面有一些横梁,来更好地稳固桥。那这个横梁到底应该怎么做?小朋友围绕这个问题又进行了讨论与探索。接下来围绕孩子的探索,老师自己进行了一些思考。这就是我前面说的,作为老师要不断地在活动中针对孩子的情况采取措施与方法,我们要把活动中老师为什么要这么做,把隐含的教育价值揭示出来,这样就使得我们的案例不是简单的就事论事,而是把我为什么这么做,我是在什么样的理论指导下这么做的,反映了我的什么教育理念,或者我的一种价值追求,或者在这里面体现了我的什么样的专业判断等都写下来。这样就使得我们的案例研究水平更上了一个台阶或者说提高了一个层次。

第六天:"神兵天降"

其实这个事件就是家长帮助孩子成功。通过 PPT 中的事件描述,我们可以看到,爸爸的介入帮助孩子知道:我这个桥怎么样更坚固。这里面其实反映出一个力的原理,当然对我们幼儿园的小朋友来说不可能讲这个道理。但是这两个孩子在造桥的过程中间体验到怎样搭建才会更加牢固,其实我们是为孩子今后的学习打下了基础。虽然在这件事上我们没有给孩子讲这个道理,但是孩子经历过了、体验过了,这对于他以后的经历都是一种财富。接下来就是围绕家长的支持,帮助孩子搭建桥时老师的一些心理活动。另外我觉得老师的心理活动起到了承上启下的作用,即把前面隐含的道理揭示出来,同时,为接下来要怎么做打下伏笔。

第七天:伟大的阿土桥建成了

所以我们可以看到,对孩子来说,建桥这样一个过程确实是比较漫长的,在这个过程中,老师创设了一定的条件,其实是非常简单的、低结构的或者说是原材料就是一张报纸,但是引发了孩子的探索。在这个过程中,我们可以看到老师的教育智慧。而且这个桥是能够承受一定的重量的。经过七天的努力,一座由孩子们自己设计、自己建造的阿土桥终于完工了。在这个过程中,孩子们遇到了许多的挫折,也收获了许多的快乐。

接下来就是对这一事件的分析。首先要描述案例,把一件事的发生、发展到结束描述清楚。分析是把这件事所隐含的道理揭示出来。这个分析很简单,有两点:第一,给孩子一个支点,他们可以撬起地球。老师要给予孩子适度的支持,发挥孩子自身的主动性和积极性,把他们的创造性充分调动起来。第二就是给孩子一份鼓励,他们可以收获成功。确实,在这个过程中,我们可以看到孩子不断地想放弃,但是对我们老师来说,针对不同孩子进行教育,说明老师还是很有智慧的。

从这个案例中,我们可以归纳写好案例的关键三点:

(1)选择复杂的情景。事件的发生、发展有多重可能,要做多种判断和选择,有过程、高潮、结尾。

(2)揭示人物内心。行为是表面现象,心理活动则是故事发展的内在依据,对教师的内心活动、幼儿的内心活动都要注意揭示。

(3)具有独到的视角和思考。

接下来说一说撰写案例的程序:

（1）需明确问题。

（2）围绕研究的问题，运用实地观察法收集资料。

（3）对资料进行分析、归纳，提炼鲜明的主题，描述故事。

（4）理论解读分析。

五、案例评价的指标

我们主要从三个方面对案例进行评价：一是案例选择的典型性。二是叙述的生动性，要把案例中人物的语言、动作、表情具体生动地撰写出来。三是含义的深刻性，过程中隐含的道理要揭示出来，这也反映了我们老师的专业水准与专业判断以及专业素养。

最后说一说在写案例的时候要避免出现的问题：

（1）材料收集不完整。写出来的案例不是很生动。

（2）反映主题不清晰。就是案例主题没有反映要说明的问题。

（3）叙述重点不明确。为避免这个问题，只要把与主题相关的写出来，不需要面面俱到。

（4）思考加工的深度不够。

（5）表述形式单调。比如就是一种对话。

（6）分析质量不高。隐含的教育理念没有揭示出来。

我们在写案例的时候要注意避开以上六个方面，从我们研究的需要出发，这样的案例质量就会比较高。

语言学习的认知神经机制

李 平[*]

我给大家讲一些关于这一专题的背景知识,包括目前国际认知界的研究进展、最关心的问题以及还有哪些我们需要研究的课题。请看下图。

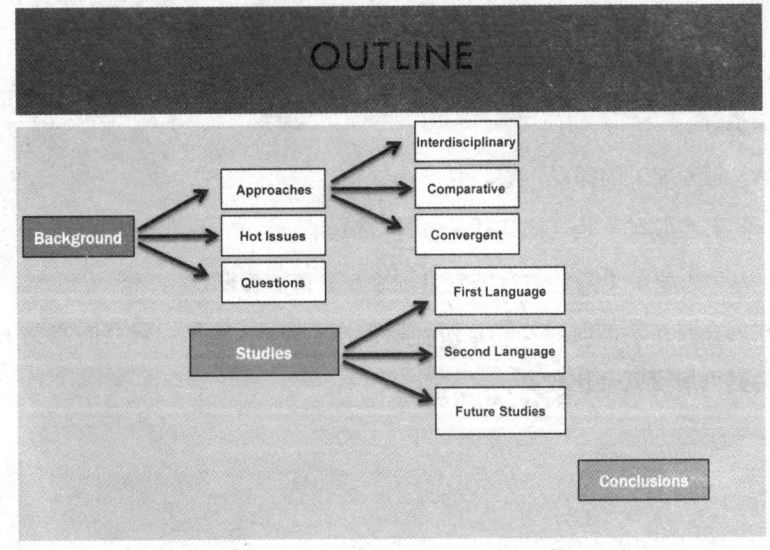

图1

---

[*] 李平,美国宾夕法尼亚州立大学语言科学研究中心教授。讲座时间:2014年5月14日。

首先是背景知识。背景知识分为方法、热点和问题三个方面。方法主要是跨学科的、比较的、趋同的。我最初就是学习语言的,在深入研究语言的过程中,我逐渐转向心理学,进而到认知科学、人体科学,可以说在研究领域方面有很大的跨度,这实际上也代表了现在学科的一种发展趋势。但是不同学科方法的使用不是各自为政,而是为了相互弥补和互相比较。比如说成人语言和儿童语言进行比较,教育学和心理学、语言学视角进行比较。只有通过比较,才能开拓研究的视野,发现新的奥秘。但仅仅比较仍不够,还要能够会和这些不同领域的比较结果,因为我们比较的目的就是寻找共同的趋势和特点、互相检验理论或证明假说。现在不管是做哪个方面的研究,都是需要这些方法的,尤其是做一些跟以前的研究有关的问题。我记得我上大学时,我的老师会凭语感写一篇论文,我认为这是一种基于语感的纯粹思辨。而现在这种光靠语感来进行的研究,已经不适应时代了。现在的研究要求质化和量化并行,越发趋于科学方式,因此做研究还是得掌握以上方法的。

接下来我要介绍一下我们做的研究。在座的各位同学基本都是做第一语言研究的,所以我们先讲第一语言的相关研究。接着是第二语言,即母语之外的语言学习。最后是第一语言和第二语言综合学习的研究,这也是未来语言发展的一大趋势,这项研究正在进行之中。这些是本次讲授的大体框架,我就简单地提一下,下面进入正文。

我们都知道,语言是一个复杂的过程,它涉及认知、神经甚至生殖过程。幼儿通常通过阅读绘本,通过听父母讲故事,通过和周围人的交流来学习语言。当父母讲故事时,语言借声音的形式通过空气传到幼儿的耳朵,进而传导到幼儿的大脑,使大脑神经元受到相应刺激,产生一些活动。经过长时间的这种活动,幼儿的大脑就形成了一种表征,即一种抽象的理解。对物体、事件有一个抽象的表征,包括概念、范畴、特征等,能够使得幼儿对他人更好地理解,和外界更好地互动。反过来,我想传达一个信息,可以通过语言的刺激到达你的大脑神经。这个过程是一个认知的过程,也是一个发展的过程,因为这个活动需要一定的时间。如果说这种表征被理解错误,比如我说这个是"桌子",但是他认为椅子是"桌子",那么就会引起沟通的困难。因此,相同的表征是非常重要的。正确的表征是正常交流的关键。我这里要特别提一下 Bates 教授,她是加州大学的心理学教授,她在 1999 年提出了一些理论,认为可以从以下这几个方面探讨语言:幼儿什么时候出现语言?幼儿语言的性质是怎样的?幼儿能够学到多少语言?这些问题都是正在被研究的。Bates 教授非常具有前瞻性。我们知道,很多科学家在技术尚未成熟的时候就提出了一些前瞻性的论点,而我们现在所做的研究就是在验证他们的理论假说。我当时有幸跟着 Bates 教授做博士论文,因此对这些比较熟悉。

我想要介绍的是宾夕法尼亚州立大学做的一些研究,这些研究在对语言的发展、认知神经发展这方面比较突出。左上图是我们的认知神经和脑行为的一个研究中心,右上图是我们的研究设备,下图是我们的老师和学生在实验室做科研,营造了良好的学术氛围。

图 2

我们在这里研究语言是怎么发展的、第一语言和第二语言学习的差别、语言障碍研究，等等，我们有一个研究团队，我们负责语言方面的不同研究，各司其职，又相互借鉴。从下图可以看出，有的人研究语言学习，有的研究阅读，有的人研究说话和发音，有的人研究语音、词汇和句子，有的人研究第二语言，有的人研究语言障碍，包括失语症等。研究不同的问题，需要通过不同的研究手段，主要包括行为、计算机、脑电、脑成像等方式。这些方式的综合使用可以研究语言学习或者语言障碍在大脑中是如何反映出来的、第一语言和第二语言在大脑中是否相互影响。下面的图片就显示了我们目前关心和研究的问题，这些问题可以从教育学、语言学和心理学等角度来研究。我自己最早是做汉语言发展的，也做过一些语言理解研究、第二语言学习研究，运用了计算机、脑电和脑成像等方式。接下来，我就给大家简单介绍一下我们的研究，和大家分享。

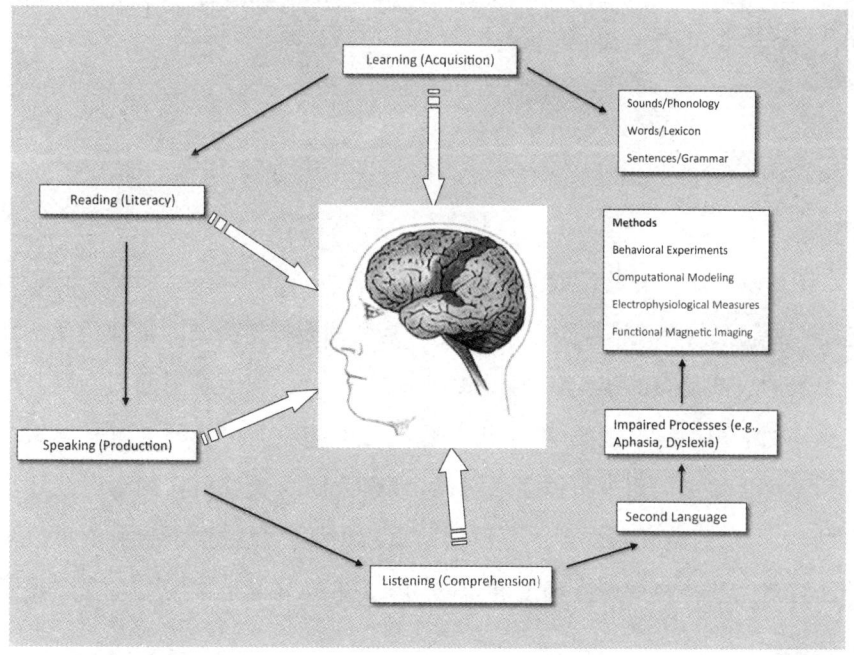

图3

下面这幅图是行为方法的研究。不同方法的研究所要达到的目的是一样的,就是解决一些问题或者验证一些理论。不过,我建议大家有了问题再去找方法,这也是解决问题的一个正确的步骤,即从问题出发。

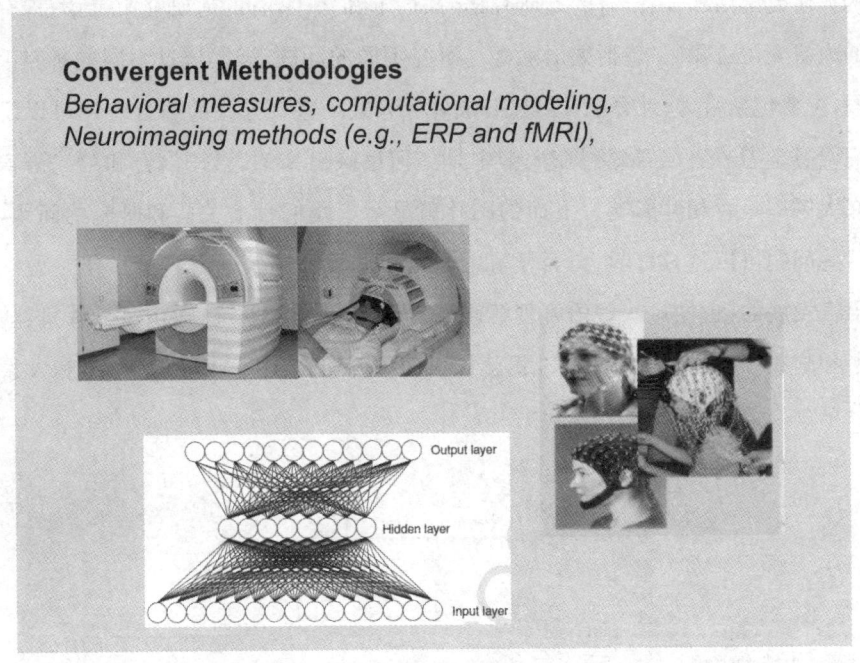

图 4

下图是功能性磁共振成像(fMRI, functional magnetic resonance imaging),它是一种新兴的神经影像学方式,其原理是利用磁振造影来测量神经元活动所引发的血液动力的改变。fMRI 由于其非侵入性、没有辐射暴露问题与较为广泛的应用,从 20 世纪 90 年代开始就在脑部功能定位领域占有一席之地。这个手段可以用来扫描大脑活动,观察大脑在受到语言刺激时候哪个点"起火了",这就意味着哪个部位的脑血流增多。通过这个脑血流可以测量语言对大脑神经的刺激程度和范围,可以知道语言是作用于左脑多还是右脑多。

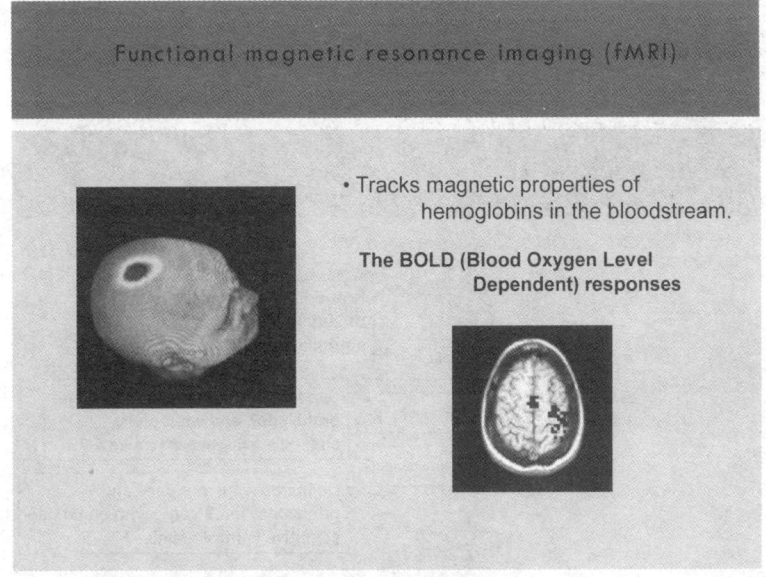

图 5

通过运用功能性磁共振成像的方式,我们可以研究这样几个重要的问题(在座的同学们也可以看看现在国外在做一些什么方向的语言研究)。

第一,AOA,即语言获得的年龄。语言学习年龄的早和晚同语言学习的成功和失败是否有关联?语言获得的年龄是否跟神经认识变化有关系?这些都是幼儿语言研究中极为重要的问题。我通过讲 AOA,旨在使在座的同学们意识到这一问题研究的迫切性。

第二,proficiency,即语言熟练程度。较晚学习语言的人能够熟练掌握语言吗?如果能,那么有什么神经认识科学的证据来证明?我们知道,有些小孩受到环境和基因的影响,最初的语言发展受限制,但之后的语言发展却没有受到限制。有些人第二外语的学习开始得很晚,但是同样能够把它学得很好。前两个问题是有贯通性的,我会在接下来做详细介绍。

第三,cognitive control,即执行控制。是不是会第二语言的人比只会一种语言的人执行控制能力要强呢?假说认为这是因为第二语言的学习容易对第一语言产生影响,第一语言也会干扰第二语言的学习。比如说我们在讲英文的时候要避免中文词汇跳出，在讲中文时候要避免英文词汇跳出。这样一种语言转换的能力被称为执行控制。

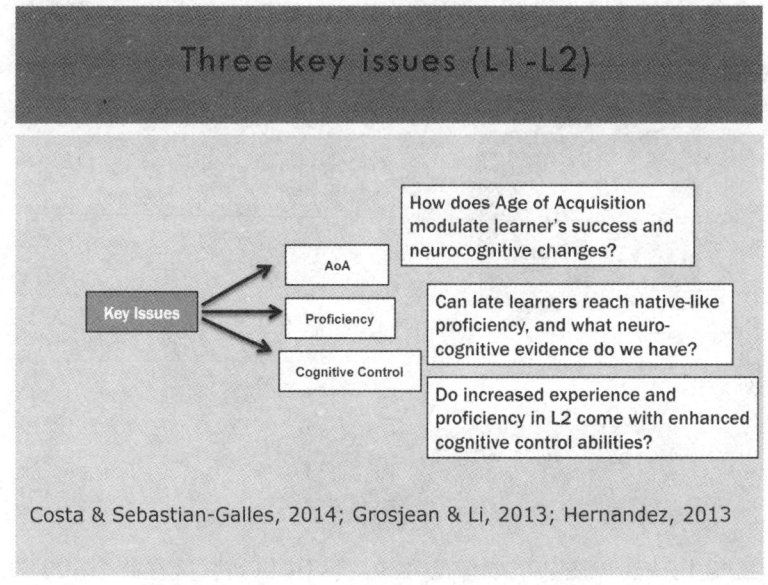

图 6

以上这三个问题，实际上就是这些年来语言界非常关心的问题，急待研究证明。对第一语言和第二语言特质比较有兴趣的同学可以上网查阅 Costa 和 Sebastian-Galles 在 2014 年写的一篇综述文章，Grosjean 和我在 2013 年写的一本书《The Psycholinguistics of Bilingualism》以及 Hernandez 在 2013 年关于语言的论文。有兴趣的同学可以看一下《The Psycholinguistics of Bilingualism》这本书，书里有我们自己写的文章，还有其他专家的文章。这本书语言浅显，本科生和硕士生都能阅读，即使没有心理学方面的知识也能够读懂，学生的反响还是不错的。另外一本书是《The Bilingual and Brain》，这本书也是刚出版不久，书中的语言也很容易明白。如果在座各位对今天我所讲的内容不是很清楚，那么可以阅读这两本书；我所讲的内容就囊括了这两本书，以及我之前提到的一些论文的内容。

我今天主要把精力放在 AOA 这个问题上，也就是语言获得年龄的问题。

因为这个问题对在座的幼儿教育专业的同学来说十分有意义。在《科学》杂志纪念125年创刊号上，提出了125个所有学科的大问题，其中一个问题就是这个AOA。有没有语言的关键期？为什么孩子学习语言学得比成人好？为什么学得早的就比学得晚的学得好？这些问题的提出引起了语言界、心理学界以及教育界的广泛关注。我们都知道，我们带着孩子去美国，一两年后，孩子就能说一口像模像样的流利英语。这是为什么呢？

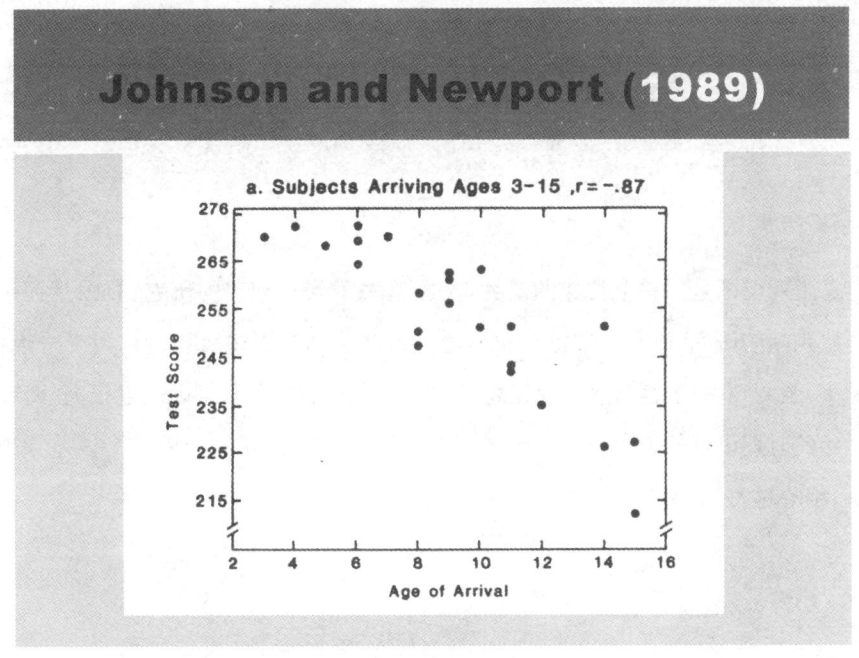

图7

上图是1989年琼斯和纽波特教授做的一项研究。这个研究很有意思，两位教授找来一些留学生，包括幼儿、小学生和中学生，请他们听280个英文句子，这些句子有的合乎语法，有的不合乎语法，然后请他们判断句子的正误。合乎语法在这项研究中主要指的是单复数的使用正确。研究结果最终显示，年龄越小的孩子正确率越高，而年龄越大的孩子正确率越低。年龄和成绩之间呈线性下降。

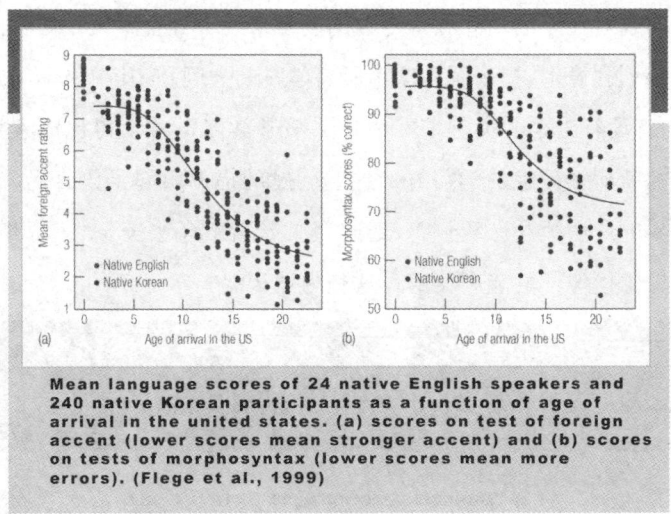

图 8

上两幅图是另一个类似的研究,左图是关于句子理解的研究,右图是关于语法判断的研究,研究结果也如出一辙。但是从两幅图中可以看出另外一点,即 15 至 20 岁的语言离散程度较高,甚至在 20 岁之后语言正确性也很高,而在低年龄时期语言的聚合程度比较高。这说明年龄越小,语言学习的个体差异越小;年龄越大,个体差异越大。

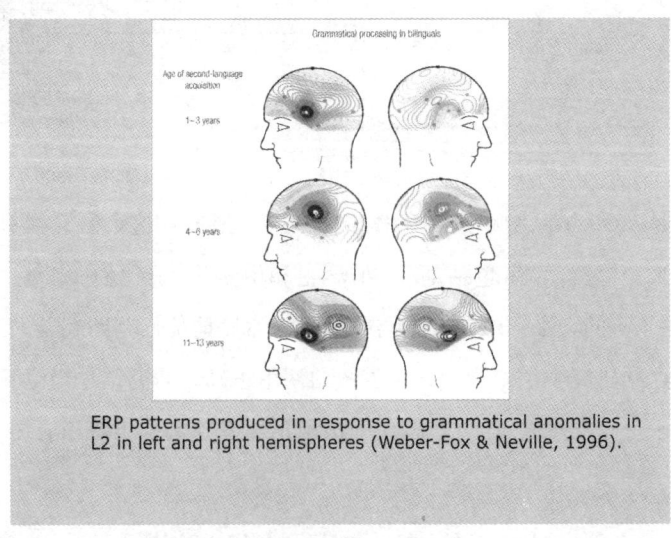

图 9

上面这幅图表明,1 至 3 岁幼儿在进行句子加工时通常使用大脑的左半球,但是随着年龄的增长,逐渐共同使用大脑的左、右两半球。也就是说,第一语言的学习主要是用左脑,而第二语言的学习用右脑更多。随着年龄的增长,第二语言的学习差异逐渐增大,右脑被使用的差异也逐渐变大。语言发展的差异在使用大脑时也有一个明显的变化。

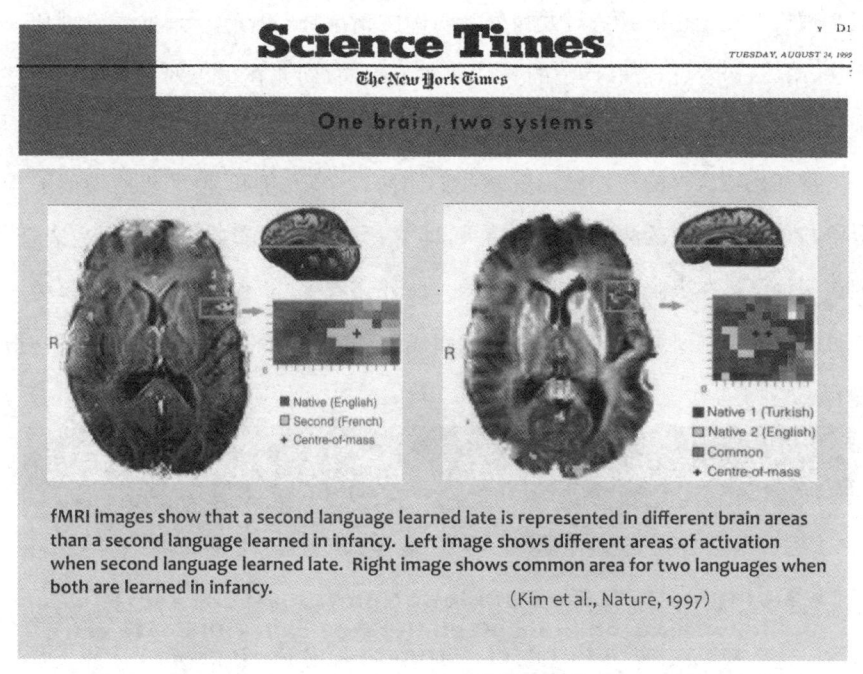

图 10

还有一个研究是利用研究功能性磁共振成像来实施的。1997 年 Kim 等教授在《自然》杂志上发表相关论文,他们认为:当母语和第二语言在不同时期学习时,这两种语言在大脑中的学习区域是不在一起的;如果母语和第二语言是同时学习的,那么两种语言在大脑中的学习区域基本是在一起的。有兴趣的同学可以查阅这篇论文《One Brain, Two Systems》。

接下来我们回到 AOA 这个年龄问题上来,这个 AOA 到底是什么原因引起的?最早的理论假说是由美国的一个生物学家 Lenneberg 于 1967 年提出的,他认为语言学习的关键期完全是由于大脑成熟的可塑性变化引起的,这也就导致第二语言学习与母语学习情况的差异。他所谓的"可塑性变化"指的是什么呢？我们知道,左脑负责语言、逻辑、分析等,右脑负责艺术、想象、创造等,Lenneberg认为这种左右脑分工在青春期逐步稳定下来,语言只在左脑活动,无法得到综合的学习,而到青春期之后再学习语言就比较困难了。后来人们发现这个理论不完全正确:第一,大脑分工明确的情况往往比他所谓的青春期要早得多;第二,语音、语法和词汇的关键期各不相同,幼儿在很小的时候就能很好地辨别语音,但是语法的关键期最晚。

现在比较认可的一种结论就是我们团队在2005年和2007年所做的关于母语和第二语言比较测试的研究结果,即第一语言表征影响着第二语言表征,但这两种语言在大脑中是同时激活的。此外还有Kuhl和Werker教授等关于语言学习情境的研究,他们认为,儿童和成人语言学习的差异和社会及语言情境有关联。

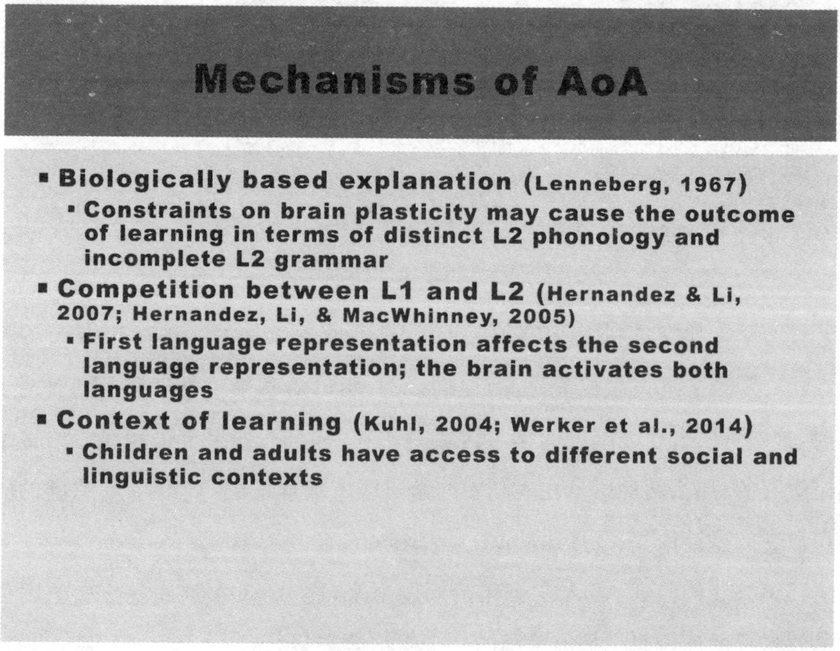

Mechanisms of AoA

- **Biologically based explanation** (Lenneberg, 1967)
  - Constraints on brain plasticity may cause the outcome of learning in terms of distinct L2 phonology and incomplete L2 grammar
- **Competition between L1 and L2** (Hernandez & Li, 2007; Hernandez, Li, & MacWhinney, 2005)
  - First language representation affects the second language representation; the brain activates both languages
- **Context of learning** (Kuhl, 2004; Werker et al., 2014)
  - Children and adults have access to different social and linguistic contexts

图 11

还有一项研究发现，婴儿在很小的时候就注意发现社会的线索。如图所示，左上图是通过真人跟婴儿交流使婴儿学习第二语言，右上图是通过电视让婴儿学习第二语言，下图是对照组，即让婴儿只学习一种语言。从下图可以看出，有真人陪伴学习第二语言的婴儿，他的第一语言和第二语言发展比电视教授婴儿学习语言要好得多。因为电视对于婴儿来说只是视觉上的刺激，无法产生社会性的语言交流。也就是说，非真实的语言环境造成了儿童语言学习的某些障碍，比如发音错误、词汇缺乏、语法错误等。

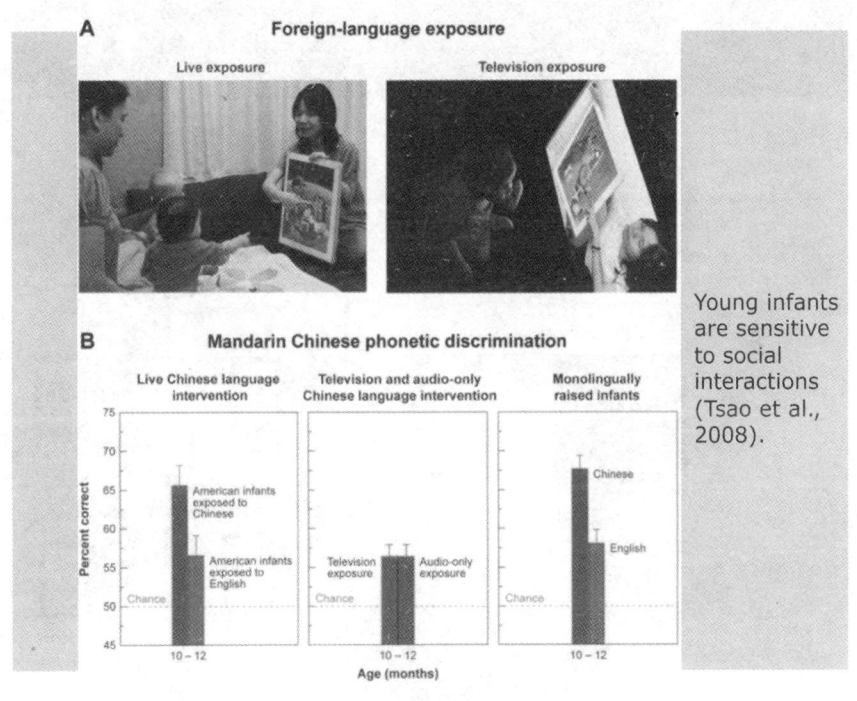

图 12

还有一些学者从语言起源的角度来研究。他们认为，面部表情、姿势动作对于婴儿语言学习相当重要，尤其是母亲同婴儿的交流（Weikum 等，2007）。所以从发展心理学或者从进化论的角度来看，这一观点确实很重要。通常我们学习第二语言的时候，老师只是叫我们看课本、写作业，忽视了语言学习的其他方式。

曾有人对婴儿做过这样一个实验：该婴儿的母语是英语，他在看电视里的人讲英文时显得十分腻烦，但当同样的人讲法文时，婴儿又被电视吸引住了。这说明婴儿的语音辨别很早就发生了。

我们去年发表了一篇文章《Two Faces, Two Language：An fMRI Study of Bilingual Picture Naming》，就是研究脸部变化对语言的影响。有兴趣的同学可以去看看这篇文章。

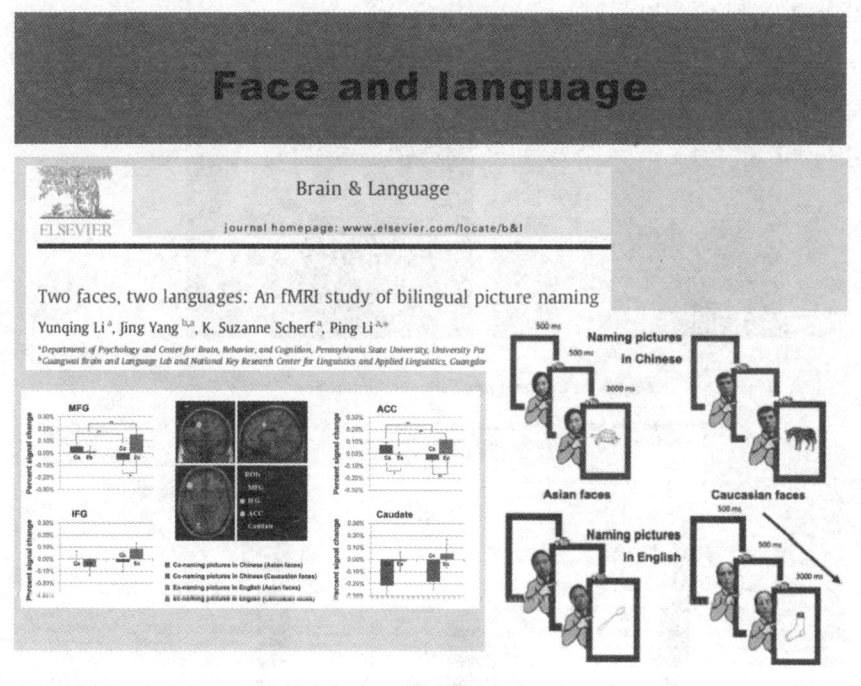

图 13

我们在学习中文和英文的时候通常还是本国老师教授，跟中文、英文分开教授，外国老师教授英文相比，这两种学习方式也会造成母语和第二语言学习的差异很大。

其实，学习第一语言和第二语言时，它们之间有一个相互竞争的作用。假如说学习母语相当于背汉语词典，学习英语相当于背英文词典，那么学习这两门语言就是背互不抵触的两本词典即可。而实际上，这两种语言的学习是相互交叉影响的。随着学习程度的增加,两者之间的交互作用更加显著。

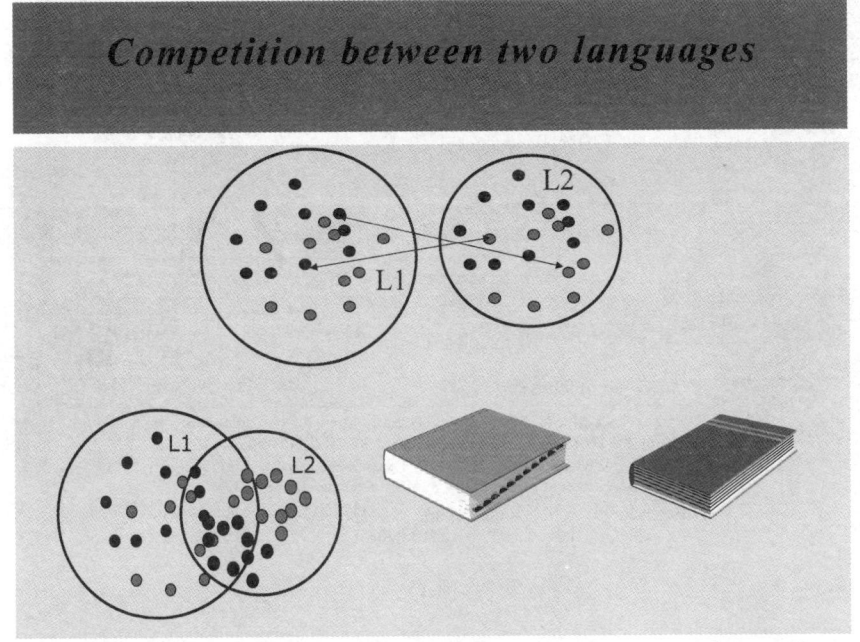

图 14

我有幸在加州大学跟随两位心理学家做研究。一位是之前提到的 Bates 教授,另一位是 Elman 教授。Elman 教授主要研究动态的变化,这启示我能够从动态视角,运用计算机模拟和 fMRI 研究母语和第二语言之间的动态作用。我这里提供一些我的文章供有兴趣的同学参阅。

由于时间关系,我无法向大家讲解下图这个模型是如何建构的,图中有相关文献和网址,可供大家查阅、参考。总之,母语和第二语言之间存在竞争关系,这决定了我们学习第二语言的最佳时机。

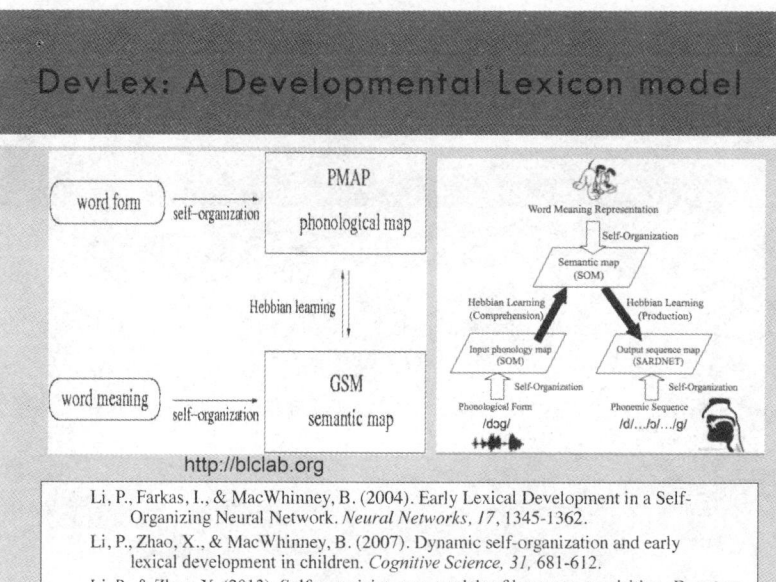

Li, P., Farkas, I., & MacWhinney, B. (2004). Early Lexical Development in a Self-Organizing Neural Network. *Neural Networks, 17*, 1345-1362.

Li, P., Zhao, X., & MacWhinney, B. (2007). Dynamic self-organization and early lexical development in children. *Cognitive Science, 31*, 681-612.

Li, P., & Zhao, X. (2013). Self-organizing map models of language acquisition. *Frontiers in Psychology*, doi: 10.3389/fpsyg.2013.00828

图 15

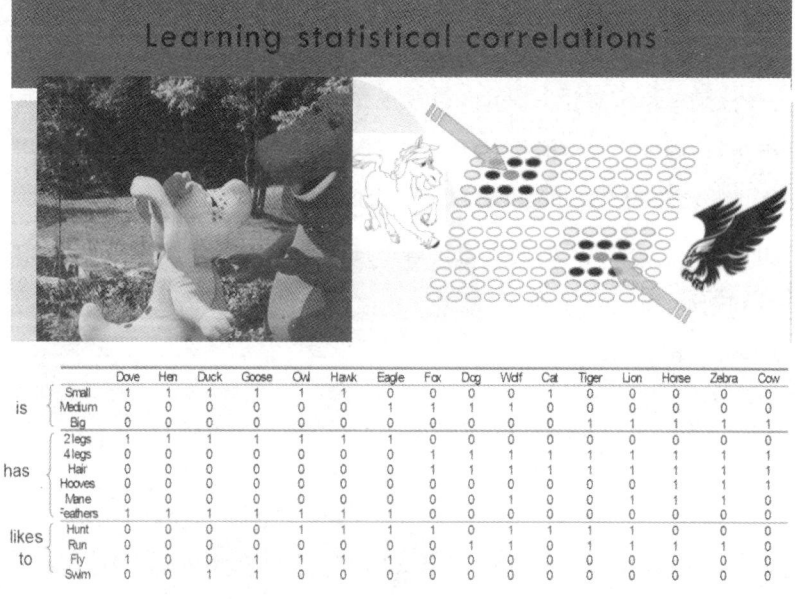

图 16

上图中成人带幼儿到动物园,幼儿对动物产生了一些表征,我们对这些表征也相应地做了统计。但是这张统计表的数据是庞大而繁杂的,我们进而建构了相关的模型,如下图。至于这个模型是如何建构的,大家可以查阅我们的相关论文。

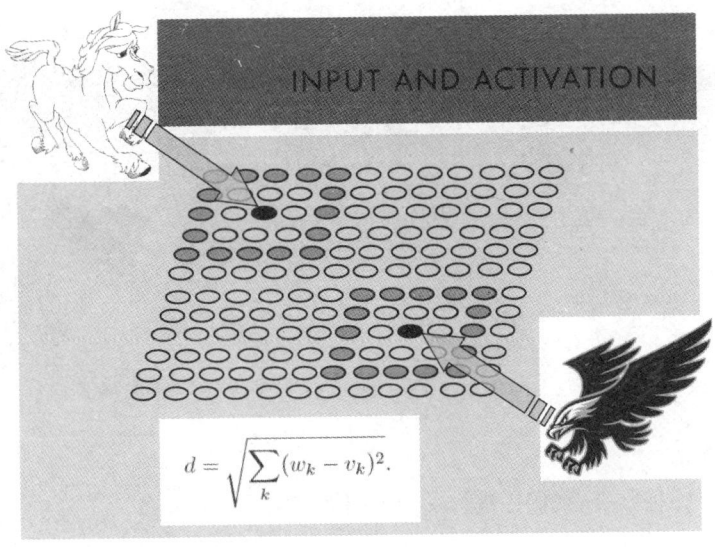

图 17

下面两幅图反映了母语和第二语言的交互作用。

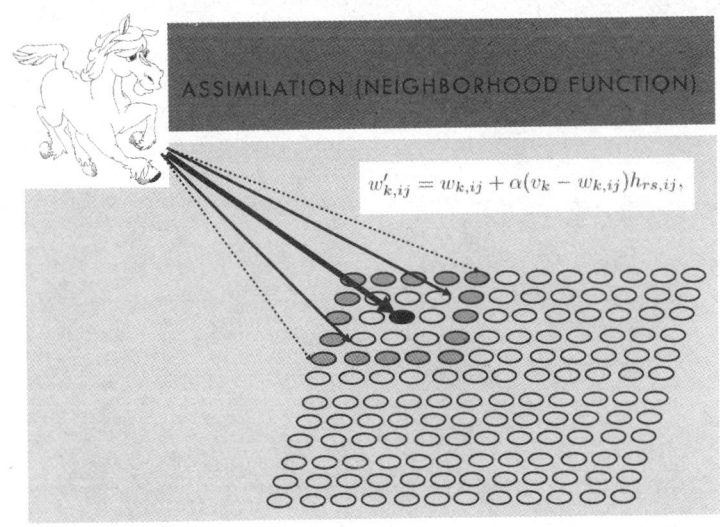

图 18

图 19

除了特征归类,我们还进行了词汇归类实验。

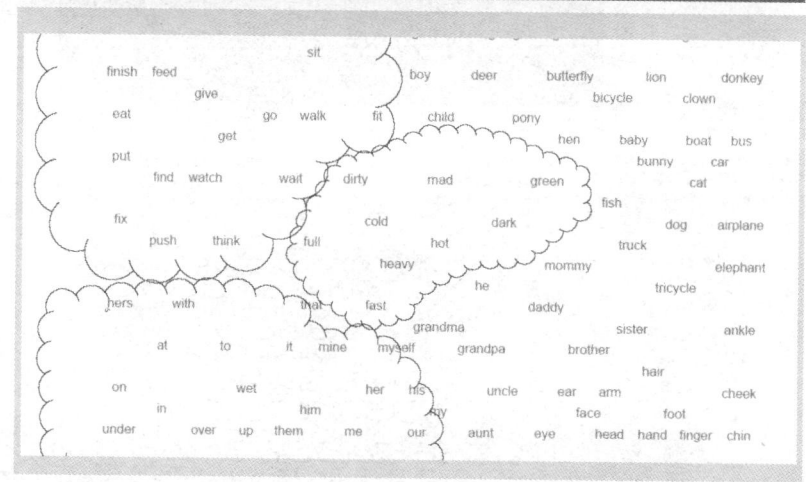

图 20

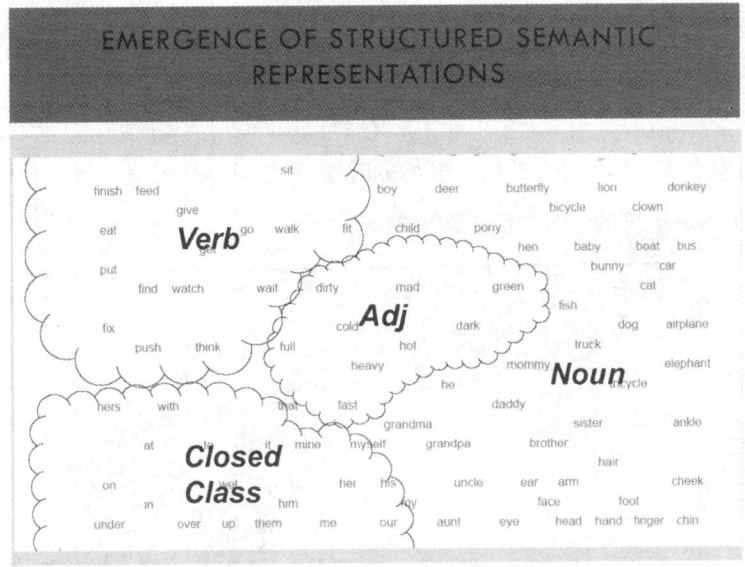

图 21

上图显示的是幼儿的词汇归类,这是我们的模型所能够达到的效果。下图反映的是结构性表征的发生,当有 50 个、150 个、250 个、500 个词时,儿童的词汇表征是有差异的。因此该模型能够帮助我们理解儿童是如何在大脑中建立这种表征的。

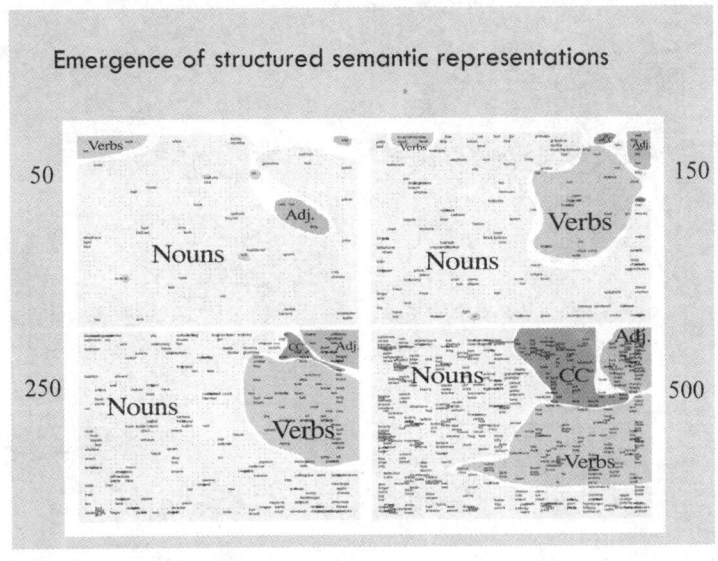

图 22

随着年龄的增长，儿童的词汇广度也逐渐增加，二者呈线性关系。这是我们所熟知的结论。

当然，最有意思的是，除了学习一种语言，比如除了学习英语，还学习中文，那么模型会有怎样的变化呢？一开始的时候，我们可以比较只学习一种语言的情况，那两种语言的学习如何建构模型呢？

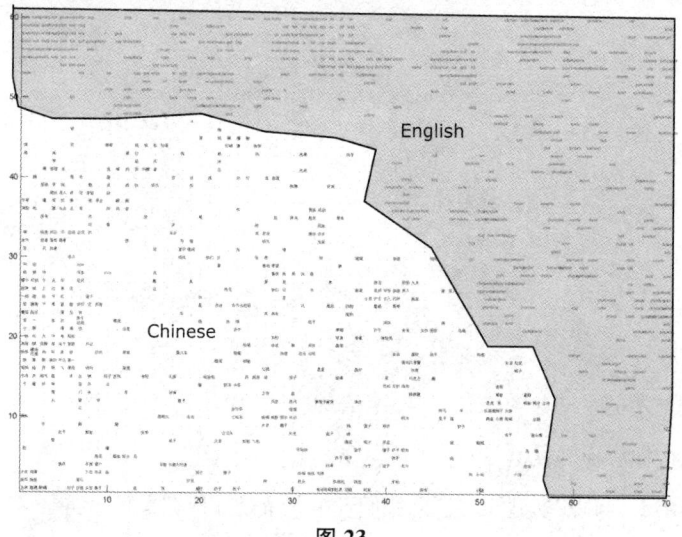

图 23

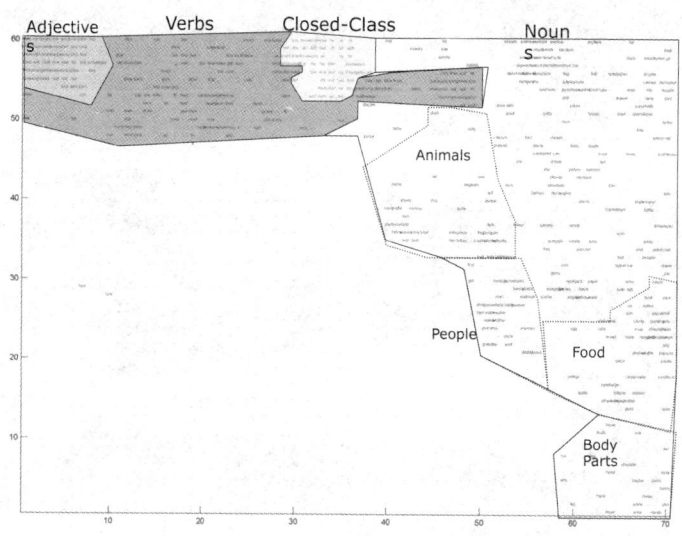

图 24

儿童在学习英文的时候常常建立起范畴或者概念,然后分门别类。

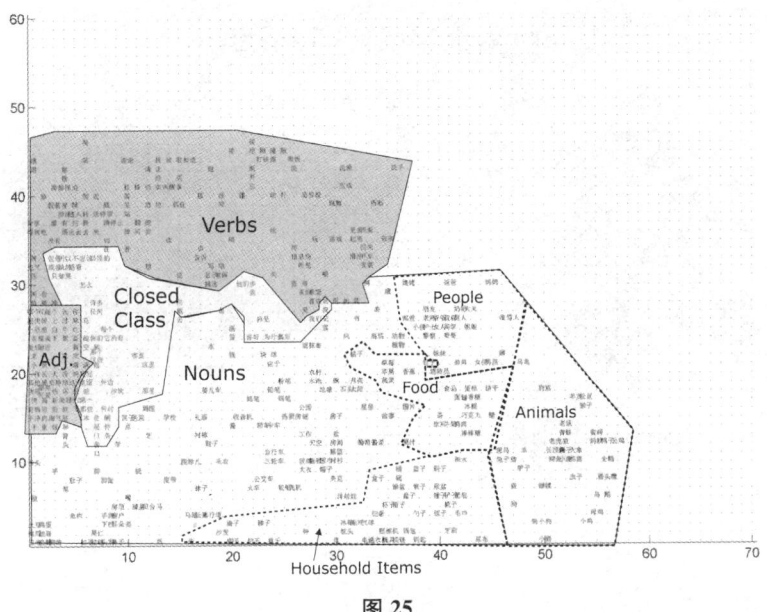

图 25

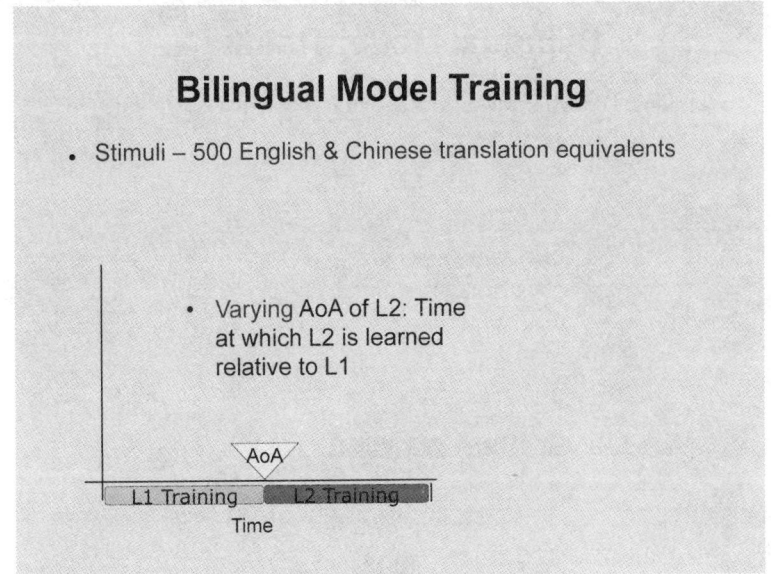

图 26

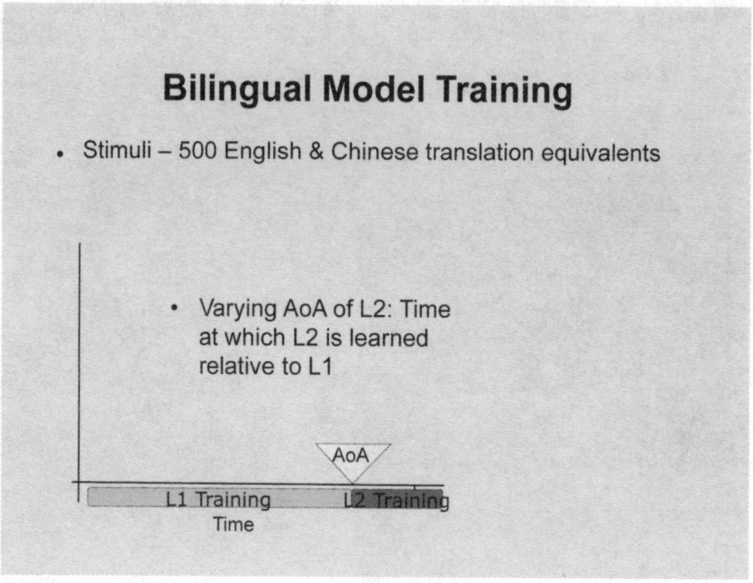
Bilingual Model Training
• Stimuli – 500 English & Chinese translation equivalents
• Varying AoA of L2: Time at which L2 is learned relative to L1
AoA
L1 Training
L2 Training
Time

图 27

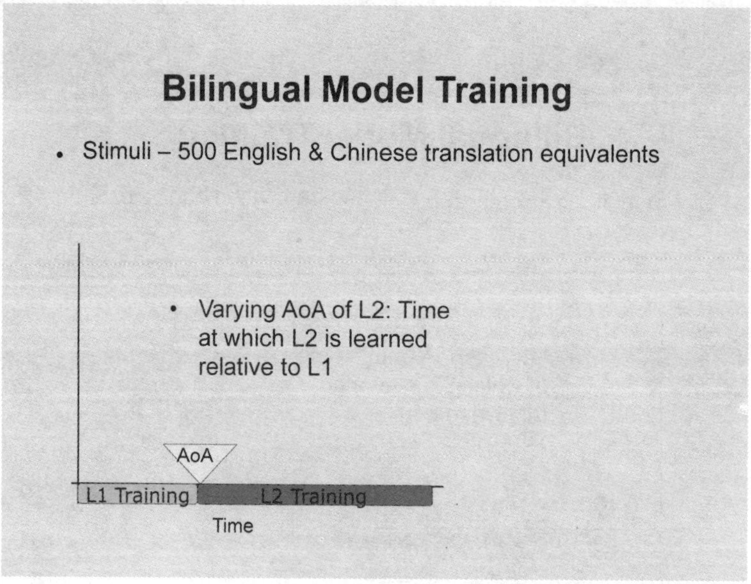
Bilingual Model Training
• Stimuli – 500 English & Chinese translation equivalents
• Varying AoA of L2: Time at which L2 is learned relative to L1
AoA
L1 Training
L2 Training
Time

图 28

在学习中文时,这种模型也被建立起来了。那么这种模型的好处是什么呢?我们可以在同一个模型中,不表现任何变量的情况下测出内在的差异。我们可以模拟这个时间,在学习第一语言学到一半的时候再引入第二语言,然后再把时间系统地变化。或者在第一语言学得很好、趋于成熟的时候再学习第二语言。还可以在第一语言学习得不是很好的时候学习第二语言,这就是在座同学语言学习的情况。通过这三个模型的比较,我们可以做出一些推论。所以我们做了早期第二语言学习表征的研究。研究发现,讲中文的儿童很早开始学习英语,英语表征显得很系统,说明学得很好。而在较晚时间学习第二语言的儿童,其对英语的表征就是零散的,而且是建立在第一语言的学习基础之上。我们为了论证该结论的准确性,又研究了把中文作为第二语言的儿童,其研究结果仍是如此。

所以简单地总结一下:第一,可以通过这个模型来了解儿童学习第二语言的发展变化;第二,可以了解第一语言和第二语言之间是如何竞争的;第三,可以了解第一语言对第二语言的可塑性是如何影响的。

大家可以稍微回顾一下我所讲的内容。

接下来我展示的是幼儿语音发展研究。如下图所示,这是对 1 至 12 个月的婴儿做的一项研究,从理解到阐述的过程包括很多内容,像从最初的普遍性语言到特殊性语言。由于时间关系,我就不进行详细的讲解了,感兴趣的同学可以参阅右下方的论文。

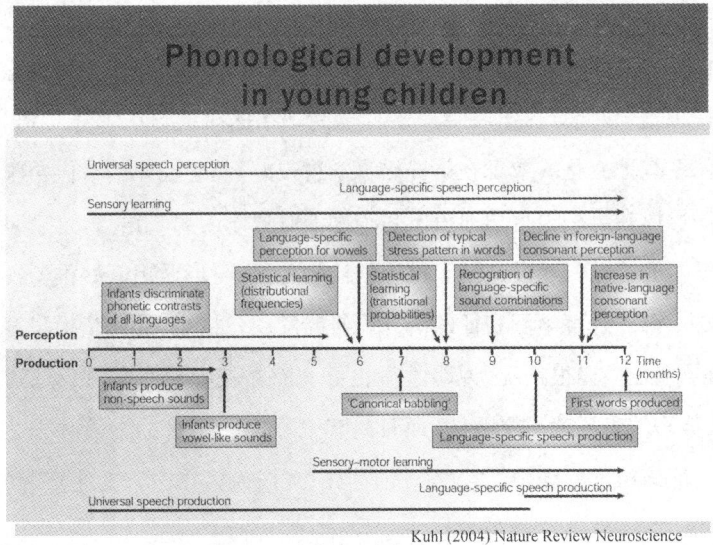

图 29

下表显示的是婴儿语音分辨能力。研究结果显示,婴儿的语音分辨能力随着年龄的增加逐渐降低,10 至 12 个月时婴儿已经很少能够分辨"他""她""它"了,所以儿童语言发展有一个从共性到个性的发展过程。

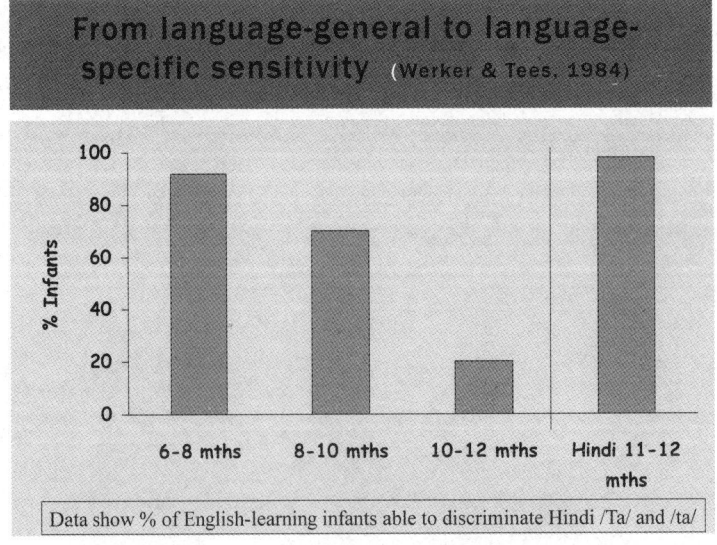

图 30

有实验表明,双语儿童和单语儿童的语言发展是有差别的。双语儿童对非母语的注视更持久,对母语的注视反而短暂;而单语儿童对母语的注视更久;双语和单语儿童对母语的反应时间是不一样的。8个月之前可能差别不大,但是8个月之后这种差距是显著的。这两个结论都是2014年的最新研究成果。

为什么双语儿童对第二语言从小就很敏感呢?因为他们有对自己语言的执行控制能力。下面是Samuel等学者在2009年做的一个研究。在这幅图中,研究者让幼儿注视图中的"＋",然后给幼儿听一个词并点击该词的图片。例如baby,对于只学英文的幼儿来说,他会选择宝宝的图片;而对于只学习中文的幼儿来说,他会选择杯子(beizi)的图片;但是对于双语儿童来说,他的视线会在宝宝和杯子之间徘徊(实验是测试眼动的)。实验结果表明,双语儿童对语音的辨别总是下意识地把母语激活。

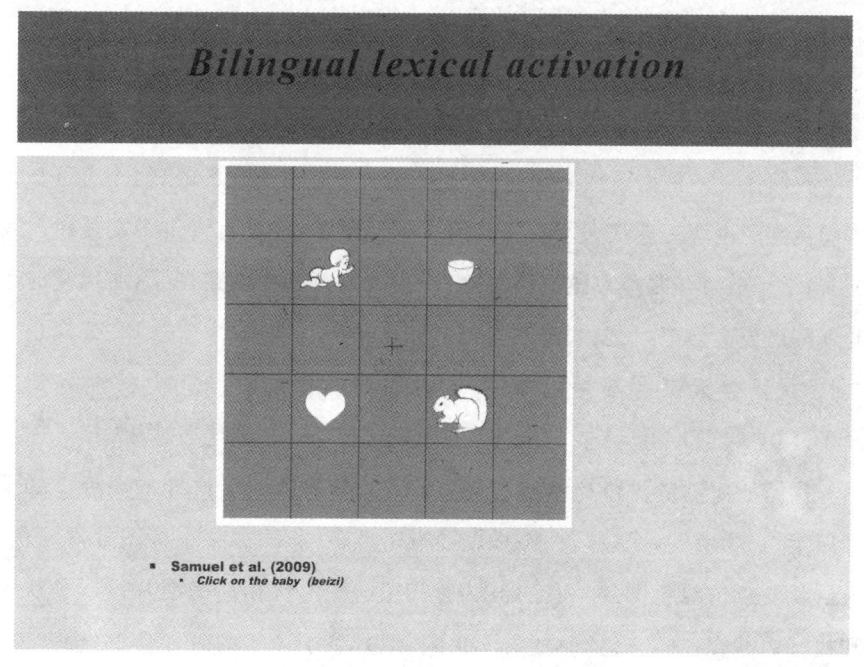

图31

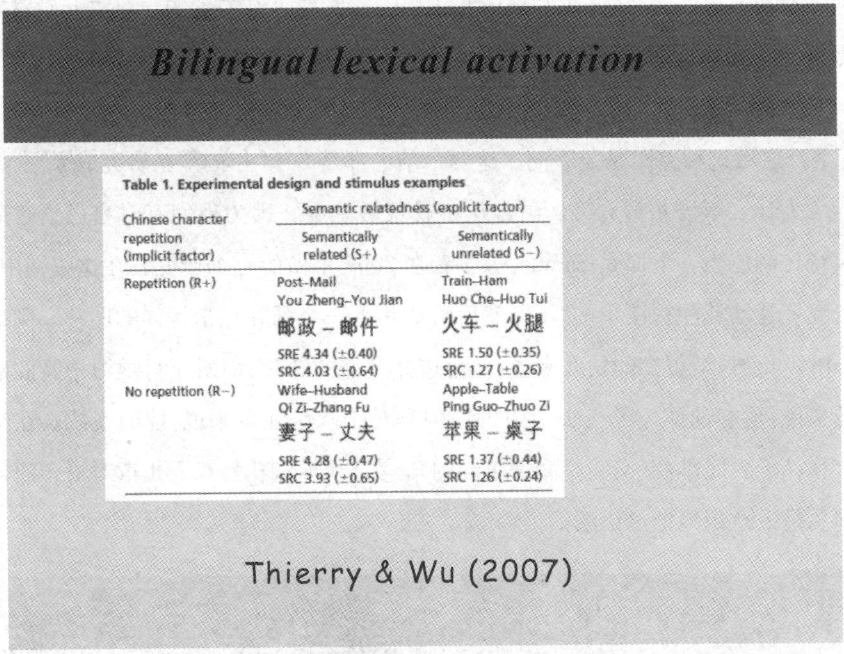

Bilingual lexical activation

Table 1. Experimental design and stimulus examples

Chinese character repetition (implicit factor)	Semantic relatedness (explicit factor)	
	Semantically related (S+)	Semantically unrelated (S−)
Repetition (R+)	Post–Mail You Zheng–You Jian 邮政—邮件 SRE 4.34 (±0.40) SRC 4.03 (±0.64)	Train–Ham Huo Che–Huo Tui 火车—火腿 SRE 1.50 (±0.35) SRC 1.27 (±0.26)
No repetition (R−)	Wife–Husband Qi Zi–Zhang Fu 妻子—丈夫 SRE 4.28 (±0.47) SRC 3.93 (±0.65)	Apple–Table Ping Guo–Zhuo Zi 苹果—桌子 SRE 1.37 (±0.44) SRC 1.26 (±0.24)

Thierry & Wu (2007)

图 32

我们在做一种语言加工的时候，比如说我们在讲中文的时候，不会下意识去想英文的说法。现在大家看我汉语讲得还不错，并没有讲讲中文就跳出英文来；十年前我在北师大做演讲时，由于很久没有用中文讲课了，所以我时不时就蹦出英文词汇，我无法控制自己的正常表达。大家看我的 PPT，都是英文；但是我今天讲课都是用中文，这说明我的执行控制能力已经得到提高了。

我们如何测量执行控制能力呢？Simon 等学者做了这样的研究。如下图所示，当参考图片是蓝色，被试就要点击蓝色图片；如果参考图片是绿色，被试就要点击绿色图片。有的被试会首先选择形状相似的图片。这种认知和执行的冲突，在年轻的时候看不出来，但是到了老年的时候会十分突出。

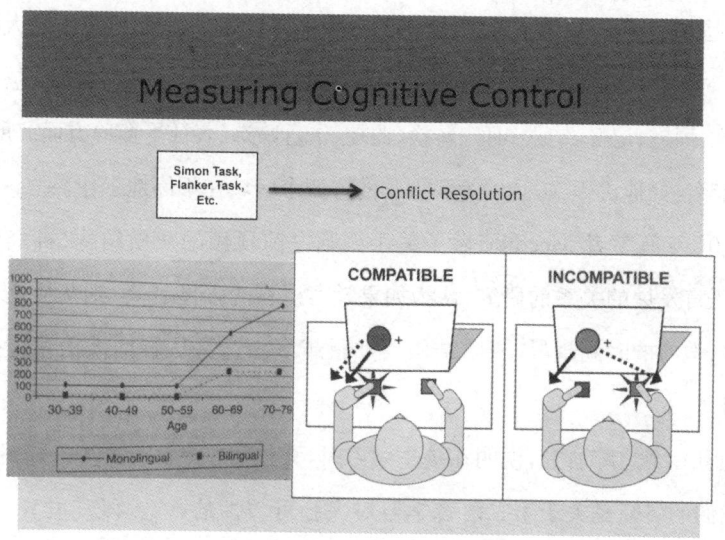

图 33

上图中的折线图表示,说双语的人比只说一门语言的人执行控制能力要好,尤其是 50 岁之后要好得多。有些专家称,说双语的人患老年痴呆症的概率较低,至少比说单语的人推迟四年。所以学习双语对身体健康来说也有一定的帮助,幼儿从小学习双语,对于大脑的发展也是很有益的。

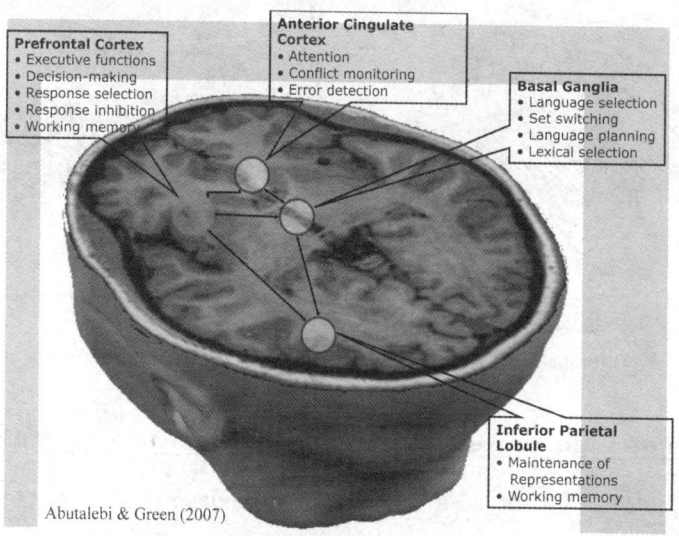

图 34

上图是 Abutalebi 等人在 2007 年的一项研究。该图表明,讲双语的人在讲某一语言时,大脑对两种语言的控制是有区别的,分别来自这四个区域,包括做选择、注意、回应、记忆、错误纠正、转换、监控、语言筛选、表征平衡等方面。所以,我今天能够自如地讲中文,是因为我大脑的这四个区域在不停地工作。

2004 年有学者 Mechille 做了关于大脑左前顶额的灰质结构(神经元的体积)与语言发展的关系的研究,认为如果学习语言的强度越高,则灰质结构增加得越多;学习的时间越早,灰质结构增加得越多。这是从解剖结构角度探讨语言学习。

还有一个追踪研究,说明在孩子学习时,大脑的左下区会产生一定的变化。

我们的研究是关于第二语言学习对大脑可塑性的影响,研究发现,虽然左脑掌控语言,但是第二语言的学习不仅对左脑产生影响,对右脑也有相关作用。这些脑部结构的变化跟行为也有关系。从下图中我们可以看出,这些结构的变化会对转换、监控、图片命名、第二语言熟练程度等产生影响。

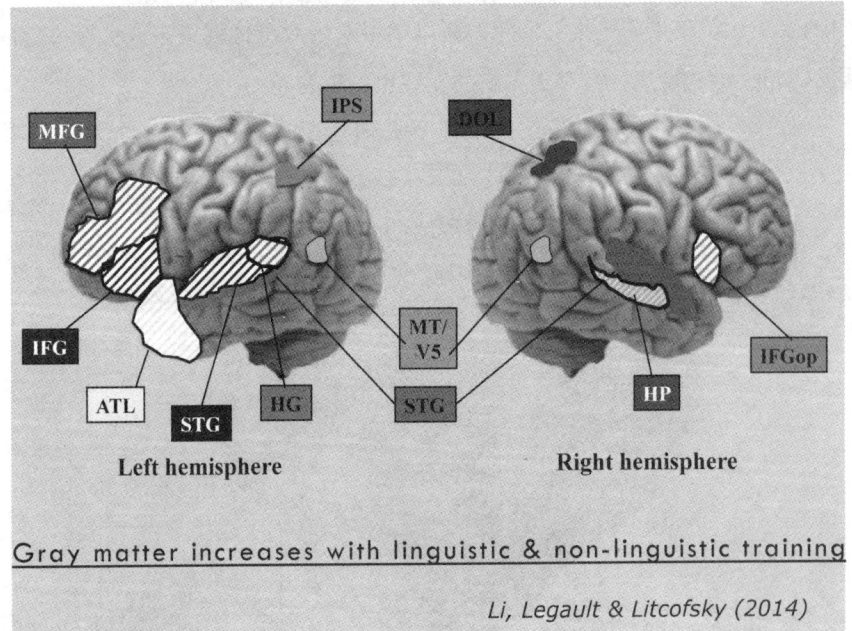

图 35

我们的研究问题是：第一，这些变量是如何影响语言（表征语言或多元语言）发展过程的？第二，第二语言熟练度的增加，是否会引起官能或认知方面的变化？第三，如何预测谁的第二语言学得好，谁学得差？第四，能否通过网络技术、三维空间提高第二语言的学习？我们还研究了低程度语言习得水平和高程度水平学习者的差异，结果表明，高水平者的执行控制能力较强。

下图显示之前所说的四个区域的联结程度的差异性，感兴趣的同学可以做进一步的文献阅读。

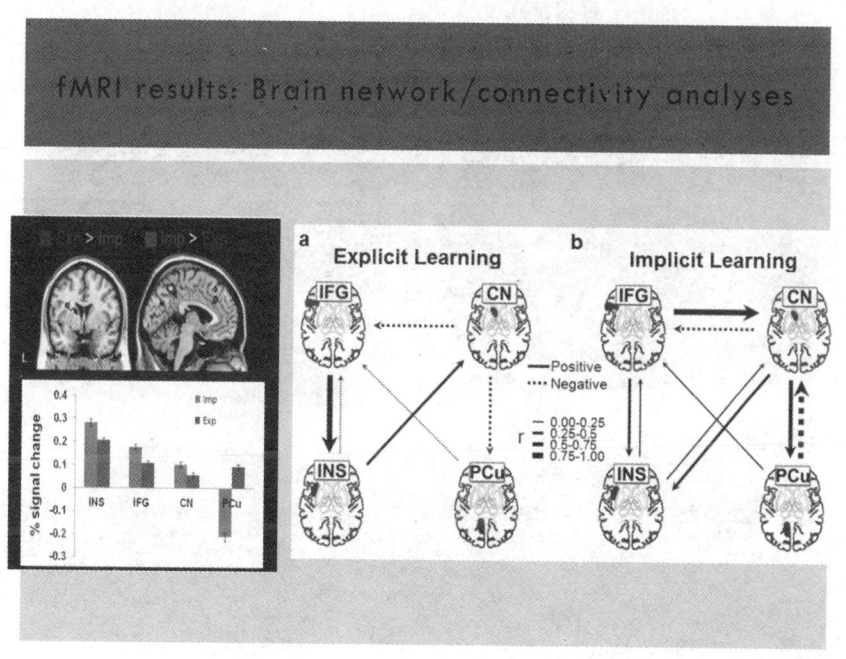

图 36

最后一个要讲的是语言学习的个体差异。工作记忆比较强的人学习语言学得比较好，工作记忆比较差的人学习语言学得比较差。我们还比较了语言学习好的人在学习前、学习时、学习后的大脑是哪些区域在变化，有怎样的变化；还可以将这一结果同语言学得不好的人进行比较，从而得出语言学习成功的因素。

总之，第一，语言学得好的人本身就已经建构了较好的语言学习机制，这会是一个长远的影响。第二,学得好的人的认知执行控制能力也很强,也就是跟执行控制能力有关系。第三,学得好的人在使用语言时更加好。我们通过对第二语言学习的短期训练和长期追踪,进行学习前后的比较,发现还可以同工作记忆和执行控制关联。我们进行语言研究可以同游戏、fMRI、3D,以及脑波、眼动相结合。因此可以发现传统第二语言学习的语法学习方式存在很大缺陷。语言学习不应当是枯燥的、照本宣科式的。我们可以通过游戏、引入真实情境或者其他动态的方式学习第二语言。

下面介绍一种语言学习的方式。

图 37

上图是一个动画视频,图中有公鸡和狗,当幼儿点击公鸡时,公鸡就会发出"cock"的声音;当点击狗时,狗就会发出"dog"的声音。这样的方式对于幼儿来说显然是充满趣味的。

图片文本较文字文本而言,更具有学习的价值,因为这种方式既能调动幼儿的学习兴趣,又能使幼儿动用多方面的脑神经。有实验结果表明,使用词—词关联的语言学习,左脑使用区域较为集中,右脑只有少许的运用;而使用图—词关联的文本,幼儿在学习语言时左脑的使用区域明显扩张,右脑也较多地被运用。

第一,怎样使我们的第一语言或者第二语言的学习更加有效,这与年龄、强度、执行控制、语感有关系。

第二,语言学习时大脑的功能、结构的变化和行为之间存在关联。

第三,较早学习第二语言对于语言的整合和语言学习机制的建构更有效。

第四,语言的学习跟语言本身、文化、认知、脑神经有直接的关系。

互动环节

听众:我想从教育学的角度来说,儿童学习第二语言是不是越早越好?如何进行有效的第二语言学习?

李平:我从现有的研究发现,儿童早学习第二语言效果更好。有时出现一些负面现象,比如第二语言学习可能导致母语词汇量的提取变低,但这是短暂的,儿童很快能够克服。儿童的语言可塑性显然是比成人好的。我举一个例子,我夫人是马来西亚人,她会说五种语言,她会说英语、普通话,她父亲说潮州话,她母亲说客家话,她在这种多语言环境下长大,但是她仍然运用自如。这是一个很有意思的问题,但是现有的研究尚未得出最终的结论。

听众:第二语言到底能不能达到语音跟语法发展同步呢?

李平:我自己的体会是,第二语言的学习中,语音还是困难的,语法相对容易一些。因为语法可以通过多看英文文章习得,而标准的语音需要通过真实情境的交流来提高。

听众:汉语在国内的学习还是处于比较薄弱的阶段,测评汉语语言能力的工作目前好像很少,这也是我们的一个困扰。请问您知道有哪些测试工具呢?

李平：我们研究的主要是成人语言，是有量表的。我不清楚语法方面的工具，但是词汇方面是有工具的，比如 PPVT，使用台湾的修订版，PPVT 最早也是测词汇。

听众：老师，您刚刚显示的名词跟名词在一起，动词跟动词在一起，我们倾向于把语言看成一个整体，那会不会在我们进行语法处理时也产生一些聚合化、范畴化，可能大脑中还有其他构式在处理语言？那名词、形容词、动词等在大脑中的区域会不会有什么间隔？

李平：生物学研究表明，西方语言中，名词会集合在颞叶，动词集合在前脑。这个问题我们以前也做过研究，它其实也关系到语言材料本身的特征。语言材料不同，语言刺激也存在差别。

想象力和创造力对儿童早期学习科学、技术、工程与数学概念的作用

Marilyn Fleer *

你们认为想象力、创造力和科学之间有什么样的联系？想象力是怎样更多地帮助你进行科学思维的？

一位俄罗斯的儿童教育理论家 Elkonin 进行了一个有趣的实验，关于想象力对转变孩子的思维到底有什么作用。Elkonin 在家里给自己的两个孩子准备了稀饭当中餐，但这两个孩子不想吃，所以他就想了个办法，用角色扮演游戏来让两个孩子喝粥。他对两个孩子说："好吧，假设你们两个今天是在幼儿园"，所以两个孩子真的开始用角色扮演法，跑啊跑啊就假设自己来到了幼儿园，到幼儿园里把自己的衣服脱下来挂在她们的衣架上，然后在幼儿园里各个区域玩一下，然后爸爸就开始扮演老师说："吃中饭的时间到了，快点来吃饭吧"，然后稀饭就端上来了，姐妹俩就把稀饭吃掉了。那这个与科学看上去有什么关系？这个故事告诉我们，在游戏的时候，孩子们进入到一种想象的空间，而且孩子在现实中不能做的事情在这种想象的情境中能够完成。或者可以这么说，想象的情境对孩子是很重要的，其实许多科学家在得出科学研究的

---

* Marilyn Fleer,澳大利亚莫纳什大学教育学院教授。讲座时间：2014 年 6 月 13 日。

结论之前都是在用想象,所以说游戏中的想象和科学研究中的想象是有必然联系的。

诺贝尔奖得主巴巴拉·麦克林托克女士,在人类基因方面做出了很大的贡献。她是怎么做研究的呢?她一边看着显微镜,一边想象自己通过显微镜进入到她所研究的培养皿当中,进入到生物体这个实验里面去。她做玉米基因方面的研究时,一方面通过显微镜观察、想象着玉米的基因序列到底是什么样子的,另一方面通过实践在玉米地里收割玉米,获得关于玉米成长的经验。这虽然不是游戏,可这个科学家通过显微镜想象着自己所看到的生物界当中的一部分。她通过想象和显微镜来得出玉米的基因,而当时的科学家对此是表示不同意的,但她很多的研究都被后人证实了。所以,游戏创造了独一无二的心理状况和心理情境,就好像Elkonin让他的两个女儿进行角色扮演,本来她们在现实当中不想做的事情却在游戏中完成了。科学家在想象情境当中做研究也是一样的,通过显微镜来想象生物体到底是什么样子的。所以游戏中的想象和科学中的想象是很重要的。

我待会儿会用研究和视频来给大家展示出游戏中的想象是怎么一回事。科学教育中有很多的科学概念,包括成人都要用想象来完成。比如说在很久以前流传的"地心说",因为要想象地球是否处于宇宙的中心位置,看起来太阳、月亮都在围绕着地球转,对吗?许多小孩子都有这种想法。有很多科学的概念是很抽象的,所以一定要用想象去了解、去理解这个概念是怎么一回事。

接下来介绍一下我做的研究。这个研究是关于儿童怎样在想象游戏当中给日常生活中的科学现象赋予一定意义。这个项目是我申请的澳大利亚研究基金会项目当中的一个子项目,这个项目对孩子进行了三年的追踪研究,今天讲的结果主要是尝试性的,是在做正式研究之前所做的预备研究。这个研究不是为了找到总结性的科学理论或者是结果,不是具有代表性的或是展示性的,它主要是用来推断我们把想象力用到科学当中的可能性到底有多大。

那么我们可以看到,孩子的数量不是很多,年龄都比较小,16个相当于中班的小孩，10个相当于大班的孩子，但是所拍摄的视频的时间非常长，因为我们做的这个项目是关于儿童对微生命环境中的基因的科学概念的理解。也就是说，我们对儿童关于生命的理解进行了长达3年的研究。我主要是看儿童在想象情境当中怎么来赋予微生物基因一个完全不同的含义，比方说这个水瓶在我们看来是个水瓶，但是在一个想象的情境当中儿童可以把它当作是小汽车开，为什么选择这个？就是采用想象的情境来让儿童解决比较复杂的东西，给这个复杂的东西赋予一个新的含义。维果斯基有一个理论就是儿童在想象的情境当中会给问题赋予其他的含义，不仅是物体的含义还有动作、行为和语言的含义。我们不需要拿着摄像机追踪拍摄幼儿园老师的一举一动，我们只是跟拍那些老师与孩子一起互动的过程中体现了想象情境应用到教学当中的片段。我们同时使用两台摄像机，有一台是观察全景的，有一台摄像机的屏幕是对着自己，所以你可以跟着孩子看拍到哪儿了。你会看到那个视频在不停地跳动，但是没办法，因为你一直跟着孩子们在跑。但是有一个不好的地方，就是有很多学习情境是同时发生的，因为你只有两台摄像机，所以有很多东西你拍不到。但是有一个好处就是你可以利用摄像机重复看，你在分析数据的时候会一遍一遍地去看，这样比较好。有的博士生也在学习怎么用摄像机，有的时候会到现场帮助老师去拍，有的拍得不错的也会用到这个项目上。你来扮演那个摄像员，对孩子进行拍摄，我是一个高级研究者，我会对你说："那儿有一个很有趣的学习情境，快来跟拍。"我会关注有趣的教学情境让学生过去拍。在我早期去幼儿园的时候，我会让孩子们重复做一遍刚刚进行的活动，我继续来扮演摄像员，如果太慢了的话，我会对孩子说："来来来，你们刚刚做了些什么？请你们再来做一遍。因为我们想用摄像机拍下来。"然后我再拍。所以说这个数据的收集不是那么容易，尤其是拍孩子。大家要不断地捕捉，捕捉到更多有趣的片段，之后再一张一张地去分析。

我们来看PPT吧。孩子要做的事情马上就要出现在班级的海报上面了，是微观世界。那么这个是幼儿园的一角，家长送孩子上学时可以看到孩子们和老师所做的事情。这些就是孩子们在学习科学知识时所收获的体验。他们手持放大镜,有时还用iPad。iPad一方面可以放大图像,孩子们可以看得更清楚,另一方面还可以和电子显微镜进行连接。然后孩子们就充分地利用时间在外面的空地上用放大镜尽情地探索。这个可以看到孩子们还会在幼儿园里做其他有趣的活动,比方说给小宝宝洗澡,在那里玩做桥的游戏,在玩木头,还有煮饭的生活区,还有搭帐篷,总之,区域活动还是很丰富的。幼儿园里所创设的是把孩子自己玩的游戏和老师设计的游戏环节共同进行的情境。

图1

那么"游戏世界"这个词是谁创造的呢?是来自瑞典的学者Lindquist。这个学者并没有把这个词引用到科学世界中,是我觉得非常有意思,然后把它引用到科学教育中。Lindquist有一个观点就是,在儿童的想象游戏当中老师也应当积极地参与进来,成为儿童想象游戏的一部分。她挑选了一些给孩子读的故事书,可以为今后的游戏带来更多环节的书,比如说《爱丽丝仙境奇遇记》,这样的书会带给孩子很多探索、想象的情境。他们在角色扮演的时候,老师会加入到情境中来,然后和孩子们一起解决在这个想象的情境中会遇到的问题以及怎么去解决这些问题。

在芬兰还有一位研究者,他也利用了游戏世界,他的研究结果告诉大家,不仅仅是游戏推动了儿童的发展,儿童也在推动着游戏往前发展。

瑞典的科学家 Lindquist 让孩子进行了为期 12 个月的游戏探索,当然不是一个游戏,是好多个游戏,但它们都会围绕着一个主题。其中一个故事是《纳尼亚传奇》,教师铺了一个地图回到了前期的世界,在幼儿园里有一个大的门框,孩子们通过这样一个门框进入到了他们想象中的纳尼亚世界,这个想象的世界就是孩子的游戏世界了,他们也通过门框回到现实生活中来。他们在研究中会使用一些设备,设备是很重要的。他们在幼儿园中使用布料,用这些布料做成一个隧道,孩子们通过这个隧道,就像显微镜的镜轴一样,进入到微观世界当中。那么大家现在就建立一个观点,在真正的科学研究当中,你是通过显微镜进入到微观世界;而在游戏情境当中,你是通过隧道进入到你想象中的游戏情境当中。你需要具备想象去通过门框进入到纳尼亚世界,就像通过隧道进入到想象中的微观世界一样,而这个微观世界你用肉眼是看不到的。

图 2

这个图是在讲幼儿园的老师用一个巨大的塑料袋来扮演一滴水,她把很大的塑料袋用电风扇吹起来,让孩子们在这个巨大的水滴里面玩。这是孩子们想象自己在这个巨大的水滴里面。其实在玩这个游戏的时候,老师和孩子都是在里面的,有一个视频就是老师和孩子都在一滴水里面,然后老师问孩子:"想象一下你们是在一滴水里面,你们会怎么样呢?"有的小朋友就说,他要把这滴水踩破,然后老师就说:"你是在一滴水里面,你很小,你要想象你很小。"所以老师用这个"大水滴"来帮助孩子构建微观世界这个概念,让他们想象其实现在他们是在一滴水里面。现在这个老师是在向孩子们解释他们现在是在池塘的一滴水里面。接下来是角色扮演。老师带着孩子们到幼儿园的后院搬开石头,然后发现了一只虫子,这只虫子会分泌,就是它经过的地方会有黏液,然后她就让孩子们来扮演这条小虫子,让孩子们来探索一下这个黏液是从哪里来的。假设我是一个小孩,搬起石头来一看,老师让我说"我现在是一条小虫,黏液从我的手上和脚上出来,黏性很强,甩也甩不掉"。所以老师就是让孩子通过角色扮演、想象情境来体会这种生物,来想象动物的黏液是从哪里来的。你就把自己想象成那种动物,来看动物的黏液是从哪里来的。其实澳大利亚的孩子是不怕什么蜘蛛、虫子的,他们各种虫子都不怕的,他们都很关爱这些动物,也喜欢研究和观察。

　　接下来这个故事讲的是老师在幼儿园碰巧遇到一只从树上掉下来的蜘蛛,然后她就用纸接住这只蜘蛛,让孩子们观察,这些孩子就问这只蜘蛛是怎么跑的,这只蜘蛛是怎么掉下来的,那只蜘蛛只留了丝在纸上,孩子们就在想:这只蜘蛛怎么掉不下来呢?这根丝是怎么回事呢?那只蜘蛛因为很怕这群孩子,就躲到纸的后面去了,孩子们就想:蜘蛛跑到哪里去了,老师们就跟孩子们说:这只蜘蛛躲到纸的后面保持静止来伪装自己,它静止以后你就看不到它了。这其实是在科学探究情境中老师跟孩子们一起来探究蜘蛛。有一个孩子很感兴趣,想要知道蜘蛛是怎么保持静止的,他就跑到朋友跟前说:"你看这只蜘蛛,它在危险情况下就突然不动了,然后就保持静止,你就伤害不到它啦。"然后孩子们就假设自己是那只蜘蛛,一个孩子就会叫另外一个孩子

"过来看,过来看",他们在找那只蜘蛛,"你们来看,它没有动,是不是?"所以这些孩子不仅仅在观察蜘蛛,同时也在想象自己就是那只蜘蛛。其实这个游戏既不是幻想游戏,也不是自由游戏,而是在老师的指导下的探索性游戏。

探索性游戏就是指儿童会对物体和他自己的行为赋予一定的含义,然后能够在科学的情境中探索。你要让儿童知道微观世界是什么样子,首先你要让儿童知道被放大了的世界是什么样子。在刚才"一滴水"的游戏当中,你要让孩子知道一滴水是多么宏观的概念,有了放大的世界以后孩子们才会理解微观世界是什么样子的。这个幻灯片很有意思,老师想要让孩子拿着放大镜去探索世界,其实对于小班孩子来说,放大镜本身也是他们要探索的一部分。这个孩子拿着放大镜,她不是看而是咬着放大镜,你看她在这个视频里先是咬一咬,再舔一舔,放到脸上蹭一蹭,然后再摸一摸,反正就是不用它来看东西。这个视频讲的是在澳大利亚幼儿园的种植园内有一个堆肥桶,老师教孩子用放大镜,孩子们还不会用,老师就教孩子怎么拿住这个放大镜,怎么看。这个是说一个孩子拿着iPad来追踪一只蜘蛛,同时把这个蜘蛛放大,这也说明了科技在教育中的作用。所以当孩子有了水珠的概念,有了放大镜,有了iPad以后,在这个教学活动中,老师就可以教大家练习使用显微镜,练习将显微镜连到无线网上,然后传到iPad上面来观察。这个就是一个关于蜘蛛学习的整体的环节。那么这整个环节的第一张图片就是一个孩子在仔细地看着一根丝吊在那儿,从现实生活中来观察蜘蛛,然后到探索性的游戏,到她把自己当作蜘蛛进入到科学概念的幻想情节,通过iPad记录又可以来播放她自己所记录的东西,所以就把科学中的想象和游戏的情境结合起来。老师教孩子们使用放大镜,然后孩子们通过想象进入到想象游戏,想象自己是在一个巨大的水滴当中,就能够理解这种放大的概念。其实我们能看到,儿童通过想象的游戏就像研究基因的科学家能够想象着自己通过这个行为进入到生物体当中。科学家在研究的时候也是通过想象的,因为有的时候一些东西是看不到的,必须要经过想象和猜测。所以不管是在游戏当中还是在科学探索当中,孩子们对于一些概念的理解也是经过想象的。

　　回到我们讲座的开头,我问大家想象、创造和游戏与科学之间有没有联系,有人提到想象可以推动科学的思考。所以我希望我今天讲的内容可以帮助大家理解到底想象是怎么帮助孩子进行思考的。

互动环节

　　听众:我想问一下,游戏是不是最好用体验操作的方法?因为我们有的时候受限于很多的材料,所以采用这种方法时可能会对孩子的空间、经费和安全有一些顾虑,那么能不能用绘画、图本的方法?但有的时候这些方法是不是效果就会差很多,在这方面您有没有建设性的意见?

　　Marilyn Fleer:比如说,你可以花十块钱买一张塑料纸,用风扇把整个塑料纸吹起来,这样就做成一个很大的塑料气泡。25年前我在澳大利亚做幼师的时候就给孩子做了个这样的东西,所以我一直在使用这个大的塑料气泡,把它当作水滴,在上面吊一些绳子,然后孩子们在里面游泳,在里面跑啊,玩啊,用途还蛮多的。然后我让孩子们站在里面来想象水滴外面的世界是什么样子的,假设你在水滴里面,能看到外面是什么吗?还有一次,我把孩子们都召集到大水滴里面读故事给他们听,我有时会把书架、椅子都搬进去,这样就会使大水滴变得很高很窄了。所以你只要花十块钱买一块塑料布,花点心思的话,以后用到你的教学上都会是一个很丰富的教学工具。那天我们到幼儿园,看到孩子们在数学角、科学角和生活角,自己设计注意事项。在大水滴上面孩子们也会想办法标上如何安全使用大水滴,也会设计一些安全规则。这样就能够解决您关于经费和安全的问题了。

听众：我就想问一下什么是探索游戏，是不是所有的科学活动都会有探索游戏在其中？

Marilyn Fleer：因为时间关系，今天就没有讲太多关于探索性游戏的内容。通过我长期以来对幼儿园教学的观察，首先，探索性游戏不同于儿童的幻想游戏。幻想游戏好像是没有进入到现实中你正要做的事情中，也不同于角色扮演，它是说在科学学习的情境中师生互动，然后在一个游戏的情境中来进行探索。在这个探索性的游戏当中，老师的作用就是要激发孩子的思考，比方说老师会说，"如果这发生了会怎么样呢？""我想知道这里面有什么东西？"然后老师在指导孩子时会问这个孩子："想象一下如果你是……？"或"想象一下你曾经……怎么样？""想象一下如果我们都是……会怎么样？"老师会对孩子们的探究行为进行一些指导和评价，老师会问："如果你这么做了，以后会怎么样呢？""如果这个发生了，又会怎么样呢？"所以探索性游戏有四个要素：探索、想象、实践和评价。你要知道，孩子们经常会有奇思异想，他可能会经常问老师：已经灭绝了的恐龙会不会吃人呢？如果我是老师，我不会把答案直接丢给孩子，而是创造机会以实证的方式问："你认为恐龙真的会吃人吗？如果是的话你又是怎么知道的呢？"让孩子们一起来进行探索。你问了一个非常好的问题。

听众："游戏世界"这个词好像牵涉到了角色扮演，好多戏剧里面好像也是角色扮演，我想问一下它们两个（游戏和戏剧）之间是什么关系？

Marilyn Fleer：其实我本人不是做戏剧的，所以我只能从游戏和科学的角度来回答这个问题。俄罗斯有很多儿童角色扮演的研究，大部分都是儿童扮演童话中的角色。因为维果斯基有关于儿童游戏的一些著作，讲的是儿童的角色扮演其实是来自他的日常生活当中。Elkonin的角色游戏其实也是让真正的两姐妹来扮演两姐妹，在这种角色扮演中，儿童更能体会到角色的含义，比如说，作为姐姐是否要提供给妹妹更多的关心、关爱；通过扮演来了解、体会日常生活中的一些东西，比如说，孩子通过扮演汽车司机，可能会慢慢了解到原来汽车司机是这样子的，他要这样开车，这样才能注意到安全，也就是说孩子通过扮演日常生活中的物也好人也好来了解现实世界。这是现实世界的角色扮演。同时还有游戏世界的角色扮演，一般都是基于故事情节的，而且一般都是儿童熟知的故事。在这个游戏世界当中，孩子和成人都是在扮演游戏当中的角色，所以在那个纳尼亚情境中，老师扮演的角色就是那个好的女巫，但是老师的探索并不受限于这个游戏的情境，老师的故事探索是可以延伸到这个情境之外的，孩子们可以探索纳尼亚故事当中没有的情境。这个就是我对戏剧和游戏扮演的有限的理解。比如说有孩子创设的情境，有老师通过教学创立的情境，如"教育性教学"，它是作为教学的一种手段的。那么在这个想象性游戏当中，孩子们想象自己是洋娃娃的家长，然后给洋娃娃洗澡、喂奶，旁边还有小朋友在记录，其他小朋友也在玩这个游戏，回过头这个孩子可以反复地看。他们这么做的目的是，既可以置身于这个角色游戏中，又可以退出来当导演、摄像。所以在这个游戏当中，孩子们都是通过语言向彼此发出信号:"假设你是一个什么什么,好吗?"然后把对方一起拉入到这个想象情境当中,你可以通过眼神、音调指示一下,比方有人对我说:"啊,啊,你把这个瓶子给宝宝,好吗?"然后我马上把这个瓶子接过去,我就进入到这个游戏当中。假设这个宝宝生病了,我马上就开始接球。也就是说你可以不马上进入到这个角色,但是这个孩子会用孩子自身的社交技能来发射信号,邀请你进入到这个想象游戏中来。所以戏剧剧目里那些演员通过化妆、服装,时时刻刻向你发射一个信号——我们是在扮演。你要说"我是这个孩子的妈妈,我要喂孩子喝水啦,现在是下午茶时间",这个戏就这样中断啦。然后孩子们就是通过彼此发射的信号来进入到想象世界的角色扮演,所以当他从这个角色扮演中走出去,仍然可以用日常生活中的话语来带着你从这个世界中走出去。其实我们在角色扮演,比如说在现实世界中照看孩子,还有游戏世界的角色扮演,这个角色是来自于故事的。还有剧院中的角色扮演,这个角色就是用来表演的,不是给孩子看的,是给成人看的。因为你参加过这个戏剧会议,那么你看到的游戏和戏剧的联系是什么?

听众:我是认为在戏剧中会提出一个问题,然后它把这个问题抛给孩子,所有的情节基本上都由孩子来创造,在戏剧中你抛给孩子一个问题,然后下面基本上都由孩子自己来进行建构,这个建构是基于孩子自己的理解,也就是说在整个戏剧里面全都是在进行游戏,而且是一个角色扮演的游戏。所以我觉得这个东西和"游戏世界"这个词有点相似。

Marilyn Fleer:我有一个博士生是做幼儿园戏剧教育的,我们两个人想合作,我也很好奇刚才问你的这个问题,因为我也不是很清楚游戏和戏剧的关联。现在的戏剧扮演很强调老师参与到儿童的角色扮演当中,参与到儿童的游戏世界中,所以还是有一些共同之处的。

听众:科学、科技、工程、数学,游戏跟这四个词有什么关系?

MarilynFleer:为什么要讲这个科学主干呢?其实"STEM"是树根的

意思，一个孩子的未来、他的思维就构建在这四门功课上面，就是理工科。因为澳大利亚现在很重视儿童的科学教育，我现在做的研究大部分都集中在科学和技术领域，目前还没有涉及工程和数学。那么这7大类其实就是他们进行研究所发现的7大研究成果，要想使教学获得成功：第一，老师一定要建立起科学、技术、工程和数学的想象情境，然后根据这个给孩子创造想象的空间。第二，老师可能会对孩子说："想象我们是在一个大水滴里面"，这样就通过语言把孩子带到想象的情境里面，然后这个情境是学习可持续的内容，老师跟孩子可以想象的情境。他们在分析这些视频数据的时候也发现，其实在日常生活中隐藏着很多科学现象和科学内容。比如说一个孩子拿着一个勺子看，他会发现这个勺子的凹面和凸面的影像，他会发现自己拿着凸面来照时自己没有倒过来，但拿着凹面来照时自己倒过来了，就是说他会在日常生活中发现很多有趣的科学现象。还有就是老师会和孩子一起来思考问题，不会给问题设定一个固定的答案，而是引导孩子一步一步地自己去思考，从自己思考的问题中推断出自己想要探究的问题是什么。接下来就是放大的这个概念让孩子有了需求，什么样的需求呢？就是手持放大镜、iPad这种利用工具的需求。接下来就是这个活动持续下去可以帮助幼儿园老师的教学和家园合作，比如说老师可以把任务留给孩子回家以后做，然后孩子和家长可以在一起讨论，一起来搜集信息，你就会对这个现象有更深的了解。这样孩子们可以通过手机把他在家里的画面带到学校来和同学们与老师一同来分享，比如说有一天有一个小女孩拿着手机，上面有一只她妈妈看到的蓝舌蜥蜴，她就拍了一张照片。

听众：我原来以为"STEM"是教学方法，原来是四个不同的学科。针对您刚才的提问，如果幼儿园中采用"游戏世界"，会遇到哪些挑战？第一是教师自身对科学知识的理解，自己在科学知识方面的背景，还有教师本身的科学素养，我认为教师自身科学素养高的话会给孩子更大的帮助。第二就是教师自身的想象力和创造力要好,其实你创造一个游戏世界的话不需要花费很多的时间和金钱,花十块钱就可以买一块塑料布,把孩子召集起来。第三就是教师对孩子的认识,比如说我们国家的教师可能会过度地保护孩子,不让这些孩子自由地去探索外部的世界,可能会给他们设定更多的障碍,所以可能会妨碍这些孩子去探索外部世界。第四点就是关于材料和工具的使用,要创造游戏世界这样大的水滴,你可能需要一些设备。

Marilyn Fleer:在你这个年龄能够说出这些让我印象很深。从另外一个层面上讲,南师大还是很不错的,南师大教科院聚集了很多的人才,你是一个很聪明的学生。接下来就来谈一下你刚才提到的"STEM"课程。因为我最近25年都在做儿童的科学数学工程的研究,我发现澳大利亚以及国内外很多的研究,很多的人都认为幼儿园的教师和小学的教师都缺乏科学背景、科学知识和科学素养,很多人都认为给老师灌输很多的科学知识就能够促进孩子的思维,促进和孩子的互动。很多人都在想方设法指责幼儿园的教师和小学教师知识不够和知识层面不够,都在想方设法让教师学习到更多的知识。教师好像不仅需要懂科学,而且还需要懂文学,还需要懂艺术和音乐,反正所有的知识领域通通都要懂。你想想看,一个本科专业需要修四年,你要通通学完这么多东西则需要修20年。所以说问题需要问对,不能因为要问其他的问题而问教师本身需要懂多少科学知识,我们现在要做的不是要问教师还懂得多少科学知识,而是要让教师转变他们的教学方法,能够让他们在教学的过程中刺激他们的终身学习、教学相长。所以就要告诉教师:你现在有这么多知识了,你现在要做的就是在教学的过程中不断地去学习,在主动运用知识的过程中来消化你对知识的理解。可能刚开始教学的时候你懂这么多,整个教学结束的时候你会懂得更多,你深化了,往深处走了。所以这种教学方法能够让教师越来越自信,能够让教师自信地、主动地在教学的过程中来探索,而你总是责备他没有太多的知识会让他觉得很胆怯。所以他在阅读、研究时看到很多指责就会很沮丧,因为很多研究总是在抨击老师。我们现在要做的就是改变现在的教学方法和体制,帮助老师建立起自信,能够在以后的教学过程中教学相长来推动教学的知识。所以我做这个研究就是想要把儿童组织在一起,能够通过想象的情境一起来学习。

现在我给大家讲一个我20多年前亲身经历的故事。我当时是做技术教育的,而且当时澳大利亚第一次把技术放到儿童的教学课程标准里面,当时这个技术并不叫作技术,而是叫作设计、制造和测验。我当时写了一篇文章,是关于3到4岁的孩子其实是有能力设计《三只小猪》里面小猪住的房子的。我当时就很惊讶,因为孩子可以通过鸟瞰的方式来设计,因为孩子画图的时候都是正面看,所以当时就觉得让孩子从上方去俯视的话是有难度的,所以当时她就说:"有一只小鸟从上空飞过,看到小猪的家",来帮助孩子获得俯视的感觉。所以过了两个多星期,孩子从只能够从平面画一些简单的线条,到后来能够清清楚楚地画幼儿园的俯视图,然后到从现实生活中找材料来建立幼儿园的模型。当我在一个会议的会场上做这个报告的时候,当会场上的老师真真切切地看到孩子们画的那些俯视图、做的那些模型,看到那些视频的时候,老师们都说:"如果你不用视频和图画告诉我,我根本就不知道3到4岁的孩子能做这个。"这个故事告诉我们:有些东西是可以做到的,你要把证据拿给别人看,大家都可能会认为:"孩子们怎么可能了解到微生物世界的东西呢?"你要做给别人看,证明这种可能性,你要有一种先锋的精神让别人可以跟随你。在幼儿园工作,你也要让家长满意,对吧?比方说有些家长来接孩子时就会问:"你今天在幼儿园干了些什么?"然后孩子说:"我玩啦。"然后家长就又会问:"你玩什么啦?"然后这个孩子不说了。所以我的策略就是你要让家长来接孩子的时候能展现出孩子今天到底在幼儿园学到了什么,让家长亲眼看见孩子今天所做的工作,然后还要问孩子:"大家今天还记得吗?我们今天学了这个,还有这个,还有那个……"那么当孩子高高兴兴地回家,妈妈问孩子今天学习到了什么，孩子就会说学到了这个，还有这个，还有那个。在幼儿园中要用各种各样的方法，一方面要满足孩子的需求，另一方面还要满足家长的需求，建立起家长的信任。20多年前我在幼儿园的时候，经常会有教学方法上的创新，我在每一个创新上都会争取家长的支持，那么第一步就会赢取和建立家长的信任，每一次一有新的想法就会在家长接送孩子的时候让家长看，让家长知道我的东西不错，让家长知道我的创新能够对她的孩子有意义，能够促进孩子的成长，孩子对他们的反应是很积极的，这样一来二往，我今后有任何的创新，家长都会支持。我以前在幼教领域工作的时候会去了解家长本身的工作，家长的领域，我会问家长："你有什么可以贡献给我们班级的？"或是说："有什么方式能够很舒服地让你参与到这个教学和家园合作当中来？"第二，要完成科学探索需要很多的工具，可以充分地利用家长这个资源。比方说在我和家长沟通交流过程中，有很多家长是很愿意来给孩子读故事的，有的家长很愿意来幼儿园打扫，有的家长很愿意一边看电影一边剪一些东西来，还有一些家长是汽车修理师，他可以教孩子如何使用工具。所以，要发挥家长的特长，让家长参与到我们的教学活动中来，就像我当时任教的时候，很多家长都参与到我的课程当中，家长会充分地发挥自己的特长。

研究报告的写作

薛 烨*

这个讨论更多是教学性质的,而非研究性质的,旨在呈现国内研究生培训和美国研究生培训的差别,使大家的研究意识更接近,使今后的学术交流更方便。

首先跟大家分享几个定义。

第一,研究生。我今天在电梯里犯了个错误,我说"研究生同学",其实,我嘴里说出的研究生和这里的研究生完全不一样,前者是指硕士生和博士生,不管隶属于哪个学位计划,身份是一致的,不分类。但在国内,划分好像不太一样。因此,我以下强调的研究生均为前者。

第二,心理学和其他社会科学。我就职于教育和心理研究专业,分配到这里的学生,来自不同的研究方向,有不同的研究角度,但心理学的学习计划不变,诸如幼儿、社会学、人类学等归于其他社会科学范畴。所以,今天我的讲座会引用心理学的例子,但有一些东西会走出这个模式。

第三,研究写作。当有了研究题目、内容,就要进行研究写作,或者为了做

---

* 薛烨,美国田纳西州孟菲斯大学教育心理和研究系副教授。讲座时间:2014 年 6 月 24 日。

研究要用写作的方式。

今天的讨论将围绕以下步骤展开：为什么会提出这个话题；国内研究生对三个常见写作问题的回答（格式和文体、报告应有的主要部分、写报告中三件最主要的事）；我认为研究报告中三件重要的事情；跳过延伸探寻研究设计的核心；研究生写作中需要注意的几点；简短的总结建议。

一、为什么说这个话题

在国内几所大学做访问教授期间，我参与了心理学研究生毕业论文的"外审"。我在做三种文化下的幼儿园教育比较研究时，也参考了国内学前教育的硕士、博士论文，感受到一是批量大，二是涉及题目广。在接待研究学前教育的访问学者时，有些学者要求教师提供对口的研究计划，向来我系读博的国内博士生学习。

二、国内研究生对三个常见写作问题的回答

这些现象让我发现，国内研究生和美国研究生的写作有很大差别，这种差别有时候是不可理喻的，比如我请来自国内的研究生提供硕士毕业论文的提要，并建议把它写成英文提交给"学会"。研究生改了，我也看了，但"学会"又把它打回来，说"不对"。当然，这里面有很多可以讨论的地方，但最重要的一点是研究提要的目的不清楚。为什么要写提要？怎样发挥提要的功能？因此，我会根据"学会"要求，把某些不必要的、不能说服人的地方进行修改和删除，但研究生会重新放上去，或认为有些概念用英文就该这样表达。这种讨论不利于沟通，最后教师可能会利用权力硬性改动，但心里总觉得不合适，因为如果学生不懂，改了也没太大意义。因此，我思考分析为什么会产生这样的问题，应该用什么方法帮助这样的学生，这也是一个共同学习的过程，总结如下。

（一）写心理学报告或发表文章用什么格式和文体？

在英文中有以下常见格式：芝加哥格式、美国现代语言格式。从社会科学角度看，更多的是用 APA 格式。

薛烨：学前同学接触的是什么格式？

听众：每个杂志都有固定的格式，每个学校也有每个学校的格式。

薛烨：校本格式。

不管是学特殊教育、教师教育，还是幼儿教育、教育心理学，只要是我系的，基本都是一样的格式：APA 格式。我在国内做了 40 余人的样本调查，得出以下结论：小四 Arial；APA 格式；根据期刊要求的格式；不知道。由于把格式和文本放在一起调研，有同学这样回答：APA 格式和论文；议论文；记叙文；心理学报格式、议论说明；应用文；按照实证研究的要求格式。

实际上"文体"有很多不同的方面，上个月我们在一个"学会"上就"儿童语言发展"的"文体"部分进行讨论，英文中有一个单词叫"genre"，很多人把它用在文学创作、电影评论上，来讨论它的文体、文风。要想给它做详细的界定，确实很难。可是你如果看了很多的英文、中文文献，甚至是同一杂志上的不同文章，有些易懂、有些难懂，有些有收获、有些没有，这都和文体有关，文体的变化幅度很大。因此，我不想给"文体"一个固定标准或范本，它是和读者相关的存在。用尽量平实易懂的语言进行心理学报告，严谨但不失风趣；逻辑清晰，前后联系紧密；内容充实，不要难倒读者。

（二）心理学研究报告中有哪些主要部分？

表 1

题目　作者　所属机构 摘要 引言 实验方法 结果 讨论 结论 参考文献	中文摘要 中文关键词 英文摘要 英文关键词 引言（含文献综述、问题提出及假设） 方法（含被试、设计、材料、仪器、程序） 结果 讨论 结论 参考文献 附录	摘要 abstract 引言 instruction 方法 method 结果 result 讨论 discussion 结论 conclusion

以上是我列举的样本数据，结构基本雷同，还有些已被 APA 格式否定了，但仍有学生在用。刚有同学表示认同上面的格式，自己的写作也有雷同。但为什么会使用类似格式呢？可能是学校、学院的要求，这里面就牵扯到很多问题。比如做文献综述、量的研究、质的研究或行动研究都采用趋同的格式，这对研究报告的质量有很大的影响。如果你希望自己的研究有新意，做得好，有成果，就不能把它放入一个固定框架来表达，因为你会发现装不下，这就会削弱研究质量。不同的社会科学、不同的研究领域应该有不同的、适宜的研究框架，这好比做物品需要工具，如果做任何物品都使用同一个工具，那结果或多或少会受到影响，太结构化，别人不一定能看懂。因此，我带教育心理专业的研究生时，不会要求他们使用同一种格式。也就是，具体的研究问题要用具体的方法、格式来回答。

（三）你写研究报告中三件最重要的事？

表 2

1) 研究脉络是否清晰有逻辑 2) 结果分析是否充分 3) 讨论是否有理有据	1) 草拟提纲 2) 写作语句及文字 3) 格式	1) 文字或语句的表达 2) 研究的意义和价值 3) 格式问题
1) 行文逻辑，研究设计、实施过程和结果分析与讨论应是一一对应的，尤其要注意结果分析、讨论与最初的研究假设对应关系 2) 概念清晰，研究对象或主要问题明确 3) 格式正确，统一，正确的格式有利于大家对同一问题的沟通与交流	1) 全文的逻辑 2) 语言的运用（单词、术语的运用） 3) 研究的水平（怎样的研究，外国杂志才会接受）	1) 将研究方法和研究逻辑叙述清楚，研究的过程是整篇报告的核心内容 2) 整理研究得到的数据，将最有意义和最能说明问题的部分挑选出来 3) 讨论部分，找出此次研究带给我们的启迪，引申出更多的问题

以上是我随机挑选的学生的回答，看完后大家有没有觉得说到心坎儿上了，或者觉得还有欠缺的没说到的地方？

听众：我觉得在研究方法、研究问题的阐述上提得比较少。

薛烨：现在大家回忆一下幻灯片上的内容，总结主要讲了哪些方面。

听众：结构、逻辑、格式、语言等。

薛烨：这说明大家看重的和前面的"格式和文本"其实是联系在一起的，换句话说，就是大家在进行论文写作的时候很注重形式，退一步讲，就是"八股文"的传统还在。做人类学研究的人可能知道，为什么这么大的群体却在做同一件事情，没完没了、不厌其烦地做，做得很细，很到位？说到底没满足我们自己的需要。比如这是学校的要求。实际点说，我们的研究生生活也是为了今后的工作、生活做准备。但从另外一个角度说，我们做研究、写研究报告的目的是什么？当你回答这个问题的时候，你会发现答案和学校的要求是不一致的，这也许就是做人难的地方。

三、我认为研究报告中三件重要的事情

这是我想跟大家分享的一些认识,不是所有人都认同,也不一定适用于某些领域。昨天跟边霞老师讨论质的研究时,说起陈向明先生是泰斗,实际上很大一部分来自于我想讲的,也是她的导师的想法。

(一)研究的问题

如果没有研究的问题,何谈清晰的表达、严密的逻辑等?它是一个起点,事关研究的整个过程。

(二)研究的问题

(三)研究的问题

其实变来变去就是研究的问题。在做研究的过程中,有很多千头万绪的东西,有时你会发现你研究了老半天,但没什么结果,只能当作一次练习。

研究的问题是任何研究的核心,但研究的问题不是很容易就能找到的。特别是做智力研究时,研究的问题是不断变化的。刚才的例子中,很少有学生提到"研究是否说服人",即提出问题、采取方法后得到结果,结果是否有意义,要有一个论述,一种争辩,一个解释。也许读者最开始有疑问,但看到最后,他相信了。研究的问题有两个关键功能:第一,使研究始终扣题,即用问题审视文献,而非被文献控制;第二,使研究方法和有效性贯通,研究方法要符合研究的问题,再回到格式的问题也是如此,研究人员必须避免用工具限制自己的思想、问题,还要对研究结果进行有效性、信度分析。还有一个现象是,大家好像觉得任何一个研究都会对教育有意义,其实更多是对研究人员有意义,拿个学位,涨点工资,并不见得对课堂教育、对下一代有多大意义。但因为格式要求必须写出研究意义和局限性等。

四、研究问题：研究的核心

我们每做一个研究都会思前想后：前面怎么做，中间怎么做，后面怎么做，前后是否有联系，要达到什么目的……不断进行调整，其实这些都落脚于研究问题。研究设计是让研究本身和研究报告的各个部分和谐地互相联系和包含，促进有效的和有力的研究运作与写作。有时候我们会觉得研究很难做，但往往是我们事先没做好充分的准备。即便最后交出一个结果，也往往漏洞百出。

我结合老师的授课及自己的思考，发明出一套研究设计的概念图，基本结构如下：

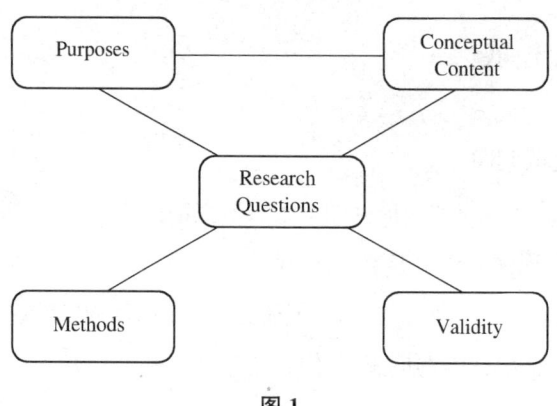

图 1

如上图所示，研究的问题处于核心地位，和其余四要素联系紧密。研究目的是研究的基础导向，概念的情形主要涉及个人经验，也要了解别人的研究。另外，有些研究可能是禁忌，但你若掌握一些基本理论，研究起来更新颖，在形成和改进研究问题，以致形成、解释研究发现时，会比别人更进一步，做到更高的层面。要用研究问题寻找研究方法，而非用研究方法限定研究问题。但这并不能说明研究方法不能给研究问题一些新的看法、新的见解，这是双向互动的过程。效度是质的研究中很关键的一环，因为它不像量的研究，有一套专门的、具体的、可操作的方法，它需要反复验证。以上四个部分是紧紧围绕研究问题开展的。仔细观察步骤图,会看到两个"倒三角",尖端相对。"上三角"是研究问题的外部关系,是来自个人经验,还是与理论相联系得到一些启发。"下三角"是研究问题的内部关系,即研究问题和方法必须完全一致,研究结果的效度也至关重要。因此,一定要理清研究问题和其余四要素的关系,经常有学生纠结文献综述很难,文献综述的圈儿怎么划,有那么多文献,什么时候能看完。但当你把文献都聚焦于问题时,可能就不一样了。

接下来给大家举一个例子,这是陈向明老师的博士生做的毕业论文,题目是"What do staff in this office do every day, and who does what?"但研究的问题、焦点在哪儿?因为这看起来不是一个研究问题,从早到晚,一天所经历的事情。这里有一个小小的知识背景,巴基斯坦是伊斯兰国家,男女地位差距太大。有一次我参加一个巴基斯坦家庭的葬礼,女性都站在最后,和男性保持很远的距离,祈祷由男性来做,女性甚少能听见。这给我的冲击很大,很难想象在男女平等的时代还存在这样的现象。因此,我觉得它确实是一个研究问题,作为一个行政官员,不论职位多高,只要你是女性,就存在歧视。大家可以看下她的研究问题,很粗糙,她准备去学区办公室观察女性的工作,但她去的时候是带着问题的。因此,不管最后的质量如何,一定要先有问题。一年之后,她回到学校,写开题报告时,她的问题变了:"What is the nature of the the expectations that affect female administrators' actions? What strategies do female administrators adopt to deal with these constraints in the context of a gender-segregated and male-dominant environment?"研究问题怎么形成,必须形成什么样的条件才能使研究进一步发展?这些都有很专门的讨论。言归正传,通过她的研究问题的改变可以发现,研究问题即便很模糊,但一定要有,之后融入个人经验、文献综述等初步研究后,逐渐使问题清晰化。一旦问题明晰了,就需要考虑研究设计中的细节,也就是上图的每一个要素都有具体内容,而每个内容间会有交叉,如社区参与、数据分析、个人风格、伦理制约等。但不管怎样,箭头的指向永远是研究问题,这是整个研究设计的基点。

研究的思路基本是发现了什么问题,用什么样的方法去验证,期望学到些什么,想告诉别人什么,这是一个论证的过程。我们怎么样利用各种各样的修辞手段、证据去说服人,打动人。这也涉及写作中一个很重要的问题:推理和论证。我咨询过审核中文能否发表在英文杂志的编辑,一个共同的判断是中文转为英文时不连贯。不连贯表现在:"因为所以、虽然但是、因此"这些连接词,在转为英文时基本看不见;上句和下句连接不紧密,这可能和中国人的说话习惯有关,但在学术研究中是可以控制的;另外,中国人说话好像有"聊天"的性质,有很多修饰词,容易把人的思维带到别的地方去。

好的写作是什么——反复地写,不是开个夜车就能做到的。就像教师申请课题,尤其是大的课题,一般要经过很多程序审核,给予反馈,要做好几年,反复地写,不停地修改。因此,在写作报告中,每一字、每一句、每一段落都要有目的性,都是有机联系的;目的性要体现在每个操作、每个测试、每个研究中;明确的目的推动研究过程,使研究报告紧凑,为此,目的也有可能会被"数据"改变。写作中,目的性体现在回答研究问题中,回答问题要求不走题,不随意发挥。

我为什么如此强调论证和争辩,是因为很多人在写作中,就是用更多的修辞,或现有的东西拿来用,而不具备批判性思维,不怎么能打动人。批判性思维就是用两面看待一个问题,这样会更丰富。其实我们每个人都能做到,只是长久以来受到教学制度、教学权威的压制。因此,国内的很多学生把符合自己道理的东西都放上去,不符合的全部抛弃。这样一个简单的论证过程,在有着丰富实践经验和理论基础的大学很难被接受。因此,建立一个 Argument 就意味着有理有据的推理过程,其目的是理性地劝说别人。论证还必须满足两个条件:自身推理结构的完整(The "Structural Criteria");应对别人的论点论据(The "Dialectical Criteria")。通俗地讲,第一个是能自圆其说,比如皮亚杰理论,严格地待在它的较大的范围;第二个是跟别人交流沟通,让别人能接受。一个是内部关系,一个是外部联系,和前面讲的内容保持一致。

五、研究生写作需要注意的几点

我的写作目的明确吗？

我用小标题清楚地组织每个章节或部分了吗？

我把自己的想法清楚、自然、通俗地表达出来了吗？

我尽力从读者的观点出发来写报告了吗？

我写的每个自然段是否前后自然连贯，有逻辑条理，从而形成论证？

逐字逐句读自己写的东西，时刻问自己：我这句（这个段落）要表达什么意思？这和下个要点有何联系？

每个自然段是否都已准确抓住段落中心的主题句开始？

每个段落是否只涉及一个专门的问题，所有的描述、解释、论点、反论都仅仅因该问题而写？

以上具体的问题在写作的时候都要注意。另外，问在座同学一个问题，不管读研几，要完成课堂作业，还是读博，要完成毕业论文，你在写作时想到的读者是谁？

听众：教师，自己，幼儿园教师，园长。

薛烨：在我的课堂上，只要你写研究报告，很明确的读者对象是受过教育的外行，比如有差不多学历的兄弟姐妹，要让他们读懂，而且喜欢，这就达到写作的目的了。有同学说："我的博士论文很深奥，不是谁都能看懂"，这其实是社会发展的弊病。我20世纪90年代在出版社时，经常会读社会学、人类学、历史学、生物学等一些自己根本不了解的书，但后来我发现，只要被有名的出版社出版的书都是好书，也就是说，学问深的人往往把书写得很浅，让大众能从中学到些东西，不一定全懂。因此，当读到博士阶段时，实际上是有很高深的学问，越往上读面越窄，当你觉得你的研究有价值的时候，你一定要想方设法让更多的人了解，接触到更多的人，尤其是做教育的。最近我还和国内的老师讨论翻译的问题，国外的好书很多，但译成中文就不大容易看懂，翻译质量不高，究其原因，不在乎读者。我们不能仅仅把出版的书作为评职称、赚钱的工具,要让它们到达渴望知识的人手里。

六、顺便几个问题

格式依据各个杂志的不同来撰写,文体一般是中文,现在想转为英文,这个过程该如何过渡呢?

我知道格式,但不是很明白问题的意思?

怎样提出问题算合理?

讨论部分应该注意哪些?有时候有了结果,但不知如何讨论?

如何让研究报告的各部分有逻辑地串起来?

大家可以思考以上问题,想想有没有出现类似的困惑。

听众:我提的研究问题基本来自我自己的生活经验,但怎样把它上升到一个公共层面,即研究价值对我来说有意义,但对别人来说可能没多大意义?

薛烨:问题有时会受制于思想,大家可能会想:这个问题太渺小,没太大价值。这有一定的文化差异,在国内,教师让学生提问题,鸦雀无声;但在国外,争先恐后。其实,学生不是没问题,只是觉得自己提的问题太幼稚,别人可能都知道,不认同了嘴上不说心里猛奚落,在美国很少有这种情况。也就是在学习过程中,哪怕提出了一个错误的问题,也有好的动机和发现。一个问题,好还是不好,一定要拿给别人看,不能一个人闷头苦想,别人的思路往往能产生醍醐灌顶的效果。如果我们都有"怕""不好意思说"的心理,就很难达到目标。还有一个事情是你对自己的问题的赏识程度,即你的问题是真的问题,还是必须上交给教师的问题,如果是后者,那就是你的问题。如果你觉得不问这个问题就难受,吃饭想,睡觉想,半夜做梦也想,那就是前者,这是个很重要的问题,你要想办法回答。除此之外,另一个事情是你的问题必须和别人的问题交流碰撞,你才知道自己的问题的价值在哪里。这里其实就是我上面说到的研究问题内部关系和外部联系的问题,当你把这两个关系搞清楚后,你就知道你的问题的价值在哪里了。我试着从观察学的角度解释实际社会中的一个现象,比如我们系里那些研究生,刚来的时候根本没有研究方向,就是因为"我想知道"。我当了5年的教师,我觉得"动机"这个问题是最重要的,迁移到这儿就是研究动机。到底研究什么东西,都是在大学课程中不断形成的,所以它有一个很严重的缺陷:和生活脱节,这种脱节本身妨碍了我们提出有意义的问题。因此,像一些做教师教育做得比较好的教授,他们为了做好教学研究,每个星期去中学做两天兼职教师,去寻找问题。而我们是坐在教室里想问题,这也从侧面反映出好的研究和不好的研究的区别。实际生活本身是研究问题的重要来源。想研究幼儿园却不去幼儿园,只从文献中找,是不大可能的;想研究教师却只是在校外和教师喝杯茶,想研究教师的教学过程就只看课堂表现,而不去了解教师的生活、态度等,这些都不可取,会限制我们思想的深入扩展。寻找研究的问题是一个长期锻炼的过程,比如经常讨论发现的问题。

七、结论

格式、文体和报告结构是形式,为论说、论证服务。

研究报告的核心是研究问题,所有的具体工作都是为有效、有力地回答研究问题服务。

从我们对三个重要事情的选择结果看,普遍的重点在形式、工具和权威,而不是研究的核心问题,这也是妨碍我们写出好报告的绊脚石。

(一)学习提出问题

什么样的问题是好问题?可操作性强,以问题为中心来讨论怎么研究和怎么表达。

(二)学习辩论

要参与讨论,不管是文字上,还是口头上的,都要与别人的思想有共鸣或火花,这也是一所好的大学和普通大学在研究生训练中的一个很明显的差别。比如哈佛就把咖啡厅、走廊都设计成学生可以随时坐下讨论的地方；而在普通大学，一进门都是排排齐的课桌、板凳，你就知道有权威在前面，至少在形式上是这样。我有时会同情国内的研究生，拿幼儿教育来说，这是一个很宽广的天地，有很多的事情可以做，而且可以做出个人或团体的创造性，但这些同时受到很多限制，比如说注重格式的、权威的、抽象的或松散的。因此，要在有限制的环境中充分利用可以发挥的东西，想办法和受限的东西做一些调整，格式不是完全可控的，不一定完全受到限制。

（三）学习用证据讲故事

这也是很多教师告诉我的：我们写的东西，在很多时候就是讲故事。这对中国人来说是很有吸引力的，孩子之所以喜欢看《喜羊羊和灰太狼》也有这样一个因素。从文化上，我们也希望用故事来表达，比如说《芝麻街》，家长和孩子都很爱看，它没有前因后果，也没有故事悬念和效果，但实际上在前面埋下了伏笔，只等在最后进行说明，这在人类沟通上有共性。为什么我们看好莱坞的电影也津津乐道？因为它综合调动了视觉、画面、音效、故事等，能够抓住观众的心，让观众愿意继续往下看。尽管你觉得有些特技有破绽，但你忽略不计，坚持往下看。因此，大家可以尝试从这个方向努力，写出有吸引力、有创造性的报告。

互动环节

问题一：

听众：我做的毕业论文题目是大班幼儿择伴研究，采用质的研究，深入幼儿园内部观察幼儿的伙伴选择行为，即幼儿跟谁玩、不跟谁玩。每天的观察内容几乎都一样，看着看着就累了，我的问题也开始转变为是什么限制了幼儿的伙伴选择行为。

薛烨：问题的变化是正常现象，说说看"你为什么看累了"。

听众：幼儿随时随地都会发生各种行为，什么都要看，而且在做观察记录转录时，不太清楚要转什么。有些东西是潜在的，不转的话可能会妨碍今后的一些思考，转的话工作量太大。

薛烨：我比较介意你多次提到的"看"，也就是你说的观察法。实际上，我们系有很多新来的老师，问他们最喜欢的研究方法是什么，大多会选择实验法和自然观察法，到课堂里观察幼儿的自然环境和活动表现。但这和"人种志"的研究方法相差甚远，很多老师会说这有客观性，可以站在外面看孩子。我认为这一点都没有客观性，只有主观性。以前老师教我做质的研究时，或者说以前在做人类学研究或民族志研究时，会采用观察法，到任何部落里找棵树，在有树荫的地方拿个本子，观察人们做什么，记录说什么，这就是我的数据，实际上这还是实证主义的传统，认为自己和世界间的联系是一体的，但这很容易让你觉得没意思，因为你看不出门道。

听众：确实，我们如果不了解幼儿，就不能够从幼儿的行为语言中看出什么。就像他们讨论动画片，我有时不懂，就会去看动画片。

薛烨：即使你看了动画片你也不能完全懂，但你可以跟孩子聊聊。

听众：有时候感觉聊不出什么来，虽然在心理学上学习过怎样了解幼儿，但在实际操作中难免会把握不住。

薛烨：这实际上变成你的一个问题了，而且是很关键的问题：怎么样把握幼儿。

听众：幼儿园教师很介意录像，所以我只能用录音或笔录的方式记录，这也许是一个缺陷。

薛烨：也许笔录的方式本身并不能帮助你什么，有没有别的办法？不知道大家有没有看过薇薇安·裴利的书。

听众：我看过她的三本书。

薛烨：那她的工作有没有对你有所启发？

听众：有一些启发，她研究的是正常的自然环境。但我研究的幼儿园有一定的特殊性，比如没有很多的区域活动，游戏材料有限，使用传统的教学方法等。

薛烨：我觉得这些不一定是最主要的问题。现在用民族志的角度回想一下，你进入课堂最重要的一件事情是什么？

听众：跟幼儿、教师建立关系。但是教师作为重要影响者，对此很紧张，很担心，尽管这并不能产生实质性的影响。

薛烨：现在换教室来得及吗？

听众：换的话基本意味着从头来过，可能来不及。

薛烨：我不知道你所说的这些问题是一开始就发现的，还是边做边发现的。如果你和教师的关系不能够帮助你很好地开展研究，那自然环境有一定缺陷。做研究的第一步就是和谐，是看门的，只有这样，你才能进去。如果没有这层关系，你的研究很难做出新意或者成果。为什么做研究的时候要有design，要前后都想到才往下做，而不是边做边找问题，适当时候要进行预调研，才能避免研究过程中出现的各种情况。因此，最重要的是你要有一个合作者，她能帮助你进入课堂，并给你一些指导。如果因为时间不够，你现在只能坚持在这个教室，很重要的一点是你要让教师知道她能从你的研究中得到什么。

听众：我会经常跟教师交流幼儿的发展，但教师依然很介意。

听众：我之前采用视频的方式跟一个教师进行访谈，我觉得只要你前期跟教师沟通，建立良好的关系，应该没有太大问题。但也许教师在表述自己观点、思想、意见的时候会有些掩饰。

薛烨：在国内幼儿园做研究，我觉得你们所说的情况都很常见。我们在做"三种文化"的幼儿园研究时，选择上海的幼儿园，但几乎没做成，因为园长不同意。因为在中国社会，做事基本都靠"关系"，也就是有钱就完全能做成事儿。因此，我们最后也是靠"关系"跟一个幼儿园联系，但会对园长理念、社会地位、办园水平、基础设施等进行综合考察。假如我们有10个标准,幼儿园满足了9个,我们会考虑。当然,幼儿园园长有她的顾虑,毕竟"涉外",如果出事了怎么办?同时,园长还会思考:我鞍前马后了这么多天,对我有什么好处啊,不能说做完研究就拍拍屁股走人了。这些都是很实际的问题,如果看不到近期、远期利益,园长肯定会犹豫。因此,做研究是一个和周围人磨合、交流的过程,也是一个自己努力的过程。再回到民族志研究的话题,它需要很多工具,不是只有观察就足矣。因此,你的工具是什么?

听众: 我所在的教室有一个老教师较难沟通,年轻的教师较易沟通。

薛烨: 你没有回答我的问题,你的工具是什么?

听众: 会参与幼儿的游戏,也会做一个旁观者,看和听。

薛烨: 我觉得你说的所有,都没有涉及工具。工具是拿来进行研究的,在质的研究中,你的工具有时就是你自己,这和量的研究差别很大。而你怎样把握你自己,就是你怎样使用工具。其中最大的问题就是自我意识和各种自我假设、先前经验,这些都涉及你所在领域的所有参与者的关系,这和"看和听"完全不一样。因为你必须建立人际关系或观点间联系,比如你做的"幼儿择伴研究",我觉得不能完全依靠观察法来做,任何一个"择伴"的过程,选择、决定实际上就是"contents",你若不能描述"择伴"的"contents",不能把幼儿的择伴行为决定放进"contents",那"择伴"更多是一个结果。质的研究和量的研究的一个区别是前者更看重意义,意义在每一步行动中;后者强调数字间的关系,意义是用来延伸的。换句话说,就是你怎样通过工具——你自己,来发现意义。

问题二:

听众: 您刚才提到研究问题的选择及与其余四要素的联系,我想问的是,在质的研究中,研究问题如何从一句话聚焦,或聚焦到何种程度才合适,才能继续深入?

薛烨:我觉得很难说,因为质的研究很大的一个特点是研究问题是不断变化的。我们得出结论后,过了两年,你会发现又得出新结论了,不是完全推翻,但需要很多修改。这个修改本身就影响了问题的重新提出,影响了我们对原来问题的最早的认识。我们做"三种文化"研究后,也会反复思考当初的研究理念、价值观是否有变化,也会对"三种文化"进行横向比较、纵向比较,可能中国变化最大,因为它的马克思主义社会观推动着很多事情向前走,也比较容易解释最初的一些情况。比如沿海发展最快,随后是内陆,最后是偏远地区,好像是这么回事儿。但各地幼儿园的园长不认同这种说法,有个跟我关系比较熟的园长说:"尽管我们对上海幼儿园的发展理念、教师知识技能培养等有很高的期望,但我们不会追随,因为我们有自己的本土特色,我们去上海和南京学习过、参观过,但实际的办园、教学不完全一样。"你可以发现她的这种说法不是我们能预料到的。还有之前访谈中的一些苗头,现在会发现它不仅是苗头,而是社会变化发展的继续。因此,问题的指向不一样了,最开始指向现代化,现在指向本土化、民族化。质的研究的另一个特色是它给你一定的空间来追求新的问题,而不是一个问题回答完就停止了。但不管怎么变化,它还是有自身的一套体系和相互连贯。

问题三:

听众:您刚刚说用问题寻找研究方法,那它跟从学科、视角寻找研究方法有相似之处吗?

薛烨:有啊!从一般的幼儿教育研究来看,它有很多视角,比如社会学、人类学、经济学、生态学等。

听众:我想从社会学的视角来比较幼儿园图画书,从社会学视角有固定的研究方法,从图画书来讲又要考虑、主题、内容等,是否会用方法限制问题?

薛烨：我听到两点信息：一是文本分析；二是社会学的方法。社会学的方法要求群体，你的问题是怎样把两者结合起来，还是想回答一个什么问题？

听众：就是用选好的图画书拿给幼儿读。

薛烨：那你的社会学方法在哪里？你给我三个道理，说明它是社会学方法。

听众：我就是选择社会学的视角来进行文本分析。

薛烨：那你要重新考虑一下，你从社会学视角来分析图画书文本，确实很新颖，但你要能够说服我，能够说明文本、问题、社会学三者是一套。你刚才说拿给幼儿的是教师选好的东西，那你要分析的可能是教师的选择标准，还是想灌输给幼儿的价值观。

听众：我觉得您刚才讲的问题、方法、关系等很切合一个学术研究者的需要，如果大家愿意花费时间，去幼儿园、去幼儿中寻找问题，这样的研究可能更有意义。我给大家分享一下我做的研究，我发现了一些问题，比如学前专科生对幼儿不了解，面对幼儿时很无助，还有社会上的一些"虐童"事件，从师生的成长和家庭问题层面看，我深深感觉到专科生内心的残缺。他们不知道怎么关心和引导孩子，却必须去教育孩子，这其实是一个恶性循环。因此，我觉得如果我们能够深入社会生活，发现一些问题和现象，并以此开展研究的话，那么一项研究有时可以改变许多人的命运。我们不要抱着自我的姿态，要把眼界和心胸放开，尽管一些决定会面临很多反对意见。之前我拿着我的研究去和同校教师进行交流时，她们都说不懂，没时间。但当我真正做下去、做完的时候，我的收获和成果是大家都能看到的。这也是我在南师的一个体会，教师一直在引领学生这样去做，当这些种子都撒到祖国的各个地方的时候，力量是巨大的。因此，如果薛老师愿意的话，可以去我们西部看看。确实，它和东部等地区存在很大的差别，但西部比较好的地方是比较广阔，不受限，进入一个新型事物时易被大家接受和理解，这种成熟的理念可以打破固有的一些传统。今天的报告，我真的受益匪浅，谢谢薛教授。

基于视频的多重解释民族志和三种文化中的幼儿园研究

薛 烨*

Video-cued Multivocal Ethnography 是三种文化在幼儿园的研究方法,它最早的名字是这样的。昨天我和边老师在交流的时候,我们在选择这个方法时,其中有很重要的一个想法是:我们希望抓住录像中特别能够让老师有表达欲望的东西。其实,录像本身就是一个很重要的所谓的刺激物,让老师觉得看了录像后特别想表达一些自己的想法。

我们先把过会儿要放的所有的幻灯片都整体看一下。第一,先介绍一下这个研究的一些背景资料。第二,讲一讲文化在幼儿园或者幼儿教育中的重要性,也就是为什么我们对幼儿园的文化感兴趣。第三,讲一讲我们观察不同文化的理由。

先介绍一下背景。这本书的封面不知道你们见过没有?你们的老师多少知道一点,但是在座的同学们都见过吗?这本书我们有英文版的,中文版的呢?中文版的也有?台湾地区有,那你在图书馆里见过么?还是只是在网上见过?

---

* 原讲座名称为:Video-cued Multivocal Ethnography and Preschool in Three Cultures Studies. 薛烨,美国田纳西州孟菲斯大学教育心理和研究系副教授,此处翻译成了中文。讲座时间:2014 年 6 月 24 日。

(学生回答:台湾翻译的,就是只是那个保留本)因为我知道它是在 2001 年出版的。我买过最后的版本。这本书是耶鲁大学 1989 年发行的。在题目这个地方有一个小标题:日本、中国和美国。这个顺序是很有意义的,因为日本是一个和美国文化相差特别远的国家。实际上我们做文化评论比较多,可能也都是倾向于比较两种文化。但是比较有一个很大的缺陷,你拿一个东西和另一个东西比较,比如说拿中国的幼儿园和美国的幼儿园比,你看看美国的幼儿园的好,就说我们中国幼儿园有多差,好的就比那差的强,所以,就认为人家是先进的,我们是落后的。不管跟日本比还是跟美国比,都会出现这种两极分化的情况,总有一个好、一个坏。而我们的研究目的是要分析一个东西的不同点,知道它的两个方面或者更多的方面,这些对我们进行取舍和做决定,特别是在实际的生活中,都是很重要的,而不是说一个好、一个坏就解决问题了。之所以当初加了中国在里面,就是想打破两极的这种对比。中国和日本的文化与美国文化都有很大差别,这样就使任何一个人在讨论两极分化的时候,都不得不看到,世界实际上是多元的。但是,我还想强调下顺序,就是第一个是日本,最后一个是美国。我在想:为什么是这样一个顺序? 这本书所用的方法就是这样一个名字叫 video-cued multivocal ethnography 的新的方法。在 1989 年的时候,录像机是新产品,而且很贵,就跟我们现在看 Google 眼镜一样。但是,这个名称非常拗口,所以大家特别是搞幼教的,就说,就是那个质上的一种方法,叫 Preschool in Three Cultures Method。在 2009 年的时候,这本书出版了,这是一个后续,所以前面的这个名称是一样的,但是,关键的地方在这个字——Revisited,重访。重访了之后,你可以再看一下,这个地方和刚才的区别,就是先前那本书是 Joseph Tobin 写的,他作为一位日本幼儿教育专家,是从日本开始他的研究工作的。他研究的问题、研究的思路,都是来自于他在日本生活时得到的启示。因为他自己的孩子才 4 岁,两个孩子都上的日本的幼儿园,日本幼儿园给他的个人经验带来了很多特别之处。孩子每天从幼儿园带回家的信都使他很吃惊,比方说他孩子回家说:不希望再带妈妈给他准备的饭了,然后妈妈问他为什么,他说:你做的饭一点都不好,里面没有小白兔,没有一些小动物。他同学的饭盒里面都是妈妈准备的胡萝卜切成的精致的小白兔啊，胡萝卜切成的花啊，各种各样，做得很精致。而他的饭盒里只有一个所谓的三明治，就面包加烤肠。很多这种问题都存在于日常，本来做三明治很方便，典型的美国正餐，拿到日本就不能接受，连自己的孩子去了日本幼儿园都不能接受这个，所以他妈妈后来也非常努力地跟着做。这些是他做这个研究的一些起因。而重访这种事情，他的排序是中国排在前面，这本书后面有一段专门介绍原因。其中一个原因就是我跟他碰面的时候，在1999年冬天，他来学校做讲座，我跟他聊了一下，看一下我在北京拍的影片，我给他看了一段，他决定重新再做这个方面的研究，和我们一起做。后来我们邀请了 Mayumi Karasawa，基督教大学的。所以，当初做这个研究的一个很明确的原因就是中国的变化太大，完全是重做研究的主要原因。而这个理由本身包涵了他很重要的一个研究思路在里面。就是说，前一本书是三个文化同向比，这个研究除了三个文化同向比较之外，还有每一个文化自身的纵向比较。这是2009年芝加哥大学出版的。刚才提到了新的这本书，它有两个特点。一个是他回到原先的幼儿园重访，去走访一些教师、园长。另外，我们除了让教师看原来的录像以外，还要想问教师，他们认为幼儿园发生了什么变化，让他们对着他们原来的录像来解释：现在的幼儿园跟原来录像中的幼儿园有什么不同，有哪些没变，哪些变了。这就成了当初很重要的一个研究问题：什么变了，什么没变。

然后，我们加了三个幼儿园，就是每个国家加了一个新的幼儿园，和先前那本书不同，先前那本书是一个文化里用了一个幼儿园。在新的研究里变成了2个幼儿园，一个原先的幼儿园，一个新加入的幼儿园。这个新加入的幼儿园有一个特点，就是在选的时候，它要代表一定的新方向。至少在我们同行里面，大家都认定，它做的东西比较先进，或者说它有些新的想法，在做新的事情。要有这样的幼儿园在用这样的方法，这个方法呢，它加了一个词 video-cued diachronic，就是延时间的，multi-vocal ethnography。所以也可以说，是新的三种文化在幼儿园的方法。那么，为什么我们要回去看原先的幼儿园，为什么要重访？为什么还要用这个民族志的方法？其中，目的之一就是要把历史加进去。

在二十几年前,具体的三个文化之中,幼儿园的发展变化是不是产生了足够大的影响,就是有足够大的变化,而使它的文化本身也发生了变化?这对先前的研究也是横向的比较。这是加了一个新的维度,实际上,这个维度本身已经有两个层次了,一个是时间维度,二是规模维度,因为每一个文化里要加一个新的幼儿园,就比先前的研究规模要大了一倍。这是三种文化中幼儿园方法的一个定义。第一,它依然是文化人类学的一个基本方法。第二,我们在和老师、园长、专家,包括还有很多家长访谈的时候,我们都录音,再进行转录,就变成了名副其实的文本。也就是说,大家说的话本身就是文本。对它的分析也是一种文本。刚才说了为什么采用民族志这种方法。先前是这样,后来仍然也是这样,方法一致。另外,所谓的 multi-vocal 本身是一个文本。因为材料是这样的,所以需要这样的方法。再一个,就是它是一种文化人类学说。这种研究本身就假设或者承认,任何一个社会的实体组成的组织,比如说幼儿园,是一个文化群体。当然,它是置身于一个很大的文化中,但是,它又有自己的文化特色。特别是在课程改革以后,这一点尤其明显。像幼儿园园本课程所包含的东西,很多都是这方面的内容。同时,尽管幼儿园各有不同,多种多样,千差万别,但是在一个国家的层面上,通过国家和国家间的比较,你可以发现:每个国家的幼儿园又是一个很完整、很自在的、自为的或者是充分的相互交织的文化体系。所以,每个国家都有它自己的早期教育的文化系统。这个系统本身,你了解质的研究,了解文化人类学的各方面的,基本上很容易把握它的价值观念、信念,还有它特有的语言、特有的组织关系,还有人和人之间的组织关系,还有一些组成的,还有一些约定俗成的东西。

在三种文化的幼儿园里的研究有一个重要特点就是,每一种文化实际上都在消逝,幼儿园的文化实际上也在消逝中。为什么?这是因为,我们的社会在变,过去我们做的很多东西已经不再被重视或者很少重视,过去我们重视的、觉得有价值的东西,可能已经不会再传给我们的下一代,或者加了很多新的东西,前面一代人根本没有经历过,这些我们每个人可能都有一些感受。所以,幼儿园的文化在某种程度上有消失的可能,就是说濒临绝种。这对我们人类学的研究来说，不是一个新的课题。过去的十年间，很多语言都在消失，而且由于所谓的全球化，消失得非常快，以过去从来没有的速度在消失。幼儿园文化本身是不是有这些问题呢？做研究，总是要有一些假设，有一些理论的基础，有一些基本概念。在我们这个研究里，有一些基本概念，在我们书里面能够看到的，教师的专业知识，实际上是在一个文化里产生的，在很多情况下，包括中国、美国、日本，对教师的观察法，实际上他在学校受到的那些专业教育远不如他在文化中受到的专业知识教育起作用。这就和另一个概念连起来了。布鲁诺曾经说，这样的教师学来的如何教、如何学、学应该是什么样、教应该是什么样，是一种民间的教育法。换句话说，你现在还只是学生，将来你结婚生孩子，想要教育孩子的时候，实际上你的教法是已经存在的了，你应该怎么教，用什么样的态度，什么地方应该有什么样的要求，已经在你成长的过程中，通过文化的社会化，潜移默化地存在了。我们即使受过专业训练，到了幼儿园，我们仍然可能用自己随文化带来的方法。

下面是 Geertz 的 Cultrual models 和 D'Andrade 的 Cultural schema。你们知道皮亚杰的 schema 理论么？图式的功用是什么？我认为图式最重要的一点是认知结构，它是一种已经成型的、存在的结构，任何一种新的东西进来都要通过这个认知结构，不知道这个中文叫什么？assimilation（学生回答：同化）。我总觉得这个翻译有点问题，但据说是标准翻译。就是它总是把不同的东西弄成同样的东西，其实它是自己的东西，不是别人的。所以这个本身是沿用了认知理论的一些基本的想法。但是从这些理论的角度来讲，特别是 Geertz，他作为一个人类学的学者，你可以看到他用的这些词，他用的是认知理论，有些差别，但是从意义上来说是一样的，就是说我有一个文化的模式，我学的时候把不同的东西纳入到我自己的文化模式中去。这些观点是我们做三种方式在幼儿园的比较当中一些基本的观点，就是说我们在访谈的时候特别注重教师是怎么样用这种所谓的 Folk Pedagogy，民间的方法，怎么样运用 multi-vocal，怎么样体现出华北、华南、华中、西南、西北等地区的特色。我们采访这些教师，把他们的话放在一起，让他们形成一种对话。随着这些概念在教师、园长和专家的互动当中流动,我们注意到一个很重要的问题:我们用得比较多的就是叫"Implicit cultural practices"。"Implicit"有人可能翻译成内隐的、内涵的,还能翻译成什么?(学生回答:缄默的)有时候心照不宣还可能是什么?(学生回答:处在意识和无意识边缘的)对,因为人们对一种做事的方式习以为常以后,它便成为一种习惯,心里清楚也做得出来,但是很少能把它清清楚楚地说出来:我这么做是为什么,程序是什么?而这种Implicit,它不是师范学校、教育学院或是师范专科学校专门教的,也不是写在课本里面的。另外,最有意思的是,即使有个别这样的改革,课程改革也好,师资改革、岗位责任改革也好,它并不贯穿这些东西。就是说包括教育部发下来的很多文件,也没有明文规定,但是教师本身的行为可以表现出来。可是这些东西会怎么做呢?有很多除了在成长过程中会学到,还有就是在岗时,老教师通过和新教师的互动,很容易就会把这些东西教给新教师。再有,像我们西南的幼儿园和华东的幼儿园有很大的差别,家长、老师、孩子每天的活动都有很大的差别,但是这些千差万别当中,我们可以看到,它们还是有很多的共性。比如老师怎么样对待学生,怎么样处理日常常规的活动,怎么样对待孩子的健康问题,怎么样对待家长,不管老师在什么地方,我们都可以看到类似的文化价值。还有,有很多东西,我们想去除掉也不是很容易的。这在心理学上叫弹性,实际上它是自我恢复。这种东西其实我们在国内还是看到很多,过去都要学习西方先进的理念,做课程改革,现在我们可以看到,有很多幼儿园,包括我们原来做的幼儿园,就是我们拍录像的幼儿园,有很多东西都是回归了民族的东西,去更好地保持我们中国的文化。实际上,这在很早以前就有了,有幼儿园的时候就有。如果我们回归到二三十年代,在南京地区的各种幼儿教育实践,实际上有很多这样的情况。在陶行知的一些书里面,已经把一些东西基本上写进去了。现在我们又有一段时间向西看,看着看着又看回来了。这种东西的弹性、恢复性特别强。正是因为它的隐含性,所以很多时候,大的运动来了,小的运动来了,并不影响,可能过段时间,它自己再上来,从某种意义上来看,生命力非常强。

要说到研究文化的重要性,我们根据上面的这个条目,可以看到,文化实际上是指一种文化中的行为,应该说是一种活动,不是行为。但活动是有目标的,是有方法的,活动也是有回馈的,它一定是发生在文化社区里,像幼儿园。而且活动的目的,在很大程度上,按照我们刚才讲到的文化图式理论或文化模式理论,它是一个完善自己、保持自己的过程,是改进自己所在的文化社区的生活。如果说我们研究文化,实际上我们就是想了解民族志的文化到底是什么样子的。有一种不言而喻的、潜在的、内在的东西,它有很大的生命力和驱动能力,在推动着社区的存在和发展。但你怎么把一个很熟悉的文化里的东西拿出来看、拿出来研究呢?一个基本的条件就是要把文化里熟悉的东西变得不熟悉。你要是熟悉了,习以为常了,司空见惯了,你不会对它想第二遍,而你要研究它,你就必须想个办法,把原来熟悉的东西变成不熟悉的东西,让你看了以后觉得:这个东西怎么这么奇怪?为什么会这样?那你怎么把它变成这样呢?如果不了解自己的文化,你就没有办法对它进行感受,进行改进,因而,要对文化进行研究,最好的办法就是人类学为我们提供了一个公认的、比较有效的视角。就是说,你要了解一个文化,你必须遇到别的文化。对自己习以为常的东西,你觉得合情合理,你觉得不可破灭的真理,都是已经在那儿了,你不可能对它提出疑问,而你要看了别的人做了同样的东西,但是他完全用不同的做法、不同的理解、不同的目标,你就会突然发现自己实际上做的是一个很奇怪的事情:我为什么非得这么教孩子呢?有一句很常用的话就是,鱼是最后一个知道水的存在的动物。因为水对于鱼来说是习以为常的东西,但是你把鱼从水里捞起来以后,水的重要性就突显出来了。打个比方,你有一个很熟悉的东西,如果你把它放在一个陌生的地方,当成一个陌生的东西,真正觉察到它的陌生性的时候,你就会觉得它的重要性了。而你觉得它重要的时候,会自然而然地去观察它的各个方面。如果你搞跨文化研究,看它有什么应用性,你研究了美国的幼儿园,怎么应用到中国?是把它的方法直接借鉴过来吗?一般来讲,哪怕不是专业学生,只是有常识的人,都会说这是行不通的。但是,为什么还要研究不同的文化?主要是对我们的理念、对人的理解、对我们的做法产生一个憧憬。如果遇到一些问题,最终寻找出的这个解决方法不是照搬所谓先进的方法,而是我们通过思考，看到这个奇怪的地方以后，产生一个新的计划，有一个新的目标，来改变自己的教育实践。因为任何改革的、能够帮助社会实践的、进一步改善的活动都必须是由我们自己的价值观、自己的理念、自己的目标来驱使的。没有这些东西，直接搬来的东西绝对不行。

相比80年前，如今我们对人类学的需要更加紧迫，就是因为有更多的文化在消失。像语言的消失，本身就是文化的消失。因为语言是一个文化载体，这种载体消失以后，我们对过去的理解一定会消失很多。另外，全球化这个过程本身使很多文化之间有更多的交流和融合。我这次回国，发现更多的年轻人不说"再见"了，上海人也不说"再会"了。这个问题，我在香港就问过很多香港年轻人，在粤语里面，有没有一个典型的、和"Byebye"一样的词，年轻人说没有。这是不可能的事，只是这些年轻人从来没有接触过。你可以想象，我们这代人都已经开始说"Byebye"了，我们的下一代就可能再也没有人说"再见"了。再往下一代，就跟香港现在的年轻人一样了。所以这些东西，是一种全球化的互相渗透、互相容纳，这也可以说是语言之间的互相容纳。所以，和80年前相比，和60年前比，和40年前比，可能今天对文化的研究比过去来说要求更加紧迫，因为现在全球化的进程，是过去前所未有的。

下面就想说一下团队工作的基本方式。我们在开展研究工作的时候，都要针对一定的问题，并且有一个计划，按照一定的时间来做，这个时间包括所谓的策划。在我们的团队里，那六个幼儿园共同参与了这个研究，研究人员和参与人员是平起平坐的，不像传统研究里面，研究人员是专家，参与人员是被试，被试这个名字本身就决定了参与人员的地位。而我们的方法里，包括很多人类学的研究里面，参与的人员实际上是权威，因为他们的解释是真正的文化的解释，而研究人员必须向他们学习。但是，这并不排除研究人员的功能，就是他把这些解释联系在一起，组成一个意义的系统。研究人员很大的工作量就在于，如何把所有的这些解释放在一起而形成一种文化系统。这就在研究方法里面要求我们在一起，共同明确和进一步推动我们自己的想法。我们在做研究的时候，研究的问题和研究的假设、研究的结论都在不断发展。你可以先得到一个结论,但是新的数据出来以后,新的访谈的内容进来以后,新的意义的组织生成以后,你会对你的结论进行修改。看录像是一个很重要的数据收集手段,就是请老师、园长、专家看录像,请他们来谈:我怎么想的,我对这个内容有什么想法。关于这个谈的本身,有时候研究人员未必能懂,那就需要有共同的互相解释:这个你再说一遍或者这个是什么意思,为什么我们在孩子打架的时候,必须把他们拉开?或者说,为什么看到孩子打架的时候我们不管?研究人员有很重要的责任去进一步问一些新的问题来获得更清晰的解释。在研究的过程中,特别是研究人员,要不断反思自己的文化立场,就是"我们从哪来?"这点对我们做三种文化研究,有很多地方都可以说明,包括拍摄录像,采用什么样的角度,什么样的镜头,拍什么样的地方,什么角落更值得拍,应该什么时候去注意孩子的什么活动,等等。对于这些问题,来自不同文化的人都会有不同的角度,选取的拍摄对象都有差别,所以作为一个团队在一起工作的时候,我们往往会发现,最后编辑录像的时候,"我喜欢这张放上去",那个人说,"我喜欢那张放上去",那最后录像长得不得了。一天 8 个小时的录像怎么能全都放上去呢?所以很多地方要经常协商。实际上,正是这些讨论本身会带我们去发现自己文化中的很多东西。比方说,我在看录像的时候,特别注重生活的事,像孩子吃饭、睡觉这些。后来我的朋友 Joe 说我是拍睡觉最拿手的。为什么会这样?这从很大程度上 Reflect on our own beliefs and practise,实际上是从我们自身带来的,是我们往所谓的文化现象上面,投射我们自己的文化。正是因为这样,我们要时刻注意,最好能够及时把这些潜意识的东西提到意识上来,这样我们就更有可能明晰这些概念和功能。

　　最后一点,随着时间的推移,文化是会变化的。这点刚才我们有一些例子已经说了。这也是我们做的新的研究的一个主题。非常重要的一个事情就是,不管怎么强调,传统的研究方法、熟知的方法,都很难一下子就掌握。在这个研究方法里面,三种文化研究在幼儿园的方法或者是 Video-cued Multivocal Ethnography,录像本身从原则上讲不是数据,也就是说,你分析的不是录像,你分析的是参与者,所谓的文化知情人,用英文讲就是 cultural informers,他们的评论、他们的感受、他们的反馈。一会儿我们看一下这个录像。有两点需要注意：一是我们研究的数据从哪儿来？就是刚才说的所谓的文本，文本由访谈的对话转录以后形成。对文本的分析，最根本的，是要研究它的意义，而不是它的数字，不是它的种类，不是它那些可以归类、列单子的东西，它的意义需要所谓的 narrative 来传达。所以有些是故事，有些是人物，有些是各个层面的，英文叫 interpretation，中文叫诠释。那么，为什么要有录像来做访谈的工具？为什么我们不仅把老师拉来说，今天下午我们约 2 个钟头谈一谈？这也是访谈。为什么我们见不到一个搞幼教的，我们坐下来谈一谈？为什么要先做一个录像再去做访谈？这是因为录像是一个中介，这个中介本身发挥的力量比两个人面对面的对话更加有基础。实际上，访谈最根本的就是跟老师的访谈和跟园长的访谈，不是直接和我们访谈者的访谈，而是通过对录像的反应来谈。这样就有一个先出去，再回来，然后再送到另一个方向的过程。可以看到几个重要的词汇：compelling，努力；provocative，能够激发的；concrete，很具体。你把一个老师拉来说：我们谈谈你怎么处理孩子之间的纷争。这老师可以想任何的时候：一个孩子偷了另一个孩子的东西，一个孩子和别人打架了，一个孩子胳膊肘捅了另一个孩子，捅到另一个孩子腰上了，一个孩子筷子捅到另一个孩子脸上了……这些都是，但是，你不知道这里面哪一个在他脑子里起作用。即使他说出来了，这是认知上的问题。认知上的问题，有时候，别人说了，你以为你懂了，实际上别人说的完全是另外一回事。尤其是在问路的时候，北方人可能会说：直着走，撞墙拐弯。如果是一条弯的路，没有一条是直的，一般会说：向左手第二转弯，再往右第三个向左转。你把这句话记住了，就说：清楚了，清楚了。到了那儿，还是找不着。认知和这个情况很像，别人说得相当清楚，但是你没有这个图式，一样不能够很好地抓住。如果我把前面的三条路的模型以录像和图形方式摆在你眼前，就不会出错了。所以这种视觉效果和音响效果都会给我们的认知获得相互理解提供很大的方便。最后，我们发现，访谈会增强老师之间的关系。我们拍录像时，老师都会觉得紧张，如怕自己形象不好，怕拍到自己正好捉襟见肘的地方，或者本来觉得自己挺高大上的，结果不知怎么回事，没把自己最拿手的东西拿出来，教学法、理念等没有用上去，等等，这些情况都有，心里还七上八下。拍完录像后，和老师交谈特别能促进研究人员和老师之间的关系。在几次交谈过后，录像就把老师和研究人员完全拉到一起。这个感觉是 communal，共同的。如果在录像中你要是拍到有意思的东西，老师也觉得有意思，想要继续探讨这个问题，并且离开这个幼儿园到另外一个幼儿园，到另一个文化里面你去说的时候。谁都能够说上两句。

这是一个日本私立幼儿园的孩子在游戏，在玩泥巴，你可以看他们的鞋。有一天，我们在那儿拍录像的时候，看到一个男孩把鞋脱下来，把水盛上来倒掉，然后再盛再倒。我想，中国幼儿园一般不会让孩子这样。美国幼儿园恐怕也不会。但是，这个幼儿园的理念就是孩子在任何地方都可以玩。

文化人类学方面的建议确实是值得我们搞教育学的人进行思考，这是因为，它不是搞数字，它是要解释。研究人员知道数字的意义，并不意味着普通人对数字的意义和研究人员对数字的意义有一样的认识。人类学的意义是互相学习，我们作为研究人员是要学习这些意义的。而在文化本身的人也要学习，因为很多是无意识的，这些东西 lie behind routine behaviors，它是在背后的，不是显而易见的，不是大家一说都能说得清清楚楚的。第二是受到 comparative ethnography。我这几天和交流的人反复提到 Mardaret Mead，这是比较人类文化学的开山祖师。他做的工作，一个是研究儿童，他不光研究遥远部落的社会组织、文化形态这些，他还研究儿童，包括儿童的养育、青少年、青春期、儿童的思维和认知等，所以他了解儿童，通过他的文化学的研究给后人留了很多宝贵的东西。现在我们提到的很多东西都要说到他先前做的工作。还有一个是，他第一个把现代的影像技术带到前沿工作中，他第一个把摄影机从美国带到太平洋，所以至今我们还能看到一些珍贵的电影，虽然是黑白的，虽然是很简陋的，拍摄得不是很专业，但这是第一次用在人类学上面。此外，他做的更重要的工作是把他的想法和他所拿到的这些证据拿到美国来做普及，给家长讲，给老师讲，给大学老师讲，他对整整一代人的影响还是很大的。

再比如我们书上讲到的 Asch. Asch. and Connor 的工作。他在巴厘岛上采访了一个巫医。巫医在"救人"之前先进入一种"着魔"的状态,然后他才能够施救。可是他着魔的时候应该是附体或者进入到另一个世界,才能帮助这些无力拯救自己的病人,那他在那个世界里的经历是什么呢?感受是什么呢?这些人在巫医着魔的这个时间将他拍下来,等到巫医清醒的时候再问他:"你刚才碰见什么了?做了什么事情?觉得怎么样?感受怎么样?"这样就比直接问巫医:"听说你会做这个东西,当时你的感受是什么?"这种空对空的对话有效率得多。后来 Spindler 和他的妻子也做了这方面的工作,给老师拍录像,然后请老师看。这些工作都是在 20 世纪 80 年代前完成的,也带给我们很多启示。还有最近在国内幼儿教育界经常提到的后现代主义,大家可能也熟悉或接触过。苏联的 Mikhail Bakhtin 的 multivocality、answerability 和 dialogism,这个 dialogism 就是对话的意思,multivocality 和 answerability 是参与的一种提问,这些基本概念对我们解释文化中的幼儿教育现象和活动、对教师和园长的教育的解释,对社会变化中幼儿教育的解释,都起了很重要的作用。

互动环节

薛烨:我下面想给大家看几段工作中的录像,没有一定的顺序。(视频1:几个小孩子在抢一个玩具熊,一段争抢后,被抢的孩子哭了,抢到小熊的孩子躲在了桌子底下,最后两个孩子和好了)这是日本幼儿园的自由活动时间,发生在两个幼儿之间,一个是刚游完泳、玩完水回到教室里面,孩子有一个自由活动的时间,老师准备一下就去出吃中饭,在这一段时间里,几个女孩为了一个玩具在争抢。你的感觉是什么?

听众:老师没有管。

薛烨:是的,你注意到老师并没有管,为什么老师不管是正常的?

听众:可能是希望她们能自己解决\女孩子之间这种事情经常发生\

小孩子很厉害，她们之间能很快地理解意义，之前那个孩子还不明白发生了什么事情，但是她能很快把它藏起来\她们之间很默契。

薛烨：是，看起来也不像是头一次做这个事情。还有呢？

听众：就是最后的结果，两个人和好了\她们拉钩钩时说的话语，很多都不知道是怎么来的。

薛烨：这就是很有意义的事，不知道你们有没有注意到，实际上，只有一个孩子和一帮孩子在对阵，大家不是平等的，不是两拨人一起打群架，没有到这个地步。像这样的录像在美国、中国引起的话题特别多。在美国，大家觉得老师不管会出现法律的责任，你可以看到三方面的，而不是两方面的。在中国，这种情况也很多，我最近在和在幼儿园收集数据的心理学专业的学生说：孩子在幼儿园不能出事。十年前，孩子要是碰一个小口子，缝一针200块钱，这个钱老师给，另外，她当月的奖金就没有了，然后还要提着水果上门道歉。这都是我们看了录像之后，老师一点一点地告诉我们的。如果你在这里收集数据，孩子出现问题，是老师的责任还是你的责任？我不知道现在的情况怎么样，现在应该还是会有。虽然没有像美国那样马上上升到法律的问题。在中国，幼儿园老师的责任巨大。财力、精神、行政这些东西，每个国家不一样。但是在日本，首先老师说：实际上我并不是不管，在我的经验当中，我一直这么做，而且力图做到不插手，最难的就是不插手。只有有经验的老师能做到不插手，没有经验的老师会马上插手。所以把三个国家的情况放到一起讨论会让人觉得，实际上，有很多地方，这个讨论不交叉，但是可以很集中、很典型地反映每一个文化中教师日常的工作、生活的经历和文化价值。

听众：那请问一下，这个是多大的孩子呢？

薛烨：4岁。都是4岁，但是情况不一样，因为日本开学晚，学期结束得也晚。这样就影响到入园的年龄，所以都有一些差别。但是我们的样本中，中国的孩子是中班，4岁左右；日本的也是中班，4岁左右；美国的也是4岁左右,但是因为各国的差距,稍微显得不一样。还有什么问题?

听众:像这种情况,其实我们中国幼儿园也有,但是老师不会言语。我见过一个有经验的老师,她在小班、中班会管,但是到了大班她就不管,然后就有家长去问她,小朋友之间打架为什么不管。后来我也问了老师,她说就是不要管,就是要让他们自己学会处理,因为到了小学,他们就要学会处理这些事情。可能,这要看年龄段才决定要不要管。

薛烨:对的,有些情况下会强调这个年龄段。

听众:因为这是一个有经验的老师。

听众:我的问题是,你这个录像是给录像当中的人来看、来解释,三个国家都要看,看他们不同的解释,那如果给他们看同样的录像或者同样的图片,不也是一样的么?我觉得录像让在场的人看是很有意义的,因为里面的人会告诉你:"我当时是怎么想的,怎么做的",旁观者可能是不清楚的。

薛烨:我大概理解你的意思,就是说,我们这个录像做好以后,还有一个很具体的方法就是有4个层次的观摩录像,这4个层次的观摩录像,在每一个文化中都是固定的,就是说我在美国、日本都是这么做的。第一就是录像里的老师拍完后和我们讨论所有当场注意到的问题。我们问老师:你当时怎么做的、怎么想的?然后按照老师说的这些,我们挑出里面重要的,粗略地编辑一下,大概半个钟头的样子,我们再给老师看,如果老师基本上同意了,我们把这个录像给本园的老师、园长看,再问他们哪些东西他们认同、哪些东西他们不认同。因为刚才讲了,尽管我们中国的老师并不都是袖手旁观,在旁边观望,但是有这样的老师,偶尔也会旁观。我觉得她有这种理念,她在改变这样的行为。但是作为一个文化整体,可能全国各地大部分老师都觉得:这怎么能不管呢?家长要找上来怎么办?这个责任谁负?即使是在同一个幼儿园,老师也会有各自不同的观点:我觉得这个老师应该做什么,不应该做什么,做得太快了、做得太慢了。这是一个。但是,当你把整个幼儿园的老师的观点都放在一起,你会发现它们有一致性，这是第二个层次。第三个层次是把这个幼儿园的录像拿到其他城市，听听同一国家其他城市的老师对这个录像的看法。其实考虑到地区性也很重要，东西南北、发达地区和不太发达的地区都要做这样的事。这样，我们就能够听到更多的文化模式。第四步就是把中国的录像拿给日本、美国的老师看，美国的录像拿给中国和日本的老师看，日本的录像拿给中国和美国的老师看。

听众：我觉得给老师看的东西，除了录像外还有很多，当然录像是很具体的，但是其实还是有很多替代。

薛烨：我们研究的是文化，而不是谁知道更正确的方法，当时该怎么对应。我们想知道的是，在一个文化里面，对一个类似或者同样的东西，有没有一个文化认识，也就是说它有没有 implicit cultural knowledge。就是说这个 folk culture 是不是确实是存在的，它是在不同的地区，但是在同一个的文化中，是不是大家都认同这个东西。所以这个东西本身不在于当事人的一件事，不在于个别老师的个别体验和个别经验，在于我们是怎样用文化的模式、文化的图式来解释我们眼前的东西。我们把它拿到国外的时候，也是想知道国外的老师是怎么看的，而那种看法是如何反映美国或日本的文化。

听众：那我就觉得完全可以用其他方法来了解如果这个故事在其他国家发生，会出现什么样的情形，会反映出什么样的文化模式？

薛烨：我们可以从世界文化学学到你刚才说的这些。如果你想知道我们中国人是如何办红白喜事的，那你可以拍很多这方面的照片。你可以拿给任何人看，而且可以用一个东西盖住，一点一点看，不管是服装、一个人手上的东西、面部表情，还是桌子上的东西、墙上的东西等。我觉得有两点很重要：第一，我们是研究学前教育的，学前教育有两个重要任务，一是要培养新一代人，二是要传承该领域的文化。这听起来是一个很矛盾的陈述，因为既要保持旧的又要创造新的，这就像你左眼往左看，右眼往右看,还能够继续往前走,这是不太容易的事情。在做这种视觉刺激、谈话刺激的过程中,素材应该是和幼儿教育直接相关的一些东西。换句话说,就是我们所研究的问题,对我们采取的材料是有限制的,不是说文化里任何东西都好。第二,也是很重要的一点,我们要拿一个共同的东西来解答在不同的文化里,所有参与的人员看到的都是同样的东西。

听众:还有一个问题,薛老师,我觉得可能你的问题是关于取样的,可能是一段录像或一些图片或某个孩子的作品,通过录像所获得的也可以是一个故事。那是不是将一个幼教机构从早到晚的日常都拍摄下来?我们是不是能够把它的某个片段拿出来还是用整个的录像过程?

薛烨:对,从人类学的角度讲,在心理学上,是用图片来激发被试进行讨论,这是很典型的方法。像研究幼儿的记忆,研究成年人的记忆,我们做这种小故事,让你去买东西,你讲前一半然后孩子来讲后一半,你先设计好情境,这个故事前一半都是一样的,我们有的研究人员也做过这样的研究。这是很常见的,我们自己也在做,就是做固定的主题,但是很多都是新的。人类学有一个很重要的特点就是,因为它的意义是一个活的意义,是在一个生活情景当中,它有它的所谓的动态在里面。我们在生活当中通过不断地做事来解释自己周围生活的世界,而且是通过这个来建立自己的社会组织系统。录像提供了一个很好的途径,就是它把整个过程能够再现出来,图片确实做不到这样,没有声音,也没有动态,事物间的变化和不可预见的突如其来的惊喜或打击都不存在。图片完全要靠内心来组织,这样就比较难。其实我们在日常生活中也会体验到,比如有一个人,见人就胆怯,但是如果提供一个好的情境,他和大家互动得很好,那他也能说出点东西来。我们反复强调人类学里面意义全在情境,没有情境,意义是不存在的,所以在分析的时候,这个都是要再考虑的。像今天上午我们推荐的这本书,cultural nature 里面,也强调这个。这涉及我们研究方法中很重要的东西,就是说我们怎样来把一个活的东西当作一个活的东西来研究，而不是当作一个死的东西来研究。我们的方法一向都是落后于我们对研究对象的认识，但是确实兜里没东西。

听众：其实，我只是想更具体地了解是怎么操作，因为你给我们看的是一个片段，所以我关心是不是老师看到的也是很短的一个片段，那如果说这个片段是经过研究者选择的，虽然说研究者有一个团队，也尽量避免了问题，但是它还是仅仅是一个片段，而且这片段又很短。

薛烨：对，你每提一个问题都是我没有讲但是应该讲、必须讲的。应当说，这涉及一个典型性的问题，我们也花了很多篇幅在讨论这个问题，因为传统的研究方法对这个研究方法的最大的质疑就是：你这个幼儿园典型不典型？我觉得这个就可以花半个钟头来讲。现在又提出的问题是：给老师看的时候是怎么给老师看的？是给他们看片段还是看整体的？实际上是看完整的内容。同时，我们希望他们在看的时候是有主动操作权的，也就是说，不是我在放录像，而是你自己在放，就和你自己看网络电视一样，想看什么节目就看什么节目，想往回看就往回看，这样就给老师一个机会：在这里我有感想我就发表，发完了以后我继续看，然后我看了后面会说：其实我前面就有这样的想法，然后再回去看。这和我们的参与者在研究中积极的地位或原则是一样的，他们不是我们的对手，他们是我们的专家，他们来告诉我们这个是什么意义，怎么解释，应该是什么，我们和他们一样是参与人员，是一个意义的解释者。而最终的意义是什么样子的？就是 multi-vocal，我们大家共同解释的。这个解释是最后的结论，而不是说你们都说完了，我给你们总结一下。这是传统的研究人员的参与方式，我觉得现在越来越被大家所接受的研究实际上是研究人员和被研究的人员都是在一个共同的文化里面共同参与一个文化社区活动，在这个过程中，大家互相了解、互相学习，并且不断升华对社会组织、社会意义和人们之间互动的因素以及对社区意义的理解。我觉得这一点是很多传统搞社会科学的人不太了解的，有时候特别需要解释，但是这些确实花很多时间。

听众：这个是很重要的，因为很多时候，每个人感兴趣的内容可能不一样。

薛烨：我不知道大家看先前的那个三种方法在幼儿园，那个黄皮的，我第一次看的时候有一个感觉就是，我并不是一个被动的人，实际上我也参与了，因为每一个文化里面说出的东西是不一样的，很大程度上需要我也参与分析，我同意哪个，我不同意哪个，然后我就会觉得我为什么同意这个不同意那个，这样我就成了一个参与人员。作为一个读者，这是很难得的，因为很多心理学知识就告诉你，我这个是这么做的，我这个做了以后你也可以重新做，但是我可以告诉你有这个结果，根据理论、前人的各种工作，这个意义是这个样子的。换句话说，就是你看完这本书，你上网去 intellecture，而不像这种 multi-vocal，你是作为一个参与者，这种感觉，作为一个学习的人应该说是很好，而不是说只接受人家的结果。哪怕没有做出来，但是你找到一个机会，你有一个地方可以参与，可以 engage，不管是在思想层面还是在文化层面，你都参与了。

听众：老师，还有一个具体的问题就是说，你刚才讲的在看录像的这个过程当中，老师可以根据自己的意愿去选择，我的问题是你这是提供记录还是什么？

薛烨：我们是做记录的。

听众：只是针对他观看时候的记录，没有记录纸，全部是在现场观看然后说出来？

薛烨：对，刚才我们有几个实地工作者，有上海的，也有在日本的，美国的是夏威夷。

听众：也就是说，他在表述的时候，也有其他人员在场？

薛烨：对，我们实际上还有些其他方法，在谈的时候，我们3个人都是不同的问题，因为本身的背景就不一样，我们关心的问题也不一样，就和摄像的时候出现的问题是一样的。我们不想知道一些东西，因为我们文化的假设是不一样的。

听众：有一个问题，就是说，我看这个录像时的真实想法，和有他人在场的情况下，可能我在说我的想法的时候会有所保留。

薛烨：肯定会有这样的情形。我觉得日本老师、中国老师尤其会有。但这个并不妨碍。

听众：那这个是一个系统的误差？

薛烨：实际上，这个人人会有，但不是什么时候都会有。我觉得这个所谓的 ethnography 是有一定好处的。传统的做法是长时间地在，待个一年两年，但实际上是做不到的。这个生活本身要求你是动态的，要求你做出自然的反应。所以 ethnography 会给你条件，不像量化分析，它设计完问卷，不管是真数据还是假数据，它就给你做出来了。像这个研究需要两年的时间，我们不会长期待在那边，但是我们会反复地去访谈，我们有时候隔半年、隔一年去一次，所以整个 project 拖了很长时间。

听众：他们通常是看同一个录像么？

薛烨：是看同一个录像，而且有四个层次。这个幼儿园做完了以后，你还要去本园的、本市的，然后去全国各地，再去国外。这些层次本身就花了很长的时间。从那个录像发表是 2003 年，后面一直是陆陆续续的回访，就是到幼儿园去回访，花了 5 年左右的时间。比如说某某幼儿园，第一次去还看到他们的老校区，第二次去那个地方就是一个摆设了，第三次去还是摆设，第四次去又成了一片空地，第五次去新建了一栋楼，就是说环境本身一直在不断地变化，就是在这短短的几年间。所以说，时间会让很多你想藏起来的东西藏不起来。像我们中国人的传统就是想把最好的一面展现给别人，不想别人看到自己不太好的地方。但是，时间长了，像我在一个幼儿园拍摄，老师通常会比较注意，想表现出最好的一面，但是有时候看着孩子太生气了，按捺不住，就是要批评孩子。因为我们这个研究的反复性，时间长了，我们和老师的关系，就从一开始的研究和被研究到最后成了大家有事互相帮忙。所以我们做研究不是光为了科研本身，我们实际上是在跟人打交道，做一些改善我们生活的事情，这些事情对于我们这些参与者都很重要。

听众：薛老师，我注意到那本书中提到的访谈，实际上不是一对一，近似于团体的访谈。

薛烨：对，都有，有几种是规定性的。从我们的角度来讲，一定要搞一对一的访谈，包括所谓技术型的、专家型的，或者园长型的，特别有知识、有经验的，和这些人做一对一的访谈比较多，而且这些一对一的访谈是反复进行的，就是说我们头一次给他做访谈，过几个月再回来给他进行，因为有时候新的访谈是基于上一次的，上一次访谈转录的东西我们看了以后觉得有的地方没有问到，这回来问，还有的是有些问题在别的地方访谈的时候别人都说了，然后把它记下来，回来访谈的时候专门问他，然后再让他看一遍，发现上次没有注意到的地方。

听众：我有一个问题，如果单纯一对一访谈的话，任由教师去选择自己关注的点，会不会出现一些您所说到的信息遗漏，没有问到的？因为老师的思维水平包括表达方式，不一定能够把应该表达的信息全部表达出来，这时候你们采取的方式是多次重复的访谈吗？

薛烨：你要分析先前的访谈，提出新的问题，就是说回去访谈的时候不是简单的回去访谈，而是带着目的的，一定要解决先前没有解决的问题。

听众：那如果不让老师自主报告，而是加入一些半结构性的访谈的提纲的话，从研究的程序实践上来讲是不是会方便一点？

答：或许，这就是今天上午讲的研究意向和研究方法的一致性。实际上，你要有适当的方法，有很多问题不是他的问题是你的问题，那他就会没有那么深的感触。老师可以做质的研究或者ethnography，他不像你做量化研究，这次数据没收上来，那算了，没关系。而在质的研究当中，你忘了问，或者突然发现该问的没问，不知道怎么回事又突然发现新的问题，这个都可以重新再做。我认为是它的一个优点，因为一个人的思维的过程不可能毫无缺漏，很多事情，根据你所知道的情况、你的知识、你的经验，都可能有所遗漏，甚至是出现错误。而这些在做 ethnography 的过程中至少有机会让你弥补。时间确实是一个问题，做研究没有不花时间的，但是你必须考虑其中的 trade-offs（取舍）。有的时候你为了要有收获，就得花点时间，比如为了取得更好的材料、回答我的问题更完整。有时候再不交论文，基金项目就到期了，钱就没了，那我是不是要想个更快的办法？但是我觉得有一个总的原则，作为 ethnography，你是要进入到情景当中，要和人进行互动，要深入地了解情况，要花时间。甚至有一种搞 ethnography 中的 multi-vocal 也不是一天能完成的。但是现在从文化戏剧学和文化人类学这些方面来看，不能说所有人，但是越来越多的人接受这种可行的方法，就是你可以去一个地方，比如一个文化社区，反复地去，在两三年时间里你去很多次，隔两三个月去一次，隔半年去一次，这个间隔是普遍都可以接受的。

听众：我为什么有此疑问呢？因为我在访谈老师的时候，他看到一组视频以及他自己的一个报道，在我没有得到任何指导提示的情况下去报告是非常有限的，所以后来我想，如果想要保证能够问到东西，我必须提供一些参考，一些提示点，必须给他一些支撑，等于能够刺激他意识到一些问题，您说呢？

薛烨：这个问题有很多探讨的余地。我们在拍录像的时候有一个很明确的想法，我们特别注重捕捉有争议的东西，如果一个事情很普通，很难让老师说点什么东西，你就说喝水吧，喝水是一个很重要的生活方面的事情，幼儿园老师会说，喝水非常重要，有很多功能，每个老师都会说出几条来，最重要莫过于健康方面，但是说完还有别的可说的内容吗？这就很难说了。但是如果拍到一个孩子打架，那能说的就不一样了，他从个人经验到职业道德到家长的指责,到自己要接受的各种各样的事情,比如什么园长批评,减少奖金,等等。那这种情况在中国就有很多,在美国类似的故事也有很多,日本也有很多,虽然每个都不一样,但是每个老师都觉得:如果这次不对这个做出反应,我心里难受。所以从我们的角度来讲,拍录像时要避免一些比较平淡的、老师看了就觉得"这有什么呀"的这些内容,否则作为研究人员,你就比较尴尬了。你要是强加你自己的问题的话,那就是另外一个问题,这就是研究方法问题的一个局限,但我也觉得这并不是一个死胡同,刚才我反复强调的就是这么一个原则,是不是平淡的录像就没有什么使用价值?我觉得也不一定,看你研究的问题是什么,你想达到一个什么目的,然后你怎么使用这个录像。

听众:薛老师,我想问的是一个比较外围一点的问题。其实作比较特别有趣,像我们现在都很想尝试这个研究,但是,就像你谈到的像夏威夷,夏威夷能代表美国吗?就像一些背景中的不同文化的比较,国际上对这个问题是比较宽容的还是有一套认定的标准,能够带来一些约定俗成的东西?

薛烨:我也想了很久,怎么能够更好地表达这个典型性。为什么呢?因为无论你怎么进行随机抽样,也抽不了全中国的样,没有一个抽样在全中国能做到代表全部。我记得这个北师大校长说:我就没觉得你这幼儿园是典型的,如果是不典型的,你怎么能说它代表了中国的幼儿园?我觉得是科学观的问题。我们在科学观、科学史这些方面确实有很大的问题,对科学本身的看法,对我们教育科学来讲尤其重要。过去好多搞心理学研究的,刻意模仿自然科学的方式,其实不一定适合,那些方法更适用于社会科学与基础论证,而心理学研究中有很大一部分传统的建树都是基于过去的科学方法相关,实证必须有典型抽样,典型的抽样必须代表其特点。实际上,现在的心理学研究哪会这么做,有很多很好的心理学研究就更不谈这个典型不典型了,就说我们这个学校围绕孩子开展的调查问卷,最后拿了那些测量来比,就不再强调这个了。

听众：那匹配吗？

薛烨：匹配。我们在挑选幼儿园的时候，每个地方都有几个原则，前面已经说了一些了，特别是在上海挑选幼儿园的时候，它是需要代表一些改革的方向的，比如上海有一个幼儿园，它是全日制的，我们放弃了，为什么呢？因为以前的寄宿制幼儿园是为父母排忧解难的，现在则为有钱人服务了，这是一个很有意思的社会现象，是我们所说的幼教变化的一部分，但它不能够代表全国幼儿园的改革方向。

听众：我还有一个问题，因为我没有看过这本书，我觉得用这样的方法设计出来的资料非常有意思，但是我更关心的是，这么有意思的资料如何变成有意义的事？或者说，这样的研究，它的加工理论是什么？它的意义何在？

薛烨：今天上午我们有一个讨论，主要讲的是研究问题和研究报告之间的关系，就是说做新的研究，所谓的三种文化在幼儿园的方法，它有很有利的一面，研究它的线性理论作为跨文化比较，它已经涉及了很多当时的问题，比方说中国的情况比较明显，当时中国刚刚实行独生子女政策，这个政策在当时产生了很大的社会影响，引发了广泛的社会讨论，比如说"421"结构、孩子的社会性发展、怎么实现尊老爱幼、孩子以后怎么养育老人，等等。这些问题在后来重访的时候作为一个记忆，就变成了有时间跨度的东西。所以我觉得这样我们反而比许多独立的研究更加容易解释、容易组织这个意义，我这个意义是先有了这个情景，这个情景随着时间的变化又衍生出新的内容，这个内容原先是什么样，现在是什么样，将来又可能会是什么样子，这些就成为新的异系统，这个异系统中有可以依赖的过去的东西和我们在访谈中得到的，同时也有我们对它的解释，这部分是我们衍生的。而且这个有不同的层次，有老师的，有研究人员的，也有研究人员和老师共同建构的。

听众：我再问最后一个问题。在做分析报告研究时，比如我马上要分析观察记录文本,分析老师访谈中所表达的价值观念和文化立场,在研究过程中我从一开始分析他所表达或者我看到的记录,然后再去分析他的文化立场,实际上是往前推了一步的,我就想:你在做这个研究的过程中有哪些思考,有哪些方面的考虑?

薛烨:你是说在解释意义的时候有哪些方面的思考吗?这很大程度上取决于你自己。因为我们都知道,开展研究工作时,理论有两个功能:一个是指导你来发现问题,来建立你的研究问题。你的研究问题的确定需要一定的理论基础,这是在研究前面,就是外部关系,它在内部关系也就是到后面一步,是正三角而不是倒三角,你可以看到它的这个结果,这个结果你怎么解释,这就是研究意义的衍生,你看里面就有理论。皮亚杰有一个非常紧密的共同的研究人员,叫英海尔德。华东师大的李老师说,翻皮亚杰的所有的书都能看到英海尔德,这个人非常重要。实际上,皮亚杰在70年代和一个现代很活跃的英国心理学家共同写了篇很好的文章,这个文章的内容大家都不记得,但是都记得它的题目,这个题目叫"if you want to get head, get feet",这句话不是他们自己说的,是引用的一个九岁的孩子说的话。在你解释你的发现的时候,你要有理论,你就超前,因为你有一个更高的视角,如果你就是按数据来相互关联然后做一些解释,你这就是还在地里,总会看出一些新的东西出来,但是远不如你有一个理论在上面引领,可以把它提升得更高。当然21世纪的理论远不如19世纪的理论宏大,所以我说你的理论或许是东一块西一块的,然后组成一个理论框架。现在很多研究生的论文的理论都是空的,大部分就是从几个不同的林子里取些内容来对应你的研究问题,然后针对研究问题从不同的角度来找出切入点,做好联系,然后讲PPT。

从婴幼儿看审美的发生

刘绪源*

我今天谈的是从婴幼儿看审美的发生,就是看一看学前的阶段,特别是婴幼儿早期的那个阶段,到底审美是怎么产生的。今天也是想向大家学习,想听听大家的意见和疑问,你们的意见对我都会有很多帮助。上一回在这里发言的时候我也谈了一点这方面的内容,当时正好是这个课题在思考过程的中间阶段,那么现在是论文结题的提交阶段。现在这本书已经出版,就叫《美与幼童》。但其实这个课题还是可以修改,可以发展的,可以深度挖掘审美和幼儿、婴幼儿、儿童到底什么关系。那么这个课题刚才我跟刘晓东老师也在讲,我觉得最幸运的是我的工作内容是研究儿童,把关于儿童的研究,作为一门学科、作为一种职业,其实是一个非常非常幸福的事情。因为现在看起来我们整个学术界、全世界的学术界其实对儿童的研究还不够重视。因为这是没有东西可以代替的一个宝藏。我们很多学术的难题、哲学的难题、语言学的难题、心理学的难题、人类学的难题几乎只有唯一的可以解决问题的出路,就是儿童研究。我在最近几年的儿童研究中间就深有体会。

上一次在上海的文化广场有一个讲座,讲座的听众并不是专业的,基本就

---

* 刘绪源,《文汇报》"笔会"前主编,高级编辑。讲座时间:2014年11月25日。

是上海的一些白领,年龄差不多大,学历很高。因为现在文化广场档次很高,买票的白领就每个月给他们做一次讲座,这一次不知怎么就请我去做了一个讲座。那我想他们不是很专业,所以我能不能讲得非专业一点。所以一开始我就说,在座很多可能都是父母、都是家长,我们都觉得儿童非常可爱、非常天真、非常好玩,他们是我们的后代,但是他们不但是我们的后代,也是我们的祖先。他们觉得很惊讶,英国有一个诗人曾经说过:"孩子是孩子,他们也是父亲,她们也是母亲。"因为他们从小到大,生活会转变,但我这个意思恐怕还不一样,他们其实就是我们的祖先。我们要知道人类是怎么来的,今天的生活是怎么来的,我们身上的一切,我们的思想、我们的思维是怎么来的,其实一个重要的根源就是去儿童身上研究,我们的祖先的痕迹就留在儿童身上。白领们一开始很惊讶,后来就非常激动,因为他们各个行业的都有,学哲学的也有,有的说我们讨论了几十年都没有讨论清楚的问题,你今天从儿童的角度一说我们就好像豁然开朗。

当时我举了几个例子,我们一直在追问:人类是先有情感还是先有理性?是先有语言,有了语言然后才产生理性,还是有了理性然后用语言去表达?这个始终讨论不清楚,但是这个问题如果从儿童身上去考虑、去观察,一个婴儿是先有情感还是先有语言还是先有理性,那理性肯定是最后的,逻辑思维肯定是最后的。在他一岁左右的时候,他就开始有语言,有初期的情感,这种情感是不成熟的。那个时候基本上都是情绪性的,在情感开始产生,情感和情绪分野的时候语言产生。因为语言的产生帮助了情感的产生,因为情感的复杂推动了语言的成熟,因为语言的成熟推动了理性的发展——如果我们从儿童身上观察几乎可以梳理出这样一个发展的线索,当然这要成为科学理论,恐怕还要经过很大的努力。

那天很多人都在讨论一个问题,就是现在史学界、哲学界最热门的一个词:轴心时代。在余英时先生的《论天人之际》里,第一章他就谈"轴心突破",这是德国哲学家雅斯贝尔斯提出的,但其实这个观点以前就有。就是说为什么古希腊、中国古代、印度、以色列重要的思想家,重要的思想成果几乎都是在同一个时代产生的，以前都没有那些思想家？公元前 800 年到公元前 600 年，差不多一个多世纪的时间，其实这是非常短的时间，伟大的思想家差不多都是在这一时代产生的，所以当时有个说法就叫"轴心突破"、"轴心时代"。最奇怪的就是有史以来最伟大的哲学家、思想家几乎都产生于这个时代，尽管中国跟印度、古希腊都没有什么交流，但是中国思想和西方思想都在那个时候很成熟地出现，那些最基本的思想一直到现在都是对的，都是有用的，都是最伟大的。为什么？这个"轴心时代"始终是个谜。

后来，汤一介先生又提出"我们现在迎来了第二个'轴心时代'"，这个就有一点理想主义了。我们希望再有一个"轴心时代"，再出现那么多的思想家，可以有新的突破。但事实上这个现象并没有出现，孔子、孟子、老子、庄子他们的思想到现在还是中国最主要的思想。古希腊的苏格拉底、亚里士多德等到现在为止还是最重要的思想家，能跟他们相比的恐怕只有康德，但是康德的思想还是从古希腊的哲学过来的。

但是我们始终解释不清楚到底什么是"轴心时代"。那一次我在文化广场给他们讲的时候，我说这个可以在儿童身上找到，他们就很惊讶，因为他们有一些就是哲学专业的。那天讲了很多"复演说"的问题，就是胎儿期是生物史的复演，婴儿期、幼儿期是人类文化史的复演。用这个"复演说"从儿童身上去观察人类史、文化史、生物史的话，我们会发现这个"轴心时代"并不是很神秘的。为什么呢？因为关于人类的产生现在有多种说法，一种是从非洲产生的，非洲的母亲生出来的孩子走到世界各地，也有一种多元的说法。猴子从树上下来变成人和人开始直立行走，两个年代可能会相差几百万年，但整个的人类发展过程前面是很慢很慢的，后面是不断的加速度，所以那个几百万年以前也是一闪而过。如果从开始加速度的时候算起，那么全世界的人类的年龄是一样的，在非洲长大的那些人类跟在亚洲长大的一些人类年龄是一样的。我们估计这个逻辑思维的产生差不多是在人 7 岁左右，所以以前念书是在 7 岁，现在改到 6 岁，其实不是很合理。6 岁的孩子真的很小，要到 7 岁逻辑思维才会产生，逻辑思维产生以后会出现一种情况，对想象力开始不满足了，图画书不要看了，你再给他看童话书他可能嫌"幼稚",不满意了,他们觉得要用理性,要用逻辑推理了。那个时代按照皮亚杰的说法,古希腊就是 7 岁的小孩,有的时候思想家真是很武断,胆子很大,但现在看来皮亚杰真的是很了不起。确实古希腊的时代就是理性刚刚产生的时代,看不起想象的时代,亚里士多德的美学里面就没有想象的地位,柏拉图的《理想国》里面就没有诗人的地位,苏格拉底都看不起想象,觉得很幼稚。亚里士多德的美学里面强调的是模仿说,那个模仿不是我们现代的现实主义,而是很自然主义的,瓦匠就要像瓦匠,木匠就要像木匠,木匠如果写成瓦匠你就失败了,要很老实地去模仿,要很理性,要真实,就是否定想象。想象对古希腊伟大的作用等会会讲到。就是在那样一个时代,理性产生以后他们开始用逻辑的思维看待问题,开始思考世界的一些重要的问题,他们对所面临的这个世界进行思考,并且没有任何的文本可以参考。不像我们现在写论文,电脑里面东抄一点西抄一点拼凑起来一篇论文也混得过去。那个时代什么也没有,没有论文,都是本源的、最重大的问题放在他们面前,他们必须自己思考。他们一开始思考的都是最重大的问题,像生命、宇宙、人生、自然这些,他们在思考这些重大的问题以前人类已经经历了几百万年,在这样一个实践的过程中间积累了大量的经验,所以康德的哲学我觉得经验是最重要的,有了经验你才会有思考,积累了大量的经验,有了大量的实践,你才会有哲学。而且他们已经用想象的方式、用审美的方式对这个世界进行了长期的观察,而这么多的观察的成果、这么多的实践成果推动着他们的思考。

我们现在的学术论文最大的问题恐怕还不是书读得少,而是对这个世界缺少经验,缺少实践,缺少实际的动力,缺少在生活中、实践中碰到的问题,缺少在实践中解决这些问题的非常迫切、非常实际的感受。那么我们光从概念,推到概念,是不会推出创造性成果的,真正的创造性成果并不是在理论间推演,而是必须在实践中出现新的东西。我们不过是用理论的方式进行整理,然后把这个成果整理出来,用其他理论来参考,在参考的过程中激活我们的思想,但最终那个成果还是实践中的成果。但是古希腊的哲人们所面临的是无限丰富的实践、审美的成果。在这样的情况下,他们用最本源的方式思考最本源的、最重大的问题。中国也好,古希腊也好,都是用这样的方式,所以他们所思考的问题,他们所碰到的问题到现在为止并没有根本性的改变。世界还是这样的世界,人类还是这样的人类,虽然政治、社会有很多的变动,但是基本的人生和宇宙并没有大变,所以当时的成果到现在还是有价值的,因为他们是第一代,他们面临最重大的问题,他们有最丰富的实践材料,借助审美和想象推动了他们的哲学思考。所以这个"轴心突破"不是没道理的,道理在什么地方?如果把人类比喻成儿童的话,这些儿童的年龄是一样的,他们都是在7岁左右,所以在古希腊也是这个年龄,在中国也是这个年龄,在埃及也是这个年龄,在以色列也是这个年龄,印度也是这个年龄,在这个年龄他们必然会产生那些伟大的思考的成果。所以从儿童的角度出发,如果不是说可以解决问题的话,至少可以给我们提供解问题的思路。所以皮亚杰说的那种幼儿的研究,其实是精神胚胎学,就是人可以从胚胎学来看人类这个生物特点的发展,那么人类的精神胚胎学在哪儿呢?那就是在儿童的研究中。所以研究儿童真的是一件非常幸福的事,非常伟大的事情,各个学科都要想办法从儿童这个角度来发掘、来研究,但是谁都没有重视起来。

我来这里之前还买到一本书,就是后来加入美国籍的德国哲学家阿伦特的《康德政治哲学讲义》。书里说到,康德的认识论里边有想象,我大吃一惊,说明我以前读书真的是读得太马虎了,因为我自己搞文艺理论嘛,看康德主要就是看判断力,看审美的那一段,其他的看过一遍,半懂不懂,主要看李泽厚先生的《批判哲学的批判》,就没有好好读原著。但阿伦特是读原著,她说康德有两个地方讲到了,理性思维是离不开想象力的,一个在序言里边,一个在后记里边。她说康德认为想象力大体上是一种综合的能力,是隐藏在人类灵魂深处中的一种记忆、一种技能和一种艺术的记忆。她说想象力据康德说所说,这种官能使得不在场的东西变为在场的、当下的东西,就是明明是不在场的通过想象变成在场的、当下的。那么也就是说,想象力是一种再现、表现的官能,想象力就是在直觉中,再现、表象某一个本身并未在场的对象。那么他说理性、知性包括感性相互之间会有连接,那个连接离不开一个很关键的东西就是想象力。我在书里面还在论证理性思维包括胡塞尔那个理性思维在哲学思维里,认识的过程中间有想象。其实康德本来就说那个里边会有想象,而且是隐藏在人类深处的。阿伦特是非常伟大的哲学家,她有两句话的水平实在是太高了,她说,康德说理性思维离不开图式,图式在理性中的作用,就是范例在想象中的作用。范例其实就是形象的,具体的形象。你所抓住的形象跟想象的作用,跟图式跟理性的作用,它的位置是一样的。那么这里面有一点非常有意思,康德讲了想象力,说想象力到底哪里来的到现在为止还是一个不可知的问题。他这是二元论,是不可知论。所以康德的伟大就在于此,他把它分开,那一部分我不管了,那一部分上帝,然后上帝给的这一部分在人类认识中的作用他讲得非常非常清楚,包括讲美学,至今为止还是康德讲得最清楚,又没有概念又有普遍性,这是非常精彩的。但是他就说这个想象力是哪里来的,这个我们是不可知的。

所以我看了这本书非常非常激动,为什么?我们现在在做的工作就是在解答康德的这个问题——想象力是从哪里来的?儿童身上来的。儿童怎么来的?2岁到6岁,从婴幼儿开始,我们一直在讨论。所以李泽厚先生讲康德他就谈出三点,就是经验,经验变先验。康德说先验理性,先验是哪里来的?李泽厚先生通过他一生的研究,说这个先验的东西其实是经验变的,由经验变成先验,实践变理性,心理成本体。他一生的成果可以化成三句话讲,就是历史成为理性、经验变成先验,然后他又提出情本体就是心理成本体,讲得非常概括。他就把康德说的先验的这部分通过他的研究讲清楚了,就是人的那种先验的理性思维的能力其实是人类实践的结果。那么我们现在在做的工作,是一个常识性的工作,就是说婴幼儿的发展阶段就会产生想象力。所以,儿童研究是一个伟大的事业、一个幸福的事业。各门学科,只要是跟人文有关的,跟人有关的,归根结底还得到儿童身上去找,只有儿童身上留下了这些宝贵的痕迹,不然你到什么地方去寻找呢?

那么这就牵扯到我们说的复演说,复演说这个理论在 20 世纪是非常火的,北大的教授搞民俗学,其实就是人类学。他们一个很重要的想法就是从儿童身上能够看到人类发展的轨迹,所以他们把民俗学跟儿童学结合在一起。当年他们有很多民俗的研究、儿歌的研究、童谣的研究,都跟他们的人类学研究是有关的。恩格斯的书里面谈自然辩证法的时候也谈到复演说,他也很肯定,当时复演说是大家都很肯定的一个学说。但在人类学界也出现过不同的声音,最有名的就是列维·布留尔的"原始思维",在20世纪初《原始思维》出版的时候,他就提出,从儿童身上去研究早期的人类史可能会有很多的问题,我们应该寻找另外的道路。那么他说的寻找另外一个道路当然也是一个非常好的方式,也很科学,就是到残存的原始部落里去寻找早期人类的痕迹,可以去新西兰、澳大利亚,去美洲、亚洲很多非常偏僻的地方,越偏僻越好。他们去非常偏僻的、进化痕迹很少的原始部落进行调查。经过大量的调查以后,他写出了《原始思维》。他的调查研究应该说是很科学的。我觉得最有意思的是,把他的成果拿来和我们的儿童研究对比一下的话,会有非常惊人的发现。他最后的成果主要是两个:一是前逻辑,就是原始人的思维是不大讲逻辑的,他们都是凭直觉,直觉非常快,而且直觉往往是对的,前逻辑就是不用理性的方式来思维,使用审美的、直觉的、直观的把握,通过大量的经验来把握这个世界,而不是通过理论的、理性的思维。另外一个是渗透率,渗透率是指世界上的东西都是相互渗透的,活人和死人、动物和人,相互都充满了神秘感。这种神秘感在儿童身上处处体现,儿童会把各种东西联系在一起,他们是没有边界的。渗透率和前逻辑跟我们研究儿童实在太像了。关于语言,他说原始人的语言是跟动作连在一起的,他们往往是先有动作再有语言,他们的脑和手是完全配合一致的,其实还在语言刚刚产生时,他们运用语言时动词往往在前面,动词用得最多,甚至用动词来概括一切。

我现在在观察我的小孙女,她现在一岁半了。我写这个书的时候她才一岁多一点,已开始学讲话,都是动词。她最喜欢讲的是"摆",就是摆在她面前,东西拿过来后她说"bai""bai",就是摆在她面前;还有一个是"关",因为电器比较多,开、关都是动词;另一个是"拿",要给她拿。除了这些以外,她有很多名词变动词的用法,比方说她很喜欢吃葡萄,葡萄要大人剥给她吃,她就说"剥""剥","剥"是什么?"剥"就是葡萄。还有样东西也叫"剥",就是虾,虾也要把壳剥掉给她吃。我们的钟点工到家里来,正好我们在吃中饭,她的碗里面有两个虾,她看到后就"剥""剥""剥"地很激动,最后两个虾都被她吃掉了。她叫虾也叫"剥",叫葡萄也叫"剥"。还有一个词是"拍","拍"一个是指穿了一件新衣服,叫你拿手机出来给她拍照,她非常得意。除了拍照还有一个动作是她叫你拍手,也叫"拍",全部都是动词。那么她最喜欢看电视里放的儿歌,儿歌的语速还非常快,她不会讲但非常爱看。我就想观察她是不是会挑选节目,挑选节目时看到不想看的节目,她就说"关""关",找到一个她最喜欢的《拔萝卜》节目后,她讲不出来,就会摆一个动作,我说"这什么意思呀?"然后她非常努力地说出个"拔",我说"哦,拔萝卜"。她喜欢这个"拔",这也是动词。这些都说明,她最早使用的词都跟她的动作配合在一起。这个跟原始思维的研究成果是一致的。所以列维·布留尔经过那么多的努力非但没有否定我们的复演说,恰恰论证了复演说是对的。当然他是用科学的手段,我们这个还有一部分是哲学,一部分也经过了学前教育大量的调查,那就也成为科学。

确实,从儿童的身上可以看到人类发展的轨迹、原始人类的轨迹,所以这个太珍贵了,轻易把这个否定,用后现代的方式解构,把它解构很容易,三言两语就可以解构,这里面我觉得太可惜。

接下来我们就从审美的角度来看学前阶段。以前的学前教育理论如皮亚杰的理论,美国的《芝麻街》的节目,等等,基本上都是以认知为核心的,也强调审美。包括南师大对美术也非常重视,以前我们搞《芝麻街》的时候也有南师大的老师参加。但这次我们的研究就是完全从审美的角度,看看审美在儿童的发展过程中到底是怎么发生、怎么发展的。这个其实也是人类审美的发生、发展的过程。这是一点。

第二点就是要把情绪和情感分开。我看到最新一版的,也就是第六版的《儿童心理学手册》,它其实也知道情绪和情感是两回事,在论述里面讲得很清楚,情感是有具体的针对性的,而且情感是会有发展的角度,但作者还是把这两个放在一起,我觉得这个很没道理。《儿童心理学手册》既然知道它们不一样还是放在一起谈,那很多问题就讲不清楚,一旦把情绪和情感分开,把分开的分野梳理出来，审美的发生就一清二楚了，我觉得这是一个关键。

第三点就是关于想象的研究，关于想象力到底怎么回事。因为大家都在说想象，但是到底想象是怎么回事？我看到最近东北有一个文化学刊发了美国印第安纳州大学一位专家的关于想象的文章，开始我非常感兴趣，这个正是我思考的题目，看了以后我就很失望，我觉得他完全在外围转，根本就没进入问题本身，就是到底想象是怎么回事，我们要在这个研究中把它说得一清二楚。周作人说2岁到3岁是需要想象力的时代，就像吃饭一样需要想象，为什么？一定要把它讲清楚，然后想象到底是什么东西，也要把它讲清楚。

我非常感谢李泽厚先生，我写初稿的时候，他说你赶快写，这个题目非常有意思，他说现在的美学研究都是从概念到概念，你这个是论述、描述跟理论结合起来，这样才有可能解决一些美学上的问题。他已经80多岁了，通过一个iPad，我写完一章他看一章，然后问我："后续的稿子呢？"有时候他会来一个这样的电邮。我说还没写，然后赶快写好再给他，他不断地提出意见，所以我真的是很感动。其中有一个地方，我写的时候很喜欢讲人类的天性，然后他就提出了语言的批评，他说，"我非常不喜欢'人类的天性'这种提法"，"如果说人类的天性，那还要我们的研究干什么呢？一句'人类的天性'全解决了"，他说，"我们要从哲学的方面来研究，你要把人类的天性从哪里来的，怎么回事要说清楚"。我被他一说好像有一种棒喝的感觉，一下子清醒了。其实我们很多地方都在偷懒，想糊弄过去，这次我要把想象说得一清二楚，所以经过了很多努力。

审美是怎么回事？先要把这个讲清楚。因为经常前面说得含含糊糊的，到后面就讲不清楚了。当年我们搞中国版的《芝麻街》的时候，组织写基本教育大纲，我是作为儿童文学研究的角度被邀请的，被邀请的人基本上都是各个大学的学前教育的专家。在那个过程中我就发现，美国版的《芝麻街》强调的也是认知、身体、数学能力、社会交往各个角度，对审美好像并不像我想象的那么重视，我就提议：那我们能不能提高审美的那个部分？对方说：那要提高到什么程度？我说：提高到跟认知一样的程度，就是审美跟认知是两大板块，位置相当。他们很多人，包括不少哈佛的博士都很惊讶，就说：审美到底是什么？art？艺术？美术？但是他们也很努力，休息的时候都在研究到底审美是什么，查字典，跟导师打电话讨论，等等。过了几天他们说：你把你的意思说清楚。那我就想把它说清楚，要提高到什么程度。我说，人类从精神上把握世界，只有两种方式，一种是理性的方式，通过逻辑推理；另一种是审美的方式，直观的，总体的，浑然一体的，通过情感的把握，就是这两种方式。但是我们现在始终在讲认知的，认识是通过理性的，其实儿童的理性还没有成熟，审美在儿童身上实在太重要了。他们又进行了探讨，并举了一些例子，后来中国版的《芝麻街》的教育大纲确实把审美放在很重要的位置，创作节目的时候也搞了很多审美方面的鉴赏，儿童的道德、在审美方面得到的愉快占了很大的比例。后来美国《芝麻街》总部在世界各地搞《芝麻街》，有非洲版、日本版、中国版，他们其实很聪明，通过吸收外来的思维、外来的东西来突破原来的瓶颈，使他们能够发展，不断创新，那种创新精神在他们美国人的思维中是根深蒂固的。他们后来说，中国版的《芝麻街》最大的突破就是有了审美的板块，那是一种结构上的突破。

我讲审美的时候比较爱举的一个例子就是爱情，一见钟情。一见钟情也没有什么理性，就是你见到他以后一下就喜欢上了，那种强烈的冲动、那种感情就是一种审美的判断。要不要跟他好？好下去有什么好处？是跟他断了还是不断？这个不是在恋爱开始的时候，是在分手以前，用理性的方式来思考什么时候分开比较好。但是感情的产生就是一种审美的方式，就是说审美是非常突然的，但是它还是有前提的，就是你的结论在情感产生以后。一看到，眼睛先感到很美，结论是在这个以后得出的，而不是因为很美，或者因为他是好的，是美的，然后我越看越美，不是这么回事，正好相反，这些康德都有过论述。

钱钟书先生在《钱钟书集》里面有给胡乔木的一封信，就是当年中国有一个学者叫何新，他当时写了一篇文章，胡乔木就请钱钟书先生看，钱钟书先生看了以后就说，现在的理论家都不懂，以为理性是人类前进的触须，就是人类前进的先导，但是他说除了理性，诗歌也是人类的先导，也是人类的触须，是诗和理论交相辉映，有的这个在前面，有的那个在前面。钱钟书到底是大家，他认为有的时候是审美走在理性的前面，有的时候是理性走在审美的前面。关于人类在发展过程中，审美走在理性的前面，我们可以举两个例子。一个就是莎士比亚，莎士比亚的戏剧非常轰动，非常好看，大家都把它当通俗剧来看，但是人类越发展，莎士比亚剧里的人文主义被挖得越深，不断地被研究，几百年下来，我们对莎士比亚越来越理解，因为莎士比亚用审美的方式把握这个世界，当时的理论家用理性的方式还把握不了，随着人类文明的进程，我们用理性的方式慢慢能够把握了，这个就是审美走在理性的前面。再比方说《红楼梦》，《红楼梦》当时也是一出来大家都在传阅，手抄本非常多，但是《红楼梦》的价值到底在哪里？现在我们知道，《红楼梦》里有人文精神，有非常深刻的对社会的阐述、对社会的理解、对人生的理解，这也是审美走在理性的前面。审美往往会走在理性的前面，并不总是理性走在审美的前面。

所以人类是用理性的方式、审美的方式这两种方式去把握世界的。而且因为理性是人类最后完成的阶段，在一个宝塔尖的最上面，所以它是最没有根底的。第六版的《儿童心理学手册里》讲到的后成论就是很有道理的，后成论就是把复演说的一部分变成科学了。后成论现在是科学界公认的理论，就是生物史、人类史上最后完成的部分在人的个体的身上也是最后完成。比方说尾巴到后来没有了，人类到后来没有尾巴了，个人到后来也没有尾巴。人的理性是最后完成的，那么人类个体的理性也是最后完成的，到七八岁甚至到三十来岁还在完善的过程中，越是后来形成的东西，它的根底就越浅，所以理性思维其实是最容易被遗忘的。

而且人为什么那么相信自己的理性？因为人能够控制自己的理性。如果再往下面推，再下一级就是情感。人不一定能控制情感，来了就来了，去了就去了，我现在要开心不一定开心得起来，我要恨他不一定恨得起来。人不能控制情感，但能通过推理控制理性，那么情绪就更不能被控制了，身体的变化更不能被控制。人类唯一能够把握的就是理性，所以对理性非常信任，觉得理性非常了不起，因为最后能说得清清楚楚。但理性的根底是最浅的。如果把人的整体画成一个宝塔尖，最下面是人的身体，胎儿期完成，然后下面是有情绪，身体依然在，两岁以前情绪非常丰富，情绪到感情的产生是两岁到七岁，七岁以后感情还在发展。理性在七岁以后产生后这个宝塔尖越到上面越小,但人能控制的仅仅是上面这个宝塔尖,所以通过理性做思想工作、传教、教育,通过理性的各种方式来解决问题。如果你的情绪不好,情感非常痛苦,理性就不能解决了,只能够间接地解决。但是有一个东西可以是整个三角,而不是上面那个小三角所调动的,那就是审美。审美不但使身体是调动的,情绪是调动的,情感是调动的,理性也在审美的调动中,所以审美是完整地、灵性地去把握这个世界,而不是仅仅通过上面理性的小三角去把握世界。审美往往是对的,直感往往是对的,有的是一种直觉,没有经过理性的论证,当然也有可能是错的。有的时候你有一种直感会发生什么事,果然会发生,为什么?因为你调动了你所有的经验,你所有的人生感受,这些都在配合你。所以我们要把审美提高到一个非常重要的地步。

那么从婴幼儿的角度来看,审美是怎么产生的呢?我想非常简单地说一下皮亚杰。皮亚杰的发生认识论基本上用了四个概念:图式、同化、顺应和平衡。图式的概念是从康德那里来的,其实是讲理性思维,理性离不开图式,图式用理论的方式可以说得很准确,但李泽厚先生在《批判哲学的批判》中用了很多比喻,相当于图纸,相当于目录,那么图式很可能相当于一个有点图像的目录,非常简单,但是他把理性的东西给你归类,给你放在仓库里。那么婴幼儿刚刚开始产生的图式,皮亚杰认为是非常少的,比如吮吸,吮吸的图式,抓握的图式,你的手放在他那儿,他就会抓握,给他吃奶他就会吮吸,一开始只有这么一个简单的图式,然后随着他的经历开始丰富起来,那个图式会同化和顺应。

关于这个,我也在观察我的小孙女。她从几个月的时候就什么东西都要往嘴里放,就要吮吸,不让她放,她就看到什么东西都把头凑过来,凑过来不行就整个身体弯过来,非常努力。到了五六个月的时候,她还是什么东西都要往嘴里放,只是放一放就可以了,不像一开始那样拼命要吮吸。其实她已经经过了同化,她的图式已经比开始的时候要丰富得多了。因为一开始她以为就是吃奶,后来知道也不一定吃得出好的味道,有的味道也不怎么样,但是她还是什么东西都要往嘴里放。到了七个月的时候她生病了,到医院去,看到医生就笑嘻嘻的,医生给她检查嗓子时她也笑嘻嘻,把那个板拿到她嘴里,她以为给她吮吸也很开心,然后板到嘴边一压,她又是呕又是恶心,然后大怒,大哭,从此以后再有什么往她嘴里一放她就很警惕,眼睛看看,担心又是什么不好的东西要塞到她嘴里去。我想这个就是顺应。

同化其实是一个量变,不断在丰富,但顺应其实是质变,顺应外在的条件。这个我说得很外行,大家是专家。人类要适应外面那些新的事物,他就必须产生新的图式,于是新的图式就产生了。

还有关于平衡的概念,我觉得皮亚杰这个人非常有意思。他原来是学生物学的,后来怎么会搞儿童心理学,怎么会搞发生认识论?我觉得肯定是他没找到工作,然后家里生了孩子,他太太工作去了,他在家里看孩子,如果不在家里看孩子,怎么可能每个月的记录都那么详细?他肯定是看孩子,而且看了两个孩子。他看了两个孩子以后不断地记录,越看越有趣,发现了人类所有的学术的根底都在儿童身上,他就非常快地改行了。所以我们现在搞学前教育真的是非常幸福,你看皮亚杰在生物学上已经很有成果了,论文影响很大,已经是一个很有地位的学者,还要从头观察儿童,开始搞儿童心理学,说明这个职业是多么好啊!他搞生物学的时候有一个前辈坎农,美国的一位医生,写了一本《躯体的智慧》,商务印书馆出的世界名著丛书里经常把坎农的《躯体的智慧》和皮亚杰的《发生认识论原理》放在一起,因为坎农比他早一点。《躯体的智慧》非常有意思,我觉得这本书几乎可以跟达尔文的《物种起源》相提并论(当然我这个说法比较狂妄)。因为他说的其实就是系统论,系统论都受到他的影响,这本书也是系统论发展中很关键的一本书,虽然名气没那么大。他谈到一个重要的观点就是人的躯体是非线性的,那就是生命体和物理的区别。我们说的机械杠杆定律它就会变换,它是线性的,原因和结果是直接的。但是生命体是非线性的,是多元的。多元渗透非常复杂,另外一个自组织,自我的组织系统,就是系统论,你摔跤了,手跌破了,你的神经、淋巴、血小板、白细胞全都会调动起来,各方面调动起来配合进行自我修复,那就是形成了一种生命的机制。所以说到机制,它其实就是一个自组织的系统,人体是有机制的,有自我修复功能,所以他说自组织非线性是躯体的智慧。我觉得皮亚杰是受了坎农的影响,他关于平衡的概念恐怕还是从坎农的概念里来的。坎农说的是躯体的智慧,皮亚杰说的是精神的智慧、思维的智慧、人类理性的智慧。他说人的思维从最初的图式到分化、顺应,整个过程并不是简单的新的东西来了我吸收一点,而是一个双向的、非常复杂的过程,所以他非常反对一个概念就是从感性到理性,他认为这个是神化,感性到理性是神化,他认为一个人的认识的产生并不是简单的,感性当然重要。他说了三个方面,一个就是感性的材料,实践、经验这个材料,这个很重要,另外就是头脑里原有的图式的作用,所以他认为这个就是智力,人的智力到底什么样,到底有多少图式。关于整个图式结构,他说你的头脑里原有的图式有多少,丰富程度怎么样,你就能达到什么智力,就是新感性产生的时候你使用既有的图式去笼罩它。还有一个就是实践、动作,这个我们学前教育讲得很多,孩子通过自己的动作,要移动物体的位置,看看它的重量,改变它的性质,在这样的情况下他会把握一个事物,就通过那个动作,通过翻来覆去看,这个其实就是人类的一个特点。这样三方面结合,感性才会变成理性。

　　这里有两点我觉得非常有意思,一是皮亚杰说人的知识的产生是通过原有的图式的分化,这一点我觉得我们现在的教育学好像没有重视,因为我们现在从幼儿园就开始灌输知识,到了小学就非常残酷,不断地给他灌输,根本等不及他原有的图式的分化。不是灌输给他知识他就能记住,记住以后就成为他的知识,不会的,记住了以后只是成为老师的知识,毕业了就忘了。所以我们有些东西,小学阶段也学、初中也学、高中也学、大学也学,但一毕业就忘了。但是孩子如果在小学阶段跟同学争论过一个什么问题,或者上课回答错了,或者老师讲错过一个地方,过来跟老师探讨,老师承认:"哎哟,这个地方我讲错了!"这种知识一辈子都不会忘。为什么大量的知识灌输进去都会忘,而有一些经过自己思维搅拌的知识不会忘呢?其实就是皮亚杰说的原有的图式的分化,他原有的自己的图式去笼罩他,他原有的图式分化了整个知识的结构。知识产生的过程是符合皮亚杰说的这个原理的,原有的图式分化了、顺应了、产生了新的图式,这个图式就是他的。如果没有分化、没有顺应,他面临的是全新的知识,而这个知识他根本来不及消化,那么就不是他的知识,他过后必然要忘。关于这一点,我觉得现在的教育太成问题了,就是有的时候老师就必须等一等学生,等一等我们的孩子,让他分化,让他提出一些愚蠢的问题,让他瞎子摸象,这样对不对,那样对不对,因为这个过程是必不可少的,这个过程就是他产生自己图式的过程。所以我等一会儿还会讲到看图画书的孩子为什么学习成绩不好,不看图画书的为什么学习成绩好,因为看图画书的孩子他就像对吃东西一样要求很高,他就要"让我吃吃什么味道,让我搅拌一下",但妈妈就是"快点咽下去",后面的已经等在那边,外婆当然更过分,因为等在后面"快咽下去,咽下去",她不让他去辨别味道,催着孩子快咽下去,然后孩子可能长得很胖,虽然很胖,但他不会很好地吸收营养。他需要搅拌,他需要自己知道味道。看图画书的孩子就养成了一个坏习惯,他什么都得搅拌一下,"我得到底知道它是什么味道,好吃不好吃",但又不肯咽下去,就成为"坏"孩子,老师不喜欢,成绩也不好。但他确确实实在不断地吸收,让知识成为自己的,这些知识他是不会忘的。我觉得这是教育学上非常重要的一个问题。

　　按照皮亚杰的说法,人的所有知识都是从最初的图式,从吮吸的图式、抓握的图式分化出来的,然后越来越复杂,越来越成为爱因斯坦,成为大科学家,成为大艺术家,这么发展过来。那么婴幼儿的重要性也就看出来了。

　　谈到皮亚杰,我们就发现有一个问题,就是皮亚杰虽然也讲了很多审美的情感的内容,但他的重点、目的非常清楚,就是认知发展理论,就是认识的起点在哪里。关于儿童心理学他就讲得很清楚,就是为了探讨儿童心理认知方面的发展,他的目的很清楚。皮亚杰在20世纪的50年代,跟法国的瓦伦有过一场争论,争论了以后皮亚杰说,你也对,我也对,都没错,为什么?因为你是从审美的角度看问题,我是从认知的角度看问题。所以他很清楚,他谈的就是认知。如果从审美的角度看问题,我们就可以看看有没有我们可以补充的东西。皮亚杰说的图式跟康德说的图式有没有什么区别?康德是先验论,皮亚杰是科学家,康德说的图式是上帝给的,先验图式,先验就是经验以前,你没有经验过已经有了。另外一个就是康德特别强调形式,人的认知的形式。而皮亚杰那个图式呢,像抓握、吮吸其实是很具体的东西了,这个跟康德又有区别了。但他们一个是科学家,一个是哲学家,作为一个唯心论的、比皮亚杰早生了200年的哲学家,康德也有他高明的地方,他的高明之处就在于他的形式和他的先验。儿童身上除了抓握吮吸,有没有先验的图式呢?我发现其实儿童身上也有,皮亚杰也说到这个特点,但皮亚杰是把它放在认知过程中的一个阶段性的东西来说的,那就是节奏。其实婴幼儿一出生,他身上的节奏感就非常强,他的手的动作、他的哭声都是有节奏的,而且那些节奏都是协调的。虽然动作看上去是不协调的,肌肉的牵引、动作的力量不够,但是都充满了一种节奏,吮吸也是有节奏的。节奏如果作为一个先验的图式,作为一种形式,在幼儿身上是确实存在的。为什么是形式?它本身不是动作,但依附于所有的动作,所以是形式。但同时它是先验的,它不是谁教的。那么关于这个先验,当然所有的动物都是有节奏感的,动物的节奏感可能比人的节奏感还要强,猴子抓在树上摇晃,鱼在水里游,鸟在天上飞,都充满了优美的节奏感。儿童的节奏感也有它的特点,也有它的优势,我等一会儿再讲。

那么节奏最明显的一点就是,我们会拍儿童睡觉,我们没有看到过一种动物,小猫也好,小狗也好,狮子、老虎、蛇,拍它们的孩子睡觉,只有人类会这么做。拍儿童睡觉是非同小可的一个动作,因为你在拍打他的时候给他一种节奏,节奏让他安静,这说明什么?说明这个节奏可以进入内心,他会感到安静,你这个拍打停止了以后,这种节奏感还在他的内心盘旋,他会进入睡眠,他会安静,他会有幸福感。这种节奏感是不是先验的?是先验的。对先验我们也要进行科学的分析,因为我们现在知道胎儿可以听到声音,胎儿可以听到母亲的声音,母亲的呼吸、母亲的心跳对孩子其实是进行了熏陶。所以胎儿期有先验也有科学的原理,其实并不是上帝给的。我们还发现,在整个胎儿期形成的东西,是先验吗?是先验,也是在出生以前,但是也有它的来源,既是先验的又是形式的,这就通向了审美。因为母亲哼儿歌拍打这个过程对孩子来说非常受用。那么对我启发最大的就是写《大头儿子小头爸爸》的郑春华,她说她的第二个女儿出生五六个月的时候用奶瓶给她喂奶,她喜欢边喂边说:"一个小猫喵喵,一个小狗汪汪。"小孩就"咕嘟咕嘟"吃奶。有一天,给她喂奶的时候她说到"一个小猫"后喉咙里有点打嗝了,"喵喵"没有说出来,她忽然发现小孩停下来不吃了,怎么会小孩不吃了?她很惊讶,然后她就说"喵喵",小孩心满意足,"咕嘟咕嘟"就吃了。那么这样一来她就受启发了,她说完"一个小狗"也停下来,小孩又不吃了,她就"汪汪",小孩又心满意足,"咕嘟咕嘟"吃下去了。这说明婴幼儿对这样一个不是儿歌的儿歌其实是有记忆的,有呼应的,有感觉的,这就是最初的审美了。

所以这个审美其实在普列汉诺夫那里全都符合了,普列汉诺夫认为艺术是在生产中产生的,艺术本身是没有生产成果的,但是它能够给人一种精神的愉快。郑春华的例子就是这样。它是在喂奶的过程中产生的,本身没有让你吃奶,但它带给婴儿精神上的愉快,这个完全符合普列汉诺夫的美学原理,我觉得非常有意思。

从这个角度再往后推,我们知道周作人有关于儿歌的研究,这个我就不讲了,反正大家从书上都可以看到。从小孩半岁左右开始,会有育儿的儿歌,或者歌谣,有半哼半唱,儿歌对孩子来说就是很重要的东西了。非常有意思的一点是,世界各地的原始儿歌,都是没什么意思的,而且句子半通不通的,但是念上去很好听。因为原始儿歌在流传过程中有很多破损,而且它创作的过程中恐怕本身就并不是很通顺,但是它们有非常明白的象声词,有非常强烈的冲击力,念上去都很好听,押韵,有节奏感,因为那个时候儿童还不会说话,语言通不通对他来说也无所谓,但是要好听。有一些词对他老说是有促进力的,是有影响的,世界各国的儿歌都是这样,其实这个就是和婴幼儿的审美有关。

刚刚提到,我在观察我的小孙女时发现,她到一岁左右很喜欢看《拔萝卜》,让她挑节目时她就说"拔""拔",她说的这个节目就是拔萝卜,其他当然有些也是很爱听的,有的就不爱听,不爱听的时候她就说"关""关",要听另外一个,也很挑剔。那么在她一岁左右的时候我给她听拔萝卜的故事,讲得很好的,而且又有图像,讲的又是她熟悉的故事,又是她的最爱,但她就是不要听,非常明显,听听就开始不耐烦了,然后说"关""关",拔萝卜音乐一打开来她就非常开心。

于是，我发现她那个阶段婴儿的审美就是跟着节奏走的，节奏是最重要的，而且是听觉的节奏。针对这个年龄段的幼儿，有一套蒲蒲兰的图画书《小熊宝宝》，审美其实不是很强的，但非常实用，包括《拉屁屁》《大声回答"唉"》，那本《大声回答"唉"》她蛮喜欢的，她一看到这本就叫一声"唉"，就要求讲这一本，她刚刚开始发几个音的时候就很喜欢。那么有一些她就不要看，有一本是叫《好朋友》，其实按照我们大人的理解，她应该很喜欢，就是讲一个小熊宝宝想跟别人一起玩，但是别人在玩，他又怕别人不带他玩，但是后来有小朋友说：我们一起玩吧。小熊宝宝说：好的。然后几个好朋友一起玩。我的小孙女经常要跟大哥哥大姐姐玩，大姐姐大哥哥都不带她，只有一次在公园里碰到熟人的女儿带着她玩，她非常开心，一天到晚"姐姐，姐姐"，她再也找不到这么好的姐姐，她就感到非常孤独，非常被排斥，所以这个故事她应该非常喜欢啊。但是因为这个故事有一些稍微静态的心理的描写，她就是不要听。还有一本书叫《过生日》，讲的是小兔子在采花，今天要过生日了，小老鼠在采草莓，今天要过生日了，但那个编者非常聪明，他的文字是"嘀哩哩今天要过生日了"，你一念"嘀哩哩"，她耳朵就竖起来了，你说今天要过生日了，她听着蛮开心的，然后"啦啦啦小猴子在采草莓，今天要过生日了"。这本书她非常爱看，她爱看不是因为采草莓，而是因为"嘀哩哩""啦啦啦"。小孩一岁左右时的审美就是跟着节奏走的，非常强烈，这个完全没错。

皮亚杰也说节奏，但是皮亚杰说的节奏主要是认知方面的，他说节奏到了一定的时候反射阶段过去，节奏就变成另外一个方式了。他也看到节奏，但他没有往审美的方向去推，没有往那方面去追寻，但节奏带动得更多的并不是往认知的方向，而是往审美的方向，包括我们刚才说的那个"一个小猫喵喵，一个小狗汪汪"并没有对认知的图式产生任何的影响，没有顺应，没有分化，就是说明在认知以外还有条路，在我们儿童心理发展的认知以外还有一条非常重要的路径，不一定带来认知图式的分化、顺应、平衡，但是带来情感的丰富、情绪的丰富、审美注意的增强。这是一条非常开阔的康庄大道。

我们刚才说到，从节奏面带来那种初级的儿歌，那么这个节奏会慢慢变化，到什么时候变化？像我的小孙女，前几天刚刚到一岁半，她大概一岁四五个月的时候愿意听《拔萝卜》了，虽然不是那么起劲，但还是从头听到尾，那个时候我觉得她节奏开始松开了。我说的"节奏开始松开了"，皮亚杰用了另外一个词，但是那个阶段是一样的。节奏开始松开的过程中，她开始接受一些非节奏性的故事讲述，其实这种节奏的前途是非常遥远的。我们知道，早期儿歌的节奏对儿童来说是一个直接的敲打，就是我们喜欢用的这个反射其实它还带有反射的性质，是直接的声音给你一种敲打，我觉得这个节奏是对应情绪的。但是这个节奏到了后来就变成非常复杂的东西了。像童话里面也充满了节奏，早期的童话《蓝帽子》《睡美人》，包括我们现在写的儿童、婴幼儿的童话，基本上都是一唱三叹的方式，就是同样的故事稍微有一点变化。这个是符合皮亚杰说的图式的。他对原有的内容比较熟悉，听的时候就不怕听不懂，没有紧张感，然后稍微有一点点变化，故事在循环往复中向前推进，种种循环往复不是直接地敲打，不是反射性的节奏，但是也是节奏，那个节奏已经开始松开了，就变成了童话的节奏。像《诗经》中的"关关雎鸠，在河之洲"，也是一唱三叹的形式，也是一种节奏。所以这个节奏也是《诗经》的节奏，也是西方古典童话的节奏，也是幼儿的儿歌的节奏。

慢慢地，节奏就变得越来越复杂，像贝多芬的交响乐中的节奏，除了乐句本身的节奏感，那当然是带有反射的性质了，所以我们说审美是一个全三角，身体、情绪全都有。贝多芬的交响乐里面，乐句本身有敲打的这种节奏，但是整个音乐的结构，它的第一主题、第二主题的交响推动，也是一种节奏。上海音乐学院的杨燕迪教授有一次给我们讲，我们都没听懂，他说马勒第一乐章里有一个音，他说这个音没有接尾，它有一个悬念，这个悬念到什么地方解决呢？在第四章某一句里边解决。我们说这个只有你们专家听得出来，我们都听不出来，但这个也是一种节奏，前面草蛇灰线，伏脉千里，千里以后又开始呼应，这也是一种节奏。我们看普鲁斯特的《追忆逝去的时光》，追忆似水年华，意象不断地出现，滚滚而来，悄悄褪去，那些意象、那些人物不断地出现，也是一种音乐的节奏，到最后一卷就像一个乐章，所有的元素在第七乐章全都堆在一起，形成了一个辉煌的大厦,这个节奏就非常遥远,非常浩大,但也是节奏。

人的节奏感可以成为一个非常了不起的东西,但是在早期就是"一个小猫喵喵,一个小狗汪汪"。到什么时候这个节奏会松开,会变成非常复杂的东西呢?就是皮亚杰说的两岁左右的阶段,但皮亚杰自己的小孩很聪明,十六个月时就有这个情况了。他举了几个例子,一个是延迟记忆,有的小孩会把几个小时以前记住的东西复述出来、重新表现出来,重新得到愉快。还有一个象征性游戏,这个更复杂,就是拿着小火车玩的时候看到猫在屋顶上走,他会拿一块石头模仿猫的形状,也在自己的书上走一遍,然后还会发出猫的"喵喵"的叫声,这就是象征性,就是艺术,就是一种带有创造性的思维的产生。关于创造性思维产生的时间,一般是两岁左右,我觉得这个定得还是很有道理的。当然有的小孩会移前,这个阶段的特点其实就是情感,我觉得这不光是情绪性的内容,还是情感性的内容,因为象征性游戏再往后还有初期的绘画,还有很多,跟这个在同一地平线上的会稍微往后退一点,我觉得有一个很重要的东西:小孩的恶作剧。为什么原始的童谣都有恶作剧的成分?"小老鼠上灯台,咕噜咕噜滚下来",小孩最开心。山东儿歌说大雁,"雁雁摆不齐,掉到河里哭姨姨","雁雁齐摆摆,掉到河里哭奶奶",初期的儿歌都有一种恶作剧的意味,这是什么道理?恶作剧也是儿童情感产生的一个标志,我觉得跟延迟记忆、象征性游戏应该是同一个水平线的,但要稍微向后退一点,就是说,有了延迟记忆,有了象征性游戏,他内心的一种情感就产生了,但是这个情感要能够表达出来,要能够很复杂地运用。像我的小孙女,她一岁半时就会很多恶作剧了,捉弄人、欺骗人,等等,但是她对文学作品、艺术作品里的恶作剧一点感觉都没有。这说明艺术上的情感和感觉要比现实生活中的情感跟感觉更晚、更复杂,因为这是一个对象化的、虚拟的过程,复杂性又增加了。

这里面有一点就是,恶作剧到底是什么?为什么小孩那么喜欢恶作剧?其实并不是"人之初,性本恶",也不是一种暴力倾向,也不是一种原罪,他是在做游戏,我觉得归根结底他是带着一种游戏的心理、游戏精神。因为他在游戏的过程中需要有高潮,高潮必然是反常的,如果不反常他就觉得不过瘾,有一个高潮他就很开心。他没有犯罪的动机,也不知道犯罪会造成什么结果。

曾经有一个人给我提供了一个十分有意思的细节。她说:我们的小孩两岁半(比我们那个刚刚说的进入延迟记忆,又往后推了大概一年左右),她最喜欢看的一本书就是《和甘伯伯一起游河》,林良先生所翻译的,听了一百遍,每次都说不要讲其他书就讲这一本,她说:"妈妈就讲这一本。"妈妈讲的时候她就非常开心,因为这个游河的故事最后是翻船的,小猪上来了,小狗上来了,小船慢慢接近于翻船的状态,她就"呼哧呼哧"很开心,蓄势待发,等到讲到翻船了,她就"哈哈哈"笑起来了。妈妈说:"你要知道哦,这个翻船是个坏事,翻船是个灾难。""哦哦哦,知道知道。"因为翻船是一个游戏的高潮,她必然是到这个地方觉得最开心。但我给四岁以后的小孩看这本书他就不大要看,他们喜欢看同一个作者的《迟到大王》。那本书讲的是捉弄老师,恶作剧又加码了。这样一种恶作剧的心理,这样一种游戏的心理,说明孩子内心的情感已经产生了。

情绪和情感确实是不一样的,因为情感有很强的针对性,情绪仅仅是一种比较直接的东西,但是一旦成为情感了,就是一种有生命的东西。一个是有针对性,一个是会自我发展,就像一粒种子,你把种子放在水里泡,可以泡得很大,没有发芽以前它的形状再大,结构也没有改变,但是成为情感,就等于种子已经发芽了,生长了,长成一棵大树了,那就可以有无限的发展,可以有无穷的发展。所以说,情感很复杂,它是个人的东西,而所有情绪说到底还具有动物性,虽然是人的动物性的。而情感我觉得只有人类有,是人类独有的东西。

比较能说明问题的还是用爱情来举例子。一个人产生情感以后他的心理就会变得非常复杂,会愉快或不愉快,开心的时候会哭,愉快的时候倒不一定会笑,真正的情感不是跟一种表情对应的,而每一种情绪都是和一种表情对应的,它是直接的。哭就是哭的表情,全世界表情都一样,达尔文做过这个研究。但情感不是,情感是非常复杂的,会无限发展的,所以一旦进入了情感的阶段,就像创作一样,素材还是原来那些,但是写成小说的话,这个作家可以写成这样,那个作家可以写成那样,情感是带有发展性和创造性的。所以两岁以后其实就是情感产生的阶段,而情感产生以后的审美就是真正的审美了,像"一个小猫喵喵"恐怕还是前审美,因为这基本上还是一种反射的、直接的、对应的记忆,完全是形式主义的,没有内容。孩子也不知道什么叫小猫,也不知道什么叫"喵喵",但是声音好听,他就爱听这个声音。那么到后来这个内容就越来越复杂,虽然有了审美以后整个过程中还是没有理性、思维、思想的成分,不像成人的审美里有这些内容,但我觉得已经是完整的审美了,其中的关键就是他有想象,是通过想象的方式来完成。

那么这里还要再讲一下,为什么说动物(当然人的动物性跟动物还是有区别的)到了情绪的阶段不往前走了,人为什么还会往前走,这根源到底在什么地方? 因为会有情感产生,会有审美产生。有一件事非常有意思,就是我们在合作创制中国版《芝麻街》的时候,有一个美国的主任,他非常有意思,讲话得意洋洋,开会的时候把脚跷到前面同事的凳子上,因为他是最高领导。但他有一句话讲得非常有意思,他说得也很夸张,他说:"我求求你们了,'中国朋友',我求求你们,你们记住我一句话,儿童最爱看的是什么? 不要以为他们爱看的是妖魔鬼怪、动画形象,儿童最爱看的是儿童。"我们当时听了有点疑惑:妖魔鬼怪、动画形象、千奇百怪的东西、非洲的森林他都不要看,他就要看天天看到的儿童? 我们觉得有点疑惑,他说:"我求求你们记住,这个是我们多年的经验,我们经过大量的研究后获得的经验。"但后来我回到中国以后,在中国版《芝麻街》的创作过程中,在观察儿童的过程中,我发现他说的这句话很有道理。后来,大概几年前,我第一次碰到李坤珊的时候,我就问她:"你是专家,我问你一个问题:儿童最爱看的是儿童吗?"她说:"儿童最爱看的是人脸。"因为孩子从小就看着妈妈的脸吃奶,所以他对人脸最敏感。我说:这是你们学前教育课本里提到过的《芝麻街》的创作者在艺术、创作、实践中间总结出来的。她说:"是吗?"然后过了半年,在"丰子恺儿童图画书奖"颁奖的时候,李坤珊做了报告,说到儿童最爱看儿童,小孩最爱看小孩,大人看大人,小孩看小孩。李坤珊一直在跟儿童打交道,她从来没有离开过幼儿园,她给大学讲课也去幼儿园讲课。当初她一听到这个观念马上去观察儿童,然后发现完全正确。

确实,儿童最爱看儿童。我观察小孙女的时候发现,满月的时候很多人围着她,她东看西看也蛮开心的,有个小孩挤进来了,她马上脸就对着那个小孩,小孩走了她就盯着后面找小孩,儿童确实最爱看儿童。这个特点真是非常有意思。我们后来也在讨论,在研究,儿童确实最爱看儿童,但并不是儿童最爱看自己熟悉的环境,他对环境是不满意的,还没满月他就让你从床上抱起来,一开始是抱着坐起来,坐了两天不行,他让你站起来,站起来还不行,要在房间里走,走了他才开心,不走他就哭。孩子再大一点他就要出去,要到外面去,再大一点的孩子要到园子里去,到花园里去,要到没去过的地方去。所以说,儿童最爱看儿童,但是儿童并不爱看自己熟悉的环境。

高尔基有一段话讲到文学,他说:什么是好的文学?好的文学是对人抱乐观的态度,它是爱人的,对人是充满信心的,但对人生是抱悲观的态度,对人所生活的这个世界是不满的。这样的观点促使他不能够把人当工具,而促使他要改变生活环境,人应该生活得更好,应该去创造更好的生活。高尔基还说,至今为止的人生还是伟大的上帝的失败作品。意思就是,人生还是不美好的,但是人是有希望的。他对人是充满信心的,是爱人的,这就是最好的文学,对人充满同情、充满悲悯,但是对现实世界又是充满批判的,要求它变得更好,这就是最好的文学,这就抵得上一部文学概论,这个文学概论其实就是这段话。那么最坏的文学是什么呢?最坏的文学对人毫无感情,非常冷漠,人怎么样都无所谓,死了就死了,生活差就差,对环境充满了歌颂,觉得这个世界真好,这个世界真伟大,这个世界太好了,对现实充满了歌颂,对人没有一点感情,这是没办法推动社会前进的。而真正的文学必然是批判现实的,推动社会前进,希望生活更好的。那么这个特点在儿童身上就有,儿童最爱看儿童,要到外面去,同时对环境又不满。

儿童最爱看儿童,对自己的同类是充满关注的,但是对环境是不满的。后来我发现小区里的狗好像也是这样,它一见人马上抬起头来,走远了它还盯在后面看,把它关在屋子里它就不满意,要到外面去,那儿童跟狗是不是也一样呢?人跟动物的区别到底在哪里呢?这里面确实有区别,因为我发现狗没有妈妈拍打它睡觉那一环节,还有狗到了外面以后在园子里溜一圈,它就心满意足了。所有的动物都可以一样生活，可以每天过同样的生活，只有人类不行，人类还要到外面去，还要变换，还要发展，还有不满。有了这么好的生活还要批判现实主义的文学，这就是人类。另外，狗看同类时有很多实际的要求，比如性的要求，但儿童没有，儿童看儿童完全是一种关注，对同类的关注。

那人类跟动物的区别到底在什么地方？我认为区别恐怕在两点，一是人有内在性，包括拍打小孩会进入内心，二是人有无限性，这个和人与动物的本质区别有关。因为最早的时候人类从树上下来，什么特长都没有，既没有厚厚的皮毛，又不会在天上飞，又不会在水下生活，又没有尖牙利齿，又不是力大无穷，什么能力也没有，怎么办？只能够到处逃，但逃也没有猴子逃得快，也不像小虫子能钻到洞里，在这样的艰难情况下，弱点变成了人类的优点——开始创造和使用工具。动物也能够创造和使用工具，但仅仅是一部分动物，而且是短暂的、局部的。而人离开了工具没办法生存，人的整个生存都是在创造和使用工具，从最早的木棍，到现在的电脑、喇叭、各种电视设备、宇宙飞船、原子弹，都是人制造的工具。

哪怕最简单的工具，它是身体以外的东西，不是人类本身所具有的。而动物有再大的本领也只是靠它自己，所以动物没有主体性，只有靠自己去解决问题，它的身体再大，毕竟是有限的，只能达到一定的程度。而人类创造和使用的工具是无限的，它是身体以外的，有主体，有客体，所以人有主体性，但是人的工具可以不断地发展，所以工具的无限发展的特性就决定了人性的无限性。

另外人可以进入内心，拍打孩子就是进入了人的内心，所以随着外在世界的无限发展，人类艺术也开始复杂了，现代主义、现实主义……为什么？因为这些都可以进入内心。人的内心随着工具的发达，随着创造和使用工具，改变这个世界，适应这个世界，顺应这个世界的复杂变化，人的内心也越来越复杂。

所以人跟动物相比有两个特点：一个是内在性，能够进入内心，进入内心我们说它就能从情绪变为情感。另外一个是无限性，人的能力会无限发展，发展到现在，我们已经碰到新的问题，就是人创造和使用工具的能力已经超过了我们所生存的地球能够承受的能力，所以污染也产生了，雾霾也来了，如果几个原子弹爆炸，人类都会被毁灭。

　　人类既然有无限发展的能力，那么人类的理性应该能够控制自己，应该能够知道自己所生存的宇宙是有局限的，所以我们也不能无限地去发展，我们可以转向另外的方向，朝内心的无限性去发展，或者朝两者兼顾的方向去发展。这个应该是人的理性所能解决的问题，这是一个最新的哲学课题了，也是另外一个课题。

　　内在性和无限性决定了人跟动物的区别，就是人可以有情感，而动物不可以有。其中的关键在于，无限性和内在性交织在一起产生了一个非常奇妙的东西，这个奇妙的东西就是人的无聊感。这个无聊感其实是最伟大的，这是人类发展史给我们的一个伟大的礼物。动物没有无聊感，动物只要吃饱就可以，吃饱就可以睡觉，每天过一样的生活，但人不行。这个无聊感其实在儿童身上非常强烈，只是没有大人去关心，没有大人知道。

　　周作人说过三段话，第一段话是："两岁以后的儿童需要想象像需要食粮一样，要给他们看有想象力的作品，如果没有这样的作品，那么过了这个阶段他们的想象力就不会发展了。"第二段话是："如果在他们需要想象的时候没有这样的作品给他们看，他们也会自己造，但是大抵造的很差。"造的很差，是因为他没有足够的资源。第三段话就是："过了这个阶段，他们那个时候看过的书他们都会反对，就像长大的孩子不会再吃代乳粉。"奶粉他都不愿意再吃，"所以这个阶段看到荒唐的图画无害，那么如果给他们看科学小说呢，无用"。关于想象的阶段，周作人的第二段话就是说儿童会自己制造想象，自己编故事，两岁以后就开始进入吹牛的阶段，其实他也不是说假话，他就是以一种想象的方式在看世界，他真假难辨。这个阶段的儿童，他的行动能力不强，不像大人可以自己跑到外面去改变这个世界，可以去实践，他整天被关在一个小的圈子里。另外，儿童的思维能力不强，理性还没产生，只能够通过想象的方式来认识世界。所以他非常非常无聊，非常非常难受，不给他有想象力的、好玩的故事，他就必须自己想，他就在一种无聊中想，而因为人有无聊感，所以人有无限创造的动力。所以人要创造，不满意现在的生活，要有文学，要有艺术，要有科学，不断地往外走。这个就是工具的无限性和人的内在性结合起来。

　　而成人就找到了很多解决无聊感的办法,比如打牌、玩游戏,所以大人的游戏是很无聊的,跟儿童游戏不是一回事。不为无聊之事怎么渡有涯之生呢？要做无聊之士,但是也有人保持了儿童期那种一往无前的精神和那种创造性,所以他们不断地进行创造,不断地进行试验,不断地突破,不断地学习,不断地跟无聊感做斗争,这样他们就成为伟大的人物。但这样的人物很少。

　　那么两岁以后的儿童在情感产生以后会产生想象,想象到底是怎么回事？很多科学家把儿童的想象说得一钱不值,但其实他们忘了,所有成人的想象都是儿童给他们的,都是儿童赐予他们的,而且过了这个阶段就没有了。科学家费曼就说过:"有人说,科学创造里不需要想象,这个话太奇怪了。想象太重要了,这个想象不是艺术家的想象,也不是儿童的想象",他说,"想象是一个非常奇怪的东西,你想出来的东西是世界上所没有的,但是所有的细节都是对的""想象不能够是一个抽象的命题,想象出来的东西应该是一个非常具体的东西,但是想象这个东西所有的细节都是对的,在世界上又是没有的"。试想,如果你能想出来一个世界上没有的东西,而且所有的细节都是对的,凭什么想出的都是对的？那么只有一个办法,就是《宝葫芦的秘密》里的办法。王葆想要什么东西,那个东西就会出现在他面前。想要自行车,自行车出现了;想要书,书出现了。但是后来宝葫芦就承认:我又不会生产,这个书是图书馆的,那个自行车是百货公司的,它就是把别的地方的东西搬来。那么科学家的想象其实跟王葆是一样的,就是把别的东西搬来。

　　第一,想象即类比。其实想象归根结底最重要的概念就是类比,费曼也讲过类比。日本的第一个诺贝尔物理学奖获得者汤川秀树也讲过类比。还有一个上海的高中生姚悦,他获得了全球中学生科技"奥运会"——"英特尔国际科学与工程竞赛(ISEF)"的金牌。他的研究成果是光学计算机,他提出,二加二等于四,二加三等于五,那么黄色加上红色等于新的纯色,这个道理是一样的。如果把一定量的黄加上一定量的红,得到的图像就会显示出一定量的纯色,只要你能够辨别这个纯色的成分,那不就可以得出二加三等于五的概念了吗？他到光学研究所去请教光学计算的速度是怎么算的,科学家说光学计算没有速度,以为实在太快了,都已经忽略不计了。于是他就用这个方式自己制作了一台光学计算机,经过了大量的数学运算,在国际上得了大奖。获奖回来以后他给科学家讲课,数学公式写了三块黑板。大家都觉得他的计算有道理,他经过了非常认真的、科学的计算。他的道理其实就是一个类比,就是把二加三跟黄加红放在一起类比,创造了世界上所没有的光学计算机。所有的细节都是对的。还有一个关于想象力的故事。他说:"我们在西伯利亚,那个地方冷到什么程度?有一天我们出去,那个马车夫就赶着马车,我们都冻得要命,又怕马车夫打瞌睡,于是我们让他一边赶车一边吹喇叭,吹点音乐给我们听听。马车夫就开始吹喇叭,但一点声音都没有,什么声音都听不到,为什么?因为太冷了,声音就全都冻住了。然后到了旅馆休息的时候,马车夫把喇叭放在火炉上,大家就睡觉了。后来我们就欣赏了一个晚上的音乐,为什么呢?因为声音全都解冻了。"故事中的声音冻住了、解冻了,所有的细节都对,但这是世界上没有的,那就是想象。

想象归根结底就是类比,就像鲁迅说的,"脸在北京,衣服在山西",往往是很多任务并起来的。像艺术家、儿童、科学家不是都一样么?想象即类比,类比就是一种裸疑,在不断地改换条件,但并不是说凭空想出什么东西,就像鲁迅说,"拔着自己的头发想离开地球",你不可能凭空想出什么东西来,但是你可以把你看到的东西重新组合、重新类比,那你的想象力就开始发展了。

儿童也是如此,他有想象的愿望,他非常无聊,那就要想象,他有想象的能力,但是他缺少资料。他没有那么多童话资料,没有那么多生活经历,没有东西可以类比。比如他只能说,"我在一个电梯里把一个什么龙杀掉了",我说"你瞎说","真的,你去看,就在那里被我杀掉了",其实是因为他刚刚看过这个童话。但"巧妇难为无米之炊",他只有这些米,所以他编不出更好的童话。所以周作人说"他大抵编得很差"。他有想象的形式,但是缺少内容、缺少资料。

第二,想象即形象演绎,就是你在想象的过程中要把整个过程演绎一遍,形象演绎的过程就是猜测的过程,所以第二点也可以说想象即猜测。我们小时候,虽然识字不多,但也可以看书,如果他将来是个学者,那可能从小他就开始翻字典,但没有一个儿童将来愿意做学者,愿意翻字典,他们都是把已经看过的字去包围没有看过的字,席卷而过以后,不认识的字也就认识了,不知道的意思也就知道了,而且读音大半是对的,但也会留下一些错的读音,所以钱钟书先生说:"自学成才的人往往满口的错别字,我就是。"他自己念书就留下满口的错别字,所以千万不要小看念满口别字的人,他可能就是天才,因为他从小就是在自己学习。

我们想象一个东西的过程,就是把我们知道的东西席卷而过,席卷过去的时候我们不知道的东西可能就知道了。科幻小说也是这样,像军事上的沙盘推演其实都是形象演绎的过程,通过形象把它走一遍,但这个形象有一个地方和逻辑推理又不一样,它非常具体。我说成人的想象力就是借助于儿童期的想象力的,但人到了七岁以后就看不起想象力了,"我们是科学家,怎么能够想象呢?""你们这个多幼稚",所以科学家往往在做梦的时候有科学发现,为什么呢? 做梦的时候他忘了自己是科学家,也开始形象演绎了,一演绎发现是对的,醒过来以后马上写下来,然后还想"天助我也",下笔如有神。其实不是天助他,是他儿童期的想象帮了他。他们都把儿童期给忘了,把祖先给忘了。

第三,想象是全情投入的,想象是动情的。它是一个有情的思维,所以它是形象思维,过去也叫有情的思维。画家在画一个笑脸的时候,他自己也会笑,画哭脸时,他自己也会哭。看到动作性很强的画面或场景的时候,小孩就开始动起来了,大人就非常矜持,因为这样一来好像蛮丢脸的,大人尽量不动声色,但大人看足球、打游戏时也会动,因为他整个形象演绎的过程必然是调动了全身。

这是审美,跟逻辑推论又不一样,人在审美的过程中全身心投入,它是全三角,从身体到情绪到情感,到理性全部投入,所以他必然是动情的,是全情投入。而这跟动情也很有关系,它是一个巨大的动力,所以他想象的过程中必然很开心,不会很冷漠。

第四,也是最关键的,想象即主观。2~7岁的儿童的想象特别丰富,而且过了这个阶段就没有了,因为这个阶段就是皮亚杰所说的"万物有灵"阶段,他知道有自己的存在,但又认为世界上所有动的东西都是有灵魂的,都是有生命的。

他感到是万物有灵,世界为我,大家都是为他好的,是充满信心的。而我去医院看九十多岁的老丈人,老先生理性也退化了,也经常想象,但他就不像儿童那么可爱,为什么?因为万物有灵他不大相信,世界为我他更不信,他觉得别人都在计算他,所以他充满了怀疑,就不可爱。那儿童就非常可爱,因为他不现实,充满自信,充满信任。而且儿童的想象力比老人更为丰富,老人可以有逻辑的限制,儿童没有,所以特别可爱。过了七岁的小孩就不好玩了,为什么?因为他理性思维成熟了,变成"大人"了,而这个阶段跟成人又不一样,是一个非常主观的阶段,一个万物有灵、世界为我的很主观的阶段,所以这个阶段是想象力狂野驰骋的黄金时期,那么这个想象力发展到什么程度,跟他今后一生的想象力是有关系的。所以,为什么中国作家写的童话大多都没有想象力?中国作家从小没有童话书看,又不带他玩,又不给他讲故事,让他干活或者教训他或者规定他去学这个、学那个,又不让他图式分化,他当然就没有想象力。为什么大孩子、科学家、艺术家看不起想象?因为知道这个是主观的,是不科学的。连钱钟书先生也说,想象力有高级、低级之分,他说的很多高级的想象,我认为就是儿童想象。《外国理论家、作家论形象思维》的前言里提到了这样的观点,认为这个阶段的儿童是幼稚的、主观的,甚至是落后的。越是落后民族,其想象力越是发达,但是我们不可以忘记我们所有的那些创造性思维其实都离不开这个想象,哪怕成人看的电影也离不开想象。如果我是评论家,"什么电影啊,都是骗人的,我看看你能怎么?"那你就一点审美乐趣都没有,你就得信任它,有时候看着看着,一不小心就进去了,看得很愉快。为什么他忘了自己是评论家,他忘了自己是科学家?其实想象在所有的审美、所有的科学的思维中起着非常非常巨大的作用。现在我们知道,康德认为,想象也在填补理性思维,这点就是科学家、哲学家们自己不知道,实际上想象还在帮他们的忙。到了七岁以后,儿童内在的"万物有灵"阶段过去了,逻辑思维的能力开始生成了,他会用逻辑思维的方式来看世界,那时候可能可能看不起想象了,可能会觉得幼稚,"又是小孩,又是那种瞎想的""不可能的""这种没有的",他开始排斥、鄙视这个阶段,那么这个时候他的内在、外在记忆力也比较好了,他可以接受教育,学校生活也开始了,所以内在、外在都使他脱离了这个想象力发展的阶段。人的想象力的发展其实就是在这个阶段，然后来应用，当然有的是清醒的时候运用，有的是做梦的时候应用。但是运用之妙存乎于心，变化万千，来源在哪里？就是在儿童期这个阶段。从小想象力很丰富、思维很活跃的同学，他的特点就是调动图式的能力很强。因为老师讲一个问题，他一听，"是不是这个？"他就马上调动头脑里的图式，他要搅拌一下，要辨别一下滋味，"好像不对"，他就开始怀疑，独立思考。他会调动所有的想象的形式，包括形象演绎、类比、等等，形象地演绎一遍，然后全情投入，充满幸福感，脸上可能也出现笑容，老师一看，"不对了，某某某，在做什么？站起来。"他一看，好像牛头不对马嘴，然后被老师训一顿坐下去，那么以后就是"坏"同学。其实这样的同学，他以后调动图式的能力特别强，他今后的发展是无限的。

那么古希腊的哲学也跟七岁的孩子一样，它也排斥想象，排斥诗人。但是古希腊的哲学是在想象的基础上产生了理性。上一届古希腊哲学大会的主题就是"没有反思过的生活是不值得过的"。所以苏格拉底最基本的观念就是，你要认识自己，没有检视过的生活是不值得过的，世界上最道德的生活就是思考。他还说，我说了这段话，我就更难当老师了，因为你们就要跟我提问题了，又解释又要怀疑，但是我必须这样说，因为只有这样你们才会得到学问，你们才会有自己的思考。他是提倡理性、提倡思考的，但是这个思考的核心是可以怀疑的。你要调动你的图式，你要思考，这是一个很好的态度。那苏格拉底现在看起来就比小学教师高明，小学教师一看学生背不出来，就让他罚抄30遍、50遍。这样的教育当然就很成问题了。那么两岁到六岁儿童的想象力虽然在我们现在的教育条件下会有不利的因素，但他学到的东西都要经过自己的搅拌，都要经过自己的思考，这样他的自学能力就很强，他的想象力就很强，所以这样的孩子可能考试成绩不是很好，但他的发展是无限的。这是想象的形式所起的作用。两岁到六岁的儿童看过的内容大部分都会忘，故事也会忘，作者也会忘，但是他当时的那些情感、那些情绪对他身体的影响，将来就变成他的潜意识。所以弗洛伊德非常聪明，他认为潜意识与儿童期肯定有关，他就把潜意识不断往前推，推到婴儿期、幼儿期，觉得这个是潜意识的根源，这是对的。其实潜意识也就是儿童期、婴儿期，我们的情感集、我们的情绪集、我们的身体集，理性的那部分还没形成，认知的很多部分他忘了，但是这些东西很难用理性来表达，包括母爱，对母亲为什么那么爱，离不开母亲？那就是潜意识，所以潜意识不光是负面的，也有正面的。潜意识跟婴幼儿期有着直接的关系，所以这又是一个很大的课题。

互动环节

听众：刘老师，您好，今天非常高兴能听到您的讲座，因为儿童身上有一些审美与艺术方面的东西，我学的也是审美与艺术方向，刚才在讲的时候您提到了图式在理性当中的作用，就像范例在潜意识里一样，您说的范例就是在审美想象中的作用，那么您是如何看待审美与艺术中的范例在审美与艺术中的作用？这是第一个问题。第二个问题，因为前面也提到情感与理性的关系，因为在现在的幼儿园教育中，审美与艺术还是很特殊的，就是说在审美艺术中更多的是强调体验在先，就是强调感性，那么理性在整个学前阶段是有一个什么样的比例，或者说它是有还是没有？

刘绪源：前一个还比较简单，因为说到范例在审美判断中的作用，其实就是形象，因为具体的审美离不开形象。比如，读一首诗，诗里面含有它的意象，这和逻辑判断不同，逻辑判断是一个概念的推论。康德认为概念的背后就是有一个图式的。概念不是凭空的，比如说桌子，听到"桌子"两个字你还会想到一个具体的形象，朦朦胧胧在前面招引你，那么你的思维就不会乱跑了。形象思维就必然离不开形象，像电影里面就有人物，至少有风景、色彩，有线条，所以审美的过程都是跟具体的形象连在一起。像柏格森说，世界上的时间有两种，一种是抽象的时间、机械的时间，就是钟表，这个是假的、骗人的；另外是真正的、本真的时间，就是人的记忆。

记忆又分两种,一种是强迫的记忆,背诵,这个也没意思,而真正的记忆就是通过具体的形象,在你头脑里所留下的你的情感的经历,这个他认为是最本真的。世界最后的实在是什么?就是记忆,这个记忆就是有具体的形象迁移。他的意思就是这样,他的来,他的去,都是靠人工的迁移,而你发呆时的这种记忆就是一种最本真的、最实在的,他说这种记忆离不开形象。

后面那个问题问得非常好,就是关于儿童审美有没有理性的成分。我认为是没有的,几乎是没有的,有的话也是很少的。周作人有一个当然这也是很绝对的观点,他说,有意味的没有意思。他指的其实就是六七岁以前的儿童文学、儿童艺术,他的审美可能有意味,但可能没有意思。《爱丽丝漫游奇境》就没什么意思,但它有意味,意味就是审美的意味,它会让人感觉到美。俄罗斯最伟大的批评家,也是我最喜爱的批评家,别林斯基,他就提到过一点,他说大家都在诗歌里面寻找思想,用不着,诗歌就是思想,如果没有思想就没有情感。他关于情感的观点跟我的观点是不一样的。他说情感跟感性的区别其实就是跟情绪的区别,就是情感里边是有思想的,它们都是肉体引起的,都是人的肉身引起的,但是情绪是没有思想的,情感是有思想的。我认为这话好像并不是说得很对,成人的审美情感里面是有思想的,但是儿童的逻辑思维还没产生,他的思想非常薄弱,他的审美情感里不一定有思想,那有什么?有想象。幼儿有了想象,他同样可以审美,再退一步说,成人的审美中也会有一部分审美是没有思想的,但是有想象,全想象的审美也有,包括现代艺术也有,也会给你带来乐趣。所以一般说来,成人的审美是有思想的,儿童的审美有一部分也有比较浅的思想,但是完全可以允许有意味的、没有意思的作品。而且人的想象力发展期在六七岁以前,为这个时期的儿童提供有想象力的作品应该是最主要的,而向他们灌输一些概念是不对的,对他们来说是没有意义的。周作人就说,科学小说无聊,翻翻图画无害,这就是一个想象力发展的狂野时期。

听众：我有个问题，您在刚才说想象是世界上没有的，但细节都是对的，而且想象都是主观的。因为我们经常说，文学作品是源于生活又高于生活的，那么这个想象跟现实是什么样的关系？

刘绪源：费曼的这个意思就是想象离不开现实，你不可能凭空想，很多东西你自以为是凭空想的，这个我们碰到过很多。二十一世纪出版社曾经有一段时间要搞一些幻想文学，花了一大笔钱，给了很高的稿费，请一些作家写幻想小说，后来写出来，十部有九部都是一个孩子死了，后来又活过来了，那种幻想小说都是失败的，只有一部没有在他们那边出版的。我当时作为陈丹燕的《我的妈妈是精灵》的特邀编辑，这本书是中国了不起的幻想小说，恰恰不是二十一世纪出版社组织的。所以有时候很难做到你要他幻想他就幻想，自以为这个幻想非常狂野，弄到最后还是差不多。真正的幻想就是像儿童那样对现实生活的一种重新组合，重新类比，在形象演绎的过程中融入自己的感情，在这样的过程中创作出来的作品。所以归根结底，想象是把握世界的一种方式，因为儿童的理性还没有生成，他就用想象来把握世界。原始人也是用想象来把握世界，就是用审美、用想象来把握世界，但他还是离不开现实，还是对现实的一种把握，这种把握当然创造性更大，它是一种创造性的判断，在这个创造性的判断过程中他有他的形象演绎，有他的主观性，有很强的主观性，但是现实的成人的审美归根到底还是离不开想象。这个我还没好好研究，阿伦特给我的刺激实在太大了，应该说所有的理性思维都离不想象，所有的理性背后其实还是离不开想象，这个可以继续深入下去。虽然胡塞尔等那么多哲学家都在研究理性，但大家好像对想象还是没有那么足够的重视。